베트남어

진짜학습지

발음편

진짜학습지

베트남어 진짜학습지 발음편

초판 1쇄 발행 2023년 12월 29일

지은이 이정원
펴낸곳 (주)에스제이더블유인터내셔널
펴낸이 양홍걸 이시원

홈페이지 daily.siwonschool.com
주소 서울시 영등포구 국회대로74길 12 시원스쿨
교재 구입 문의 02)2014-8151
고객센터 02)6409-0878

ISBN 979-11-6150-803-0 13730
Number 1-420501-25250021-06

이 책은 저작권법에 따라 보호받는 저작물이므로 무단복제와 무단전재를 금합니다. 이 책 내용의 전부 또는 일부를 이용하려면 반드시 저작권자와 ㈜에스제이더블유인터내셔널의 서면 동의를 받아야 합니다.

베트남어 진짜학습지 학습 가이드

🔖 베트남어 진짜학습지란?

『베트남어 진짜학습지 발음편』은 베트남어를 처음 접하는 학습자들이 모국어를 배우듯 부담 없이 기본기를 탄탄하게 다질 수 있도록 시원스쿨어학연구소에서 연구 개발한 교재입니다. 본 교재는 발음의 기본 개념을 이해하고 ➡ 원어민의 음원과 함께 발음 연습을 하며 ➡ 베트남어 따라 쓰기를 통해 베트남어를 처음 배우는 학습자들이 성조와 뜻을 자연스럽게 익힐 수 있도록 구성하였습니다. 성조, 모음, 자음을 체계적이고 효과적으로 학습할 수 있습니다.

🔖 베트남어 진짜학습지의 학습 목표는?

- **목표1** 베트남어 발음의 기본인 성조, 모음, 자음을 익힐 수 있습니다.
- **목표2** 기본 발음과 관련된 단어를 반복해서 듣고 따라 읽으며 정확한 발음을 구사할 수 있습니다.
- **목표3** 베트남어의 기본 문자를 익히고 읽을 수 있습니다.

🔖 베트남어 진짜학습지 로드맵은?

- **STEP1** 강의를 보며 베트남어 <오늘의 발음>, <오늘의 발음 연습>으로 구성된 본서를 학습합니다.
- **STEP2** 본서에서 배운 내용을 바탕으로 워크북을 풀어보며 학습한 내용을 복습합니다.
- **STEP3** 말하기 트레이닝 영상을 보며 베트남어 발음 연습을 합니다.

학습 구성

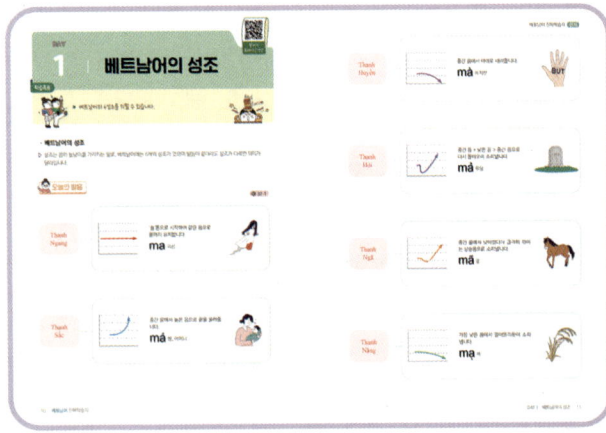

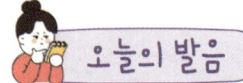

<오늘의 발음>에서는 베트남어 발음의 기본인 성조, 모음, 자음 등에 대한 기본 개념을 확실히 파악할 수 있습니다.

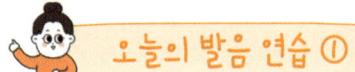

<오늘의 발음 연습>에서는 원어민의 발음을 듣고 따라 말하며 정확한 발음을 익힐 수 있도록 구성하였습니다. 일상에서 자주 쓰이는 단어를 삽화와 함께 제시하여 자연스럽게 의미를 유추할 수 있습니다.

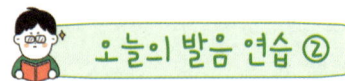

<오늘의 발음 연습>에서는 베트남어 단어를 따라 쓰며 익힐 수 있습니다.

특별 부록 구성

 무료 콘텐츠 구성

✓ 쓰기 노트
매 과에서 학습한 단어와 문장을 직접 쓰며 연습할 수 있습니다.

✓ 말하기 트레이닝 영상
스마트 폰으로 책 속의 QR 코드를 스캔하면 언제, 어디서든 영상을 보며 말하기 연습을 할 수 있습니다.

✓ 원어민 MP3 음원
원어민 MP3 음원을 들으며 베트남어 연습을 할 수 있습니다. 시원스쿨 진짜학습지 홈페이지 (daily.siwonschool.com) 홈페이지 접속 ➡ 학습지원 ➡ 공부 자료실에서 MP3 파일을 다운로드 받으실 수 있습니다.

유료 콘텐츠 구성

* 유료 콘텐츠는 daily.siwonschool.com에서 확인하실 수 있습니다.

✓ 동영상 강의
교재와 강의를 함께 학습하면 보다 쉽게 내용을 이해할 수 있어 학습 효과를 극대화할 수 있습니다.

✓ 성취도 평가
성취도 평가를 통해 자신의 진짜 베트남어 실력을 파악할 수 있습니다.

학습 플랜

🚩 주 3일 학습 플랜

★ 본서, 워크북 1일 1과 학습 구성(본서와 워크북을 하루에 함께 학습합니다.)

날짜			내용	학습 계획일	
1주	1일	본서	DAY 01 베트남어의 성조	월	일
		워크북			
	2일	본서	DAY 02 베트남어의 단모음	월	일
		워크북			
	3일	본서	DAY 03 베트남어의 복모음	월	일
		워크북			
2주	4일	본서	DAY 04 베트남어의 자음 ① - 단자음	월	일
		워크북			
	5일	본서	DAY 05 베트남어의 자음 ② - 복자음	월	일
		워크북			
	6일	본서	DAY 06 베트남어의 받침 체계	월	일
		워크북			

🚩 주 6일 학습 플랜

★ 본서, 워크북 2일 1과 학습 구성(본서를 먼저 공부하고 그 다음날 워크북으로 복습합니다.)

날짜			내용	학습 계획일	
1주	1일	본서	DAY 01 베트남어의 성조	월	일
	2일	워크북			
	3일	본서	DAY 02 베트남어의 단모음	월	일
	4일	워크북			
	5일	본서	DAY 03 베트남어의 복모음	월	일
	6일	워크북			
2주	7일	본서	DAY 04 베트남어의 자음 ① - 단자음	월	일
	8일	워크북			
	9일	본서	DAY 05 베트남어의 자음 ② - 복자음	월	일
	10일	워크북			
	11일	본서	DAY 06 베트남어의 받침 체계	월	일
	12일	워크북			

학습 목차

베트남어란 무엇일까? — 8

- 베트남어의 문자와 발음

DAY 01 베트남어의 성조 — 10

DAY 02 베트남어의 단모음 — 16

DAY 03 베트남어의 복모음 — 22

DAY 04 베트남어의 자음 ① - 단자음 — 28

DAY 05 베트남어의 자음 ② - 복자음 — 34

DAY 06 베트남어의 받침 체계 — 40

베트남어란 무엇일까?

베트남어의 문자와 발음

▶ 베트남어의 문자와 발음을 익힐 수 있습니다.

> 베트남어의 문자는 기본 29개의 알파벳으로 되어 있으며, 영어의 'F, J, W, Z'는 없고, 'Ă, Â, Đ, Ê, Ô, Ơ, Ư'가 추가로 구성되어 있습니다.

문자		명칭	발음
A	a	a [아]	아
Ă	ă	á [아]	짧은 아
Â	â	ớ [어]	짧은 어
B	b	bê [베]	ㅂ
C	c	xê [쎄]	ㄲ
D	d	dê [제]	ㅈ
Đ	đ	đê [데]	ㄷ
E	e	e [애]	애
Ê	ê	ê [에]	에
G	g	giê [지에]	ㄱ
H	h	hát [핱]	ㅎ
I	i	i ngắn [이 응안]	긴 이

K	k	ca [까]	짧은 이
L	l	e-lờ [앨러]	ㄹ
M	m	em-mờ [앰머]	ㅁ
N	n	en-nờ [앤너]	ㄴ
O	o	o [오/어](중간 발음)	오/어 (중간 발음)
Ô	ô	ô [오]	오
Ơ	ơ	ơ [어]	긴 어
P	p	pê [뻬]	ㅃ
Q	q	quy [꾸이]	ㄲ
R	r	e-rờ [애러]	ㅎ ㅈ ㅎ ㅇ
S	s	ét-sì [앨씨]	ㅆ
T	t	tê [떼]	ㄸ
U	u	u [우]	우
Ư	ư	ư [으]	으
V	v	vê [베]	ㅂ
X	x	ích-xì [익씨]	ㅆ
Y	y	i dài [이 자이]	짧은 이

DAY 1 | 베트남어의 성조

학습목표

★ 베트남어의 6성조를 익힐 수 있습니다.

- **베트남어의 성조**

▷ 성조는 음의 높낮이를 가리키는 말로, 베트남어에는 6개의 성조가 있으며 발음이 같더라도 성조가 다르면 의미가 달라집니다.

🔊 01-1

Thanh Ngang

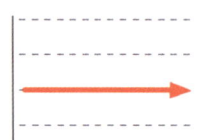

'솔'톤으로 시작하여 같은 음으로 끝까지 유지합니다.

ma 귀신

Thanh Sắc

중간 음에서 높은 음으로 끝을 올려줍니다.

má 뺨, 어머니

Thanh Huyền	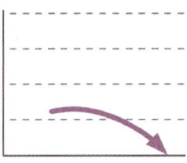 중간 음에서 아래로 내려줍니다. **mà** 하지만	
Thanh Hỏi	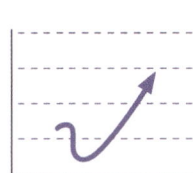 중간 음 > 낮은 음 > 중간 음으로 다시 돌아오며 소리냅니다. **mả** 무덤	
Thanh Ngã	 중간 음에서 낮아졌다가 급격히 꺾이는 상승음으로 소리냅니다. **mã** 말	
Thanh Nặng	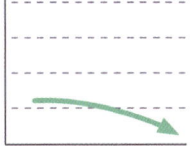 가장 낮은 음에서 떨어뜨리듯이 소리냅니다. **mạ** 벼	

오늘의 발음 연습

✓ 음원을 들으며 큰 소리로 따라 읽으세요.   🔊 01-2

바	따이	짜잉	리
b**a**	t**a**y	ch**a**nh	l**y**
아버지	손, 팔	라임	컵, 잔

파	탑	칻	우옹
ph**á**	th**á**p	kh**á**t	u**ố**ng
부수다	탑	목마른, 갈증나는	마시다

지아	꾸아	끄어이	응으어이
gi**à**	qu**à**	cư**ờ**i	ngư**ờ**i
늙은	선물	웃다	사람

DAY 1 베트남어의 성조

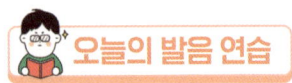 **오늘의 발음 연습**

✓ 큰 소리로 읽으며 따라 써 보세요.

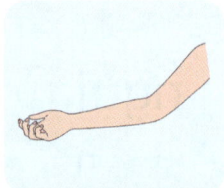 tay

___

 ly

___

 khát

___

 uống

___

 già

___

 người

___

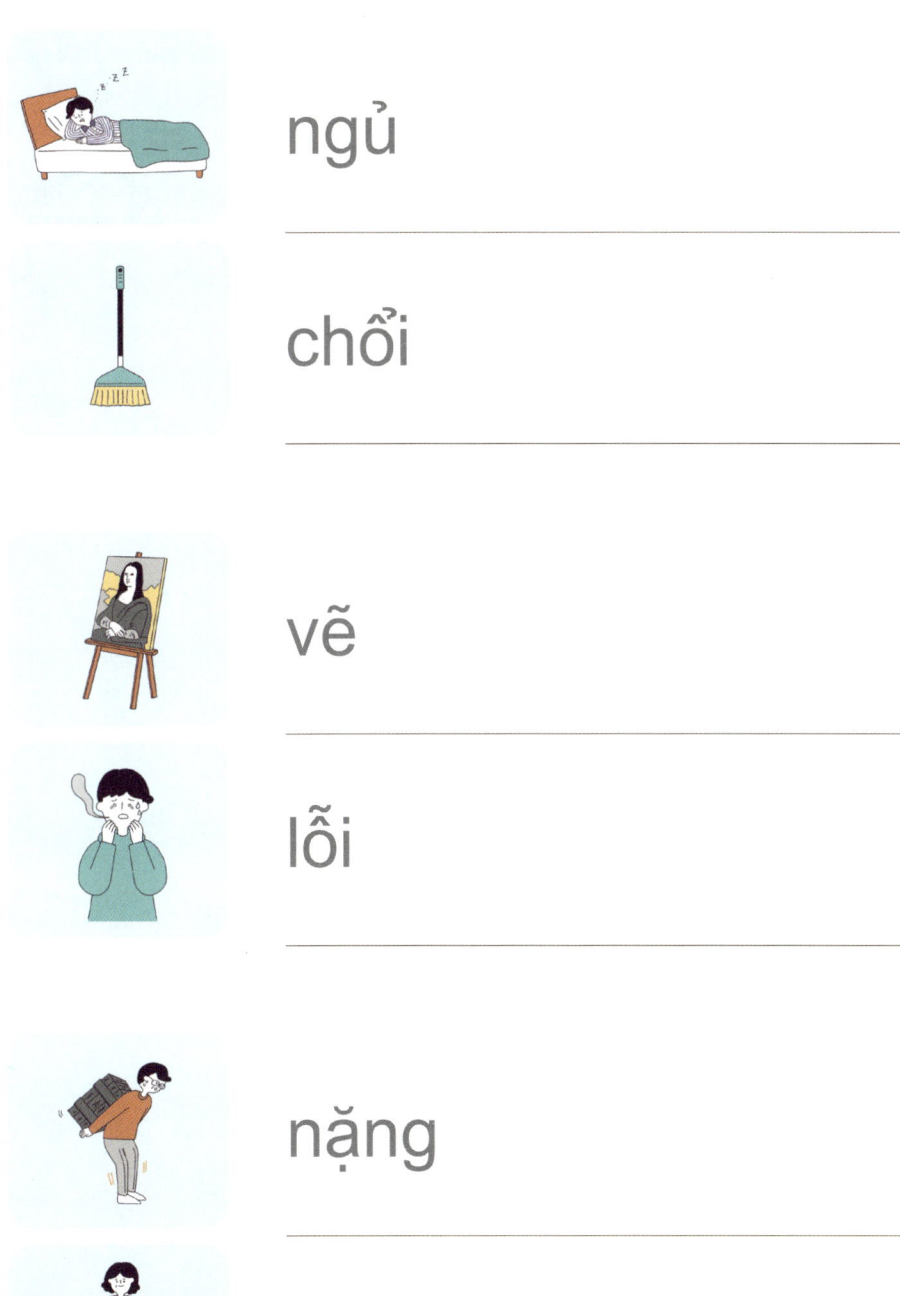

ngủ

chổi

vẽ

lỗi

nặng

mẹ

DAY 2 | 베트남어의 단모음

학습목표

✱ 학습목표 베트남어의 단모음을 익힐 수 있습니다.

 오늘의 발음

✓ 베트남어의 단모음은 12개입니다.　　　　　　　　　　　🔊 02-1

a 아 ········○ 길고 곧은 음으로 길게 소리냅니다.

ă 아 ········○ 짧고 약간 올리면서 소리냅니다.

â 어 ········○ 짧고 끝을 약간 올리면서 소리냅니다.

e 애 ········○ 입모양을 양쪽으로 벌리며, 우리말 '애'와 비슷하게 발음합니다.

ê 에 ········○ 입모양을 위아래 동그랗게 벌리며 우리말 '에'와 비슷하게 발음합니다.

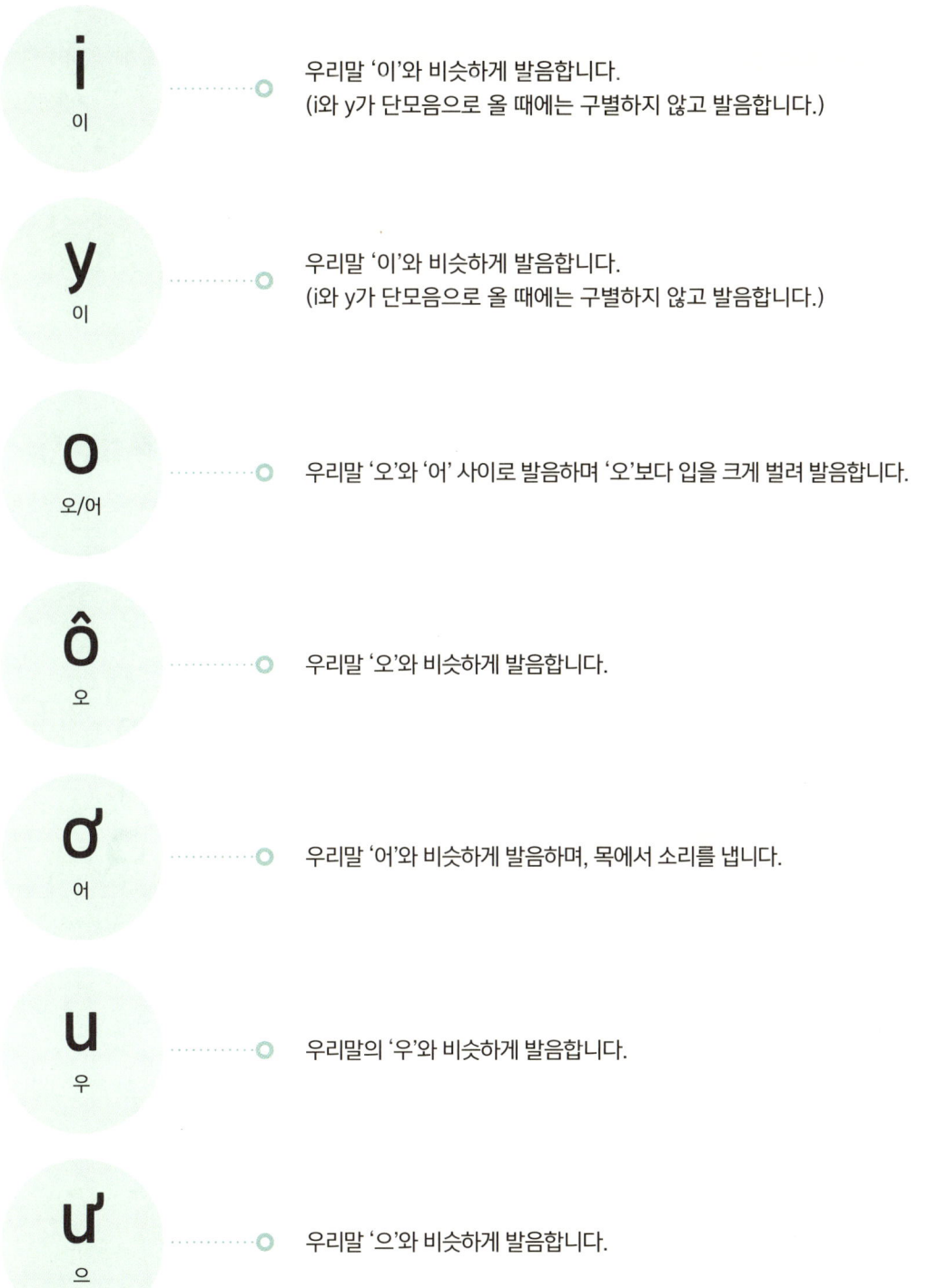

i
이
우리말 '이'와 비슷하게 발음합니다.
(i와 y가 단모음으로 올 때에는 구별하지 않고 발음합니다.)

y
이
우리말 '이'와 비슷하게 발음합니다.
(i와 y가 단모음으로 올 때에는 구별하지 않고 발음합니다.)

o
오/어
우리말 '오'와 '어' 사이로 발음하며 '오'보다 입을 크게 벌려 발음합니다.

ô
오
우리말 '오'와 비슷하게 발음합니다.

ơ
어
우리말 '어'와 비슷하게 발음하며, 목에서 소리를 냅니다.

u
우
우리말의 '우'와 비슷하게 발음합니다.

ư
으
우리말 '으'와 비슷하게 발음합니다.

오늘의 발음 연습

✓ 음원을 들으며 큰 소리로 따라 읽으세요. 🔊 02-2

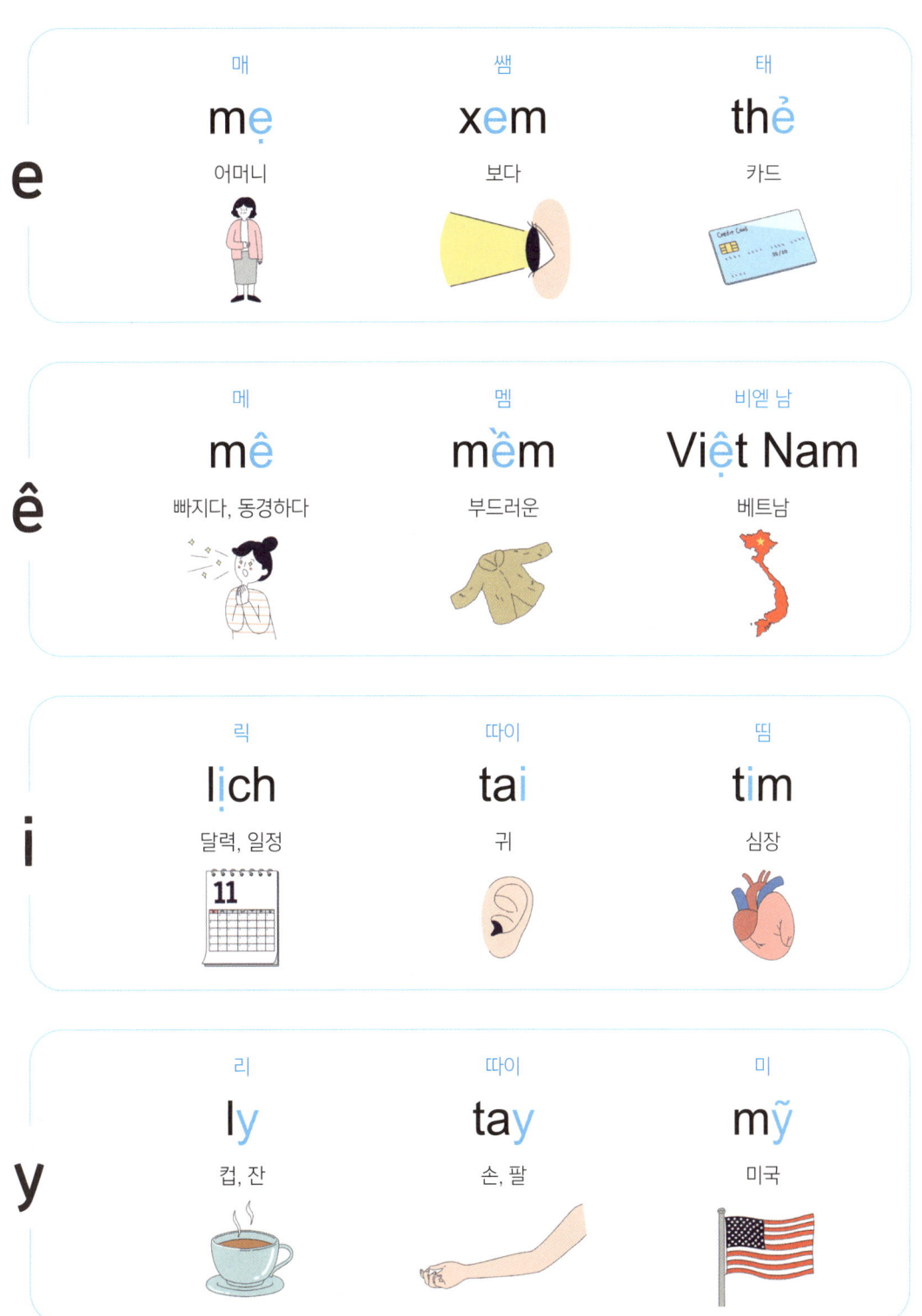

 오늘의 발음 연습

o

버	떠	떱
bò	to	tóc
소 	큰 	머리카락 

ô

꼬	옴	또
cổ	ôm	tô
목 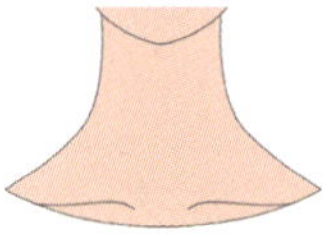	안다 	그릇 

ơ

껌	너이	터
cơm	nơi	thở
밥 	장소, 곳 	숨쉬다 

DAY 3 | 베트남어의 복모음

학습목표

✱ 베트남어의 이중 모음과 삼중 모음을 학습합니다.

▷ 베트남어의 복모음은 2개의 모음이 연달아 있는 2중 모음과 3개의 모음이 연달아 있는 3중 모음이 있습니다.

오늘의 발음과 발음 연습

✓ 음원을 들으며 큰 소리로 따라 읽으세요. 🔊 03-1

ai

아이	하이	짜이
ai	hai	chai
누구, 누가	숫자 2	병

ia

비어	끼어	티어
bia	kia	thìa
맥주	저기, 저것	숟가락

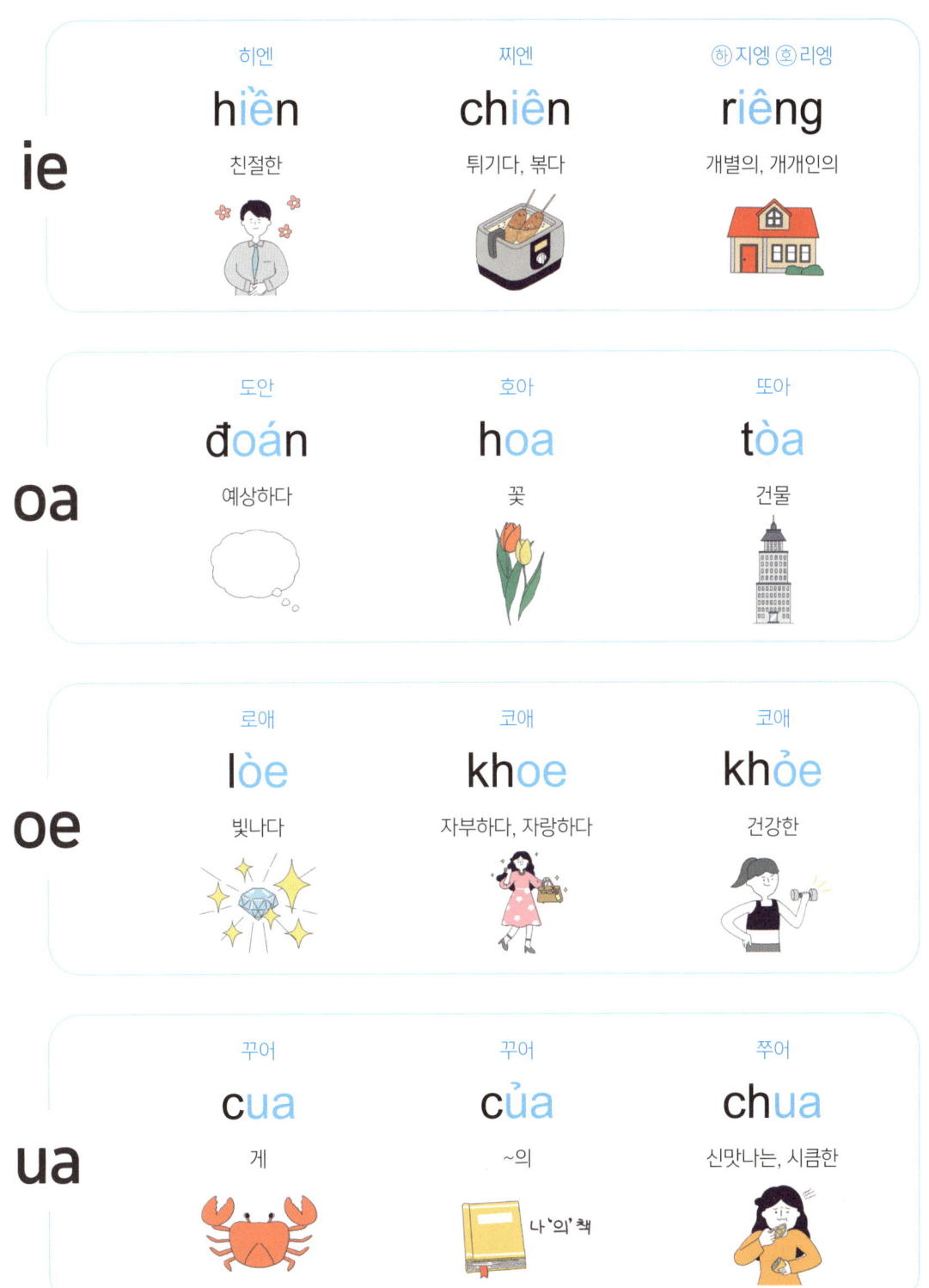

오늘의 발음과 발음 연습

uô

부온	무온	우옹
buồn	muộn	uống
슬픈	늦은	마시다

uy

후이	꾸이	뚜이
hủy	quý	tùy
취소하다	존중하다, 아끼다	~에 따르다, 의지하다

ưa

므어	느어	쓰어
mưa	nửa	sửa
비, 비가 내리다	절반	고치다

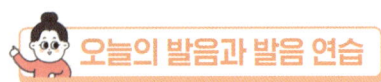 **오늘의 발음과 발음 연습**

	쭈이엔	쿠이엔	뚜이엔
uyê	**chuyên** 전문의, 전공의	**khuyên** 충고하다	**tuyển** 모집하다, 고르다

	무오이	무오이	뚜오이
uôi	**muối** 소금	**muỗi** 모기	**tuổi** 나이

 **Tip**

*단모음 'u, ư, i'와 'a'가 결합하면 'ㅏ'가 아닌 'ㅓ'로 발음합니다.
búa [부어], lưa [르어], kia [끼어], mưa [므어]

 **오늘의 발음 연습**

✅ 큰 소리로 읽으며 따라 써 보세요.

 ai

 của

 uống

 chiều

 người

 tuổi

DAY 4 | 베트남어의 자음 ① – 단자음

학습목표

✷ 베트남어의 단자음 17개를 익힐 수 있습니다.

오늘의 발음과 발음 연습

음원을 들으며 큰 소리로 따라 읽으세요.　　　　◁)) 04-1

b [ㅂ]
- 바 **ba** — 숫자 3, 아빠
- 버 **bò** — 소
- 반 **bán** — 팔다

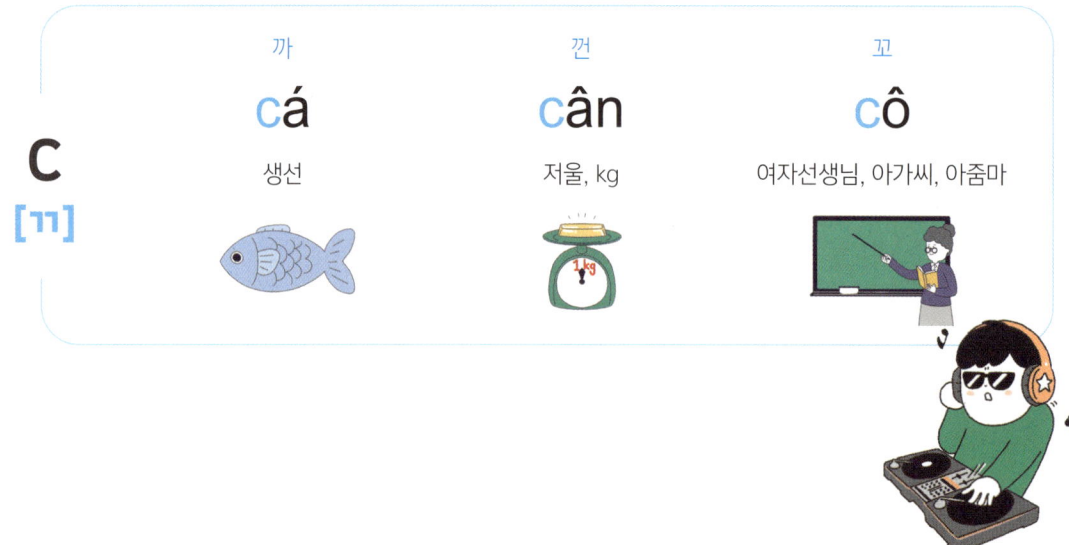

c [ㄲ]
- 까 **cá** — 생선
- 껀 **cân** — 저울, kg
- 꼬 **cô** — 여자선생님, 아가씨, 아줌마

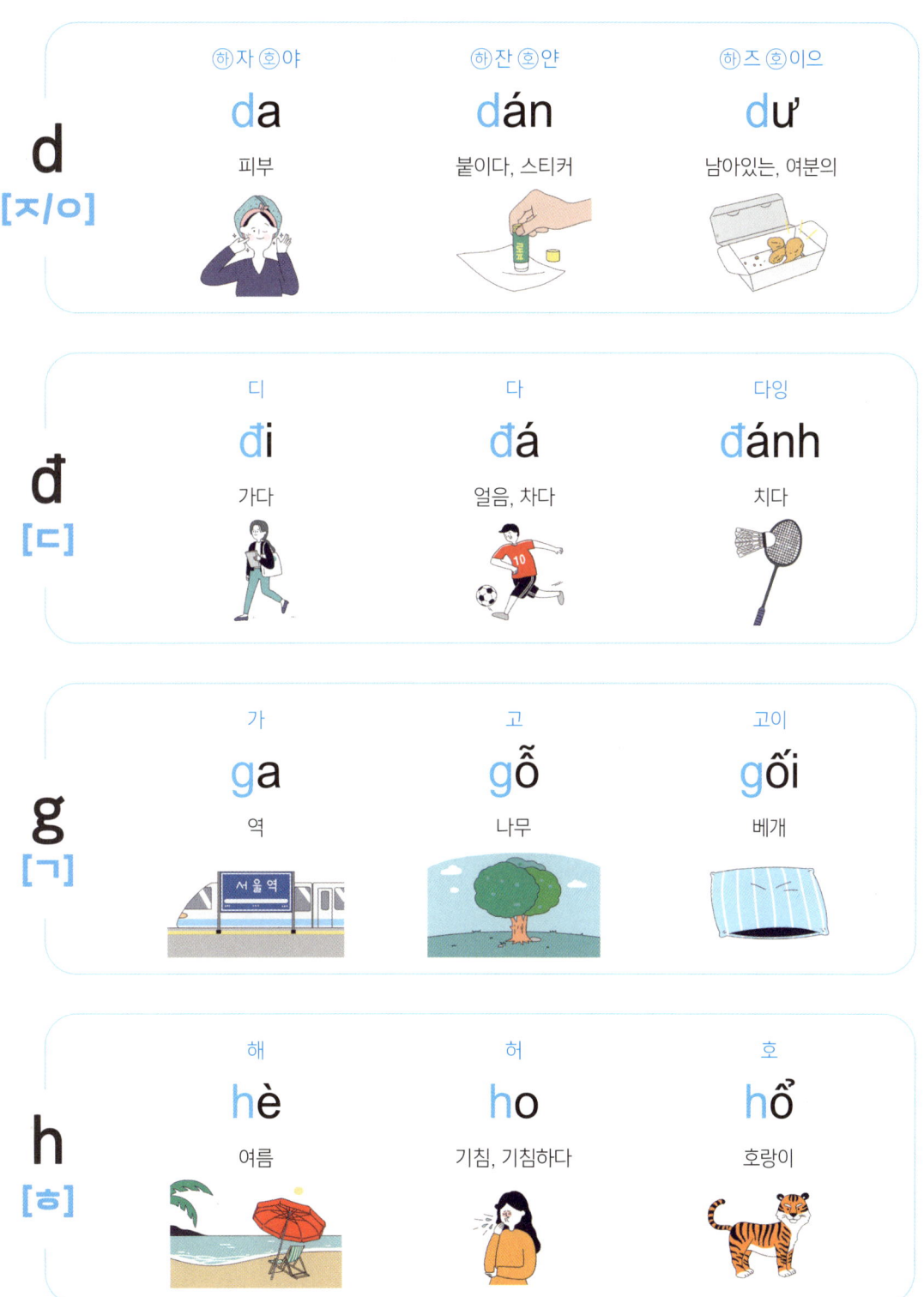

d [지/이]

하자 호야	하잔 호얀	하즈 호이으
da	**dán**	**dư**
피부	붙이다, 스티커	남아있는, 여분의

đ [ㄷ]

디	다	다잉
đi	**đá**	**đánh**
가다	얼음, 차다	치다

g [ㄱ]

가	고	고이
ga	**gỗ**	**gối**
역	나무	베개

h [ㅎ]

해	허	호
hè	**ho**	**hổ**
여름	기침, 기침하다	호랑이

오늘의 발음과 발음 연습

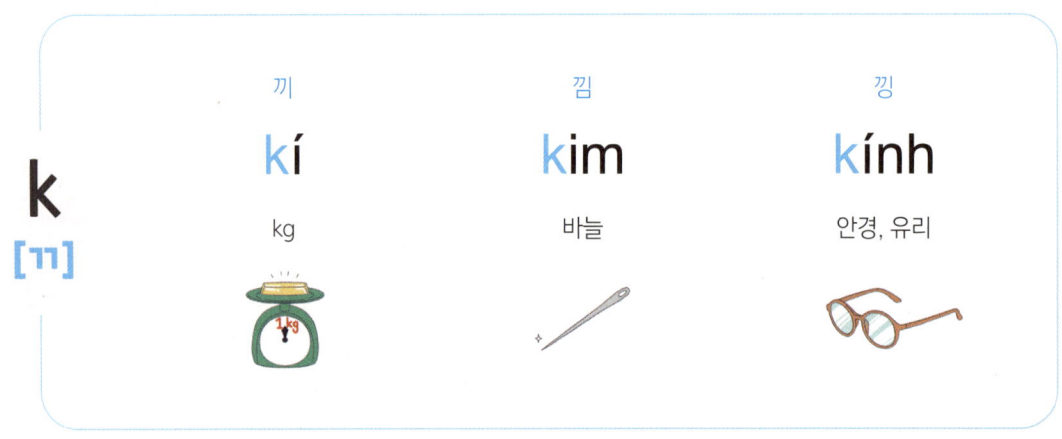

 오늘의 발음과 발음 연습

s [ㅆ]	싸이 **s**ai 틀리다	씽 **s**inh 태어나다	싸우 **s**au 뒤에, 후에
t [ㄸ]	따이 **t**ai 귀	따이 **t**ay 손, 팔	또이 **t**ôi 나[1인칭]
v [ㅂ]	바이 **v**ai 어깨	베 **v**ề 돌아가다, 돌아오다	버 **v**ở 공책
x [ㅆ]	싸 **x**a 먼	쌔 **x**é 종이를 찢다	쌤 **x**em 보다

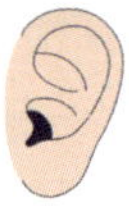

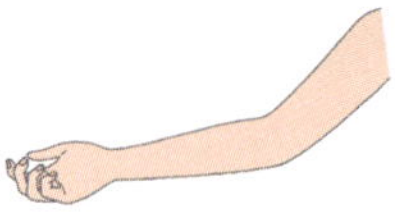

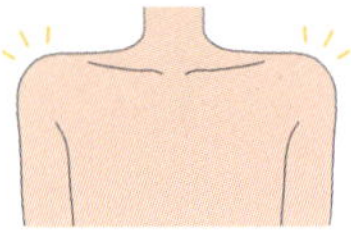

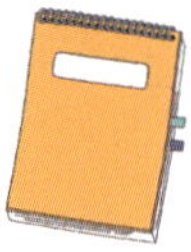

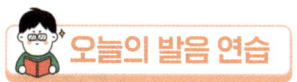 **오늘의 발음 연습**

✓ 큰 소리로 읽으며 따라 써 보세요.

bán

đi

ly

mở

rau

về

DAY 5 | 베트남어의 자음 ② – 복자음

학습목표

✱ 베트남어의 복자음을 익힐 수 있습니다.

오늘의 발음과 발음 연습

✓ 음원을 들으며 큰 소리로 따라 읽으세요. 🔊 05-1

ch [ㅉ]

짜	짜잉	쭈어
cha	chanh	chua
아버지	라임	신맛의, 시큼한

gh [ㄱ]

기	게	겓
ghi	ghế	ghét
기록하다, 적다	의자	싫어하다

gi [ㅈ]	지 **gì** 무슨, 무엇	지아 **giá** 가격	지옴 **giống** 같은, 닮은
kh [ㅋ]	카 **khá** 꽤	칵 **khác** 다른	키 **khi** ~할 때
ng [응]	응아이 **ngày** 일, 날	응아 **ngã** 넘어지다	응앙 **ngang** 가로의
ngh [응]	응이 **nghĩ** 생각하다	응이 **nghỉ** 쉬다	응애오 **nghèo** 가난한

DAY 5 베트남어의 자음 ② - 복자음

오늘의 발음과 발음 연습

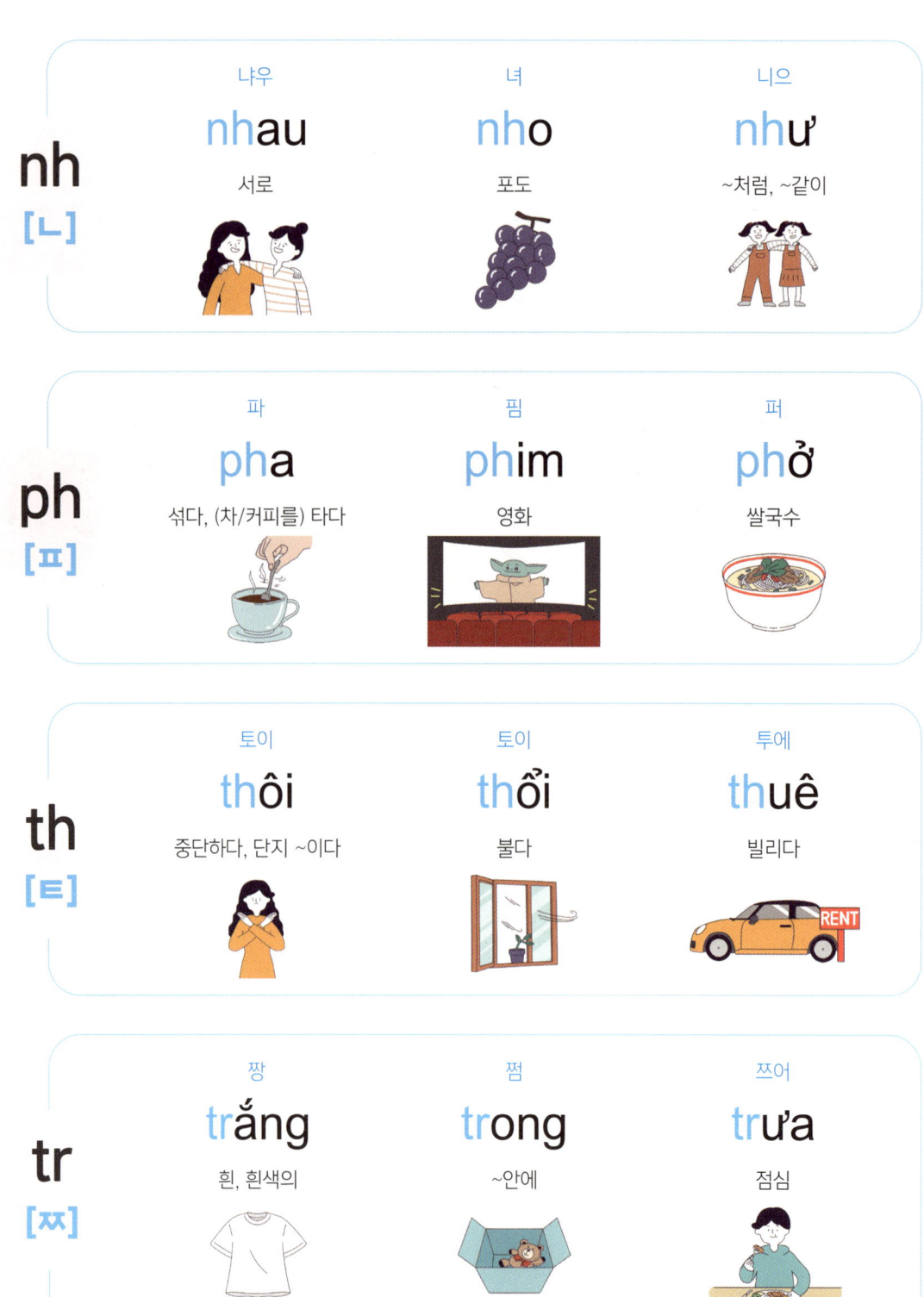

 **오늘의 발음 연습**

✓ 큰 소리로 읽으며 따라 써 보세요.

 chanh

 cha

 ghi

 ghế

 giá

 giống

 오늘의 발음 연습

 khá

 khác

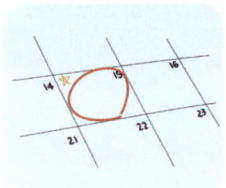 ngày

 ngã

 nghĩ

 nghỉ

 nhau

 nho

 pha

 phim

 trong

 trưa

DAY 6 | 베트남어의 받침 체계

학습목표

✱ 베트남어의 받침 체계를 익힐 수 있습니다.

오늘의 발음과 발음 연습

✓ 음원을 들으며 큰 소리로 따라 읽으세요.   🔊 06-1

-c [ㄱ]

깍	칵	ⓗ작 ⓗ락
các	khác	rác
~들 (복수를 나타내는 말)	다른	쓰레기

-m [ㅁ]

람	멈	냄
làm	mâm	ném
하다, 만들다	쟁반(큰 접시)	던지다, 집어 던지다

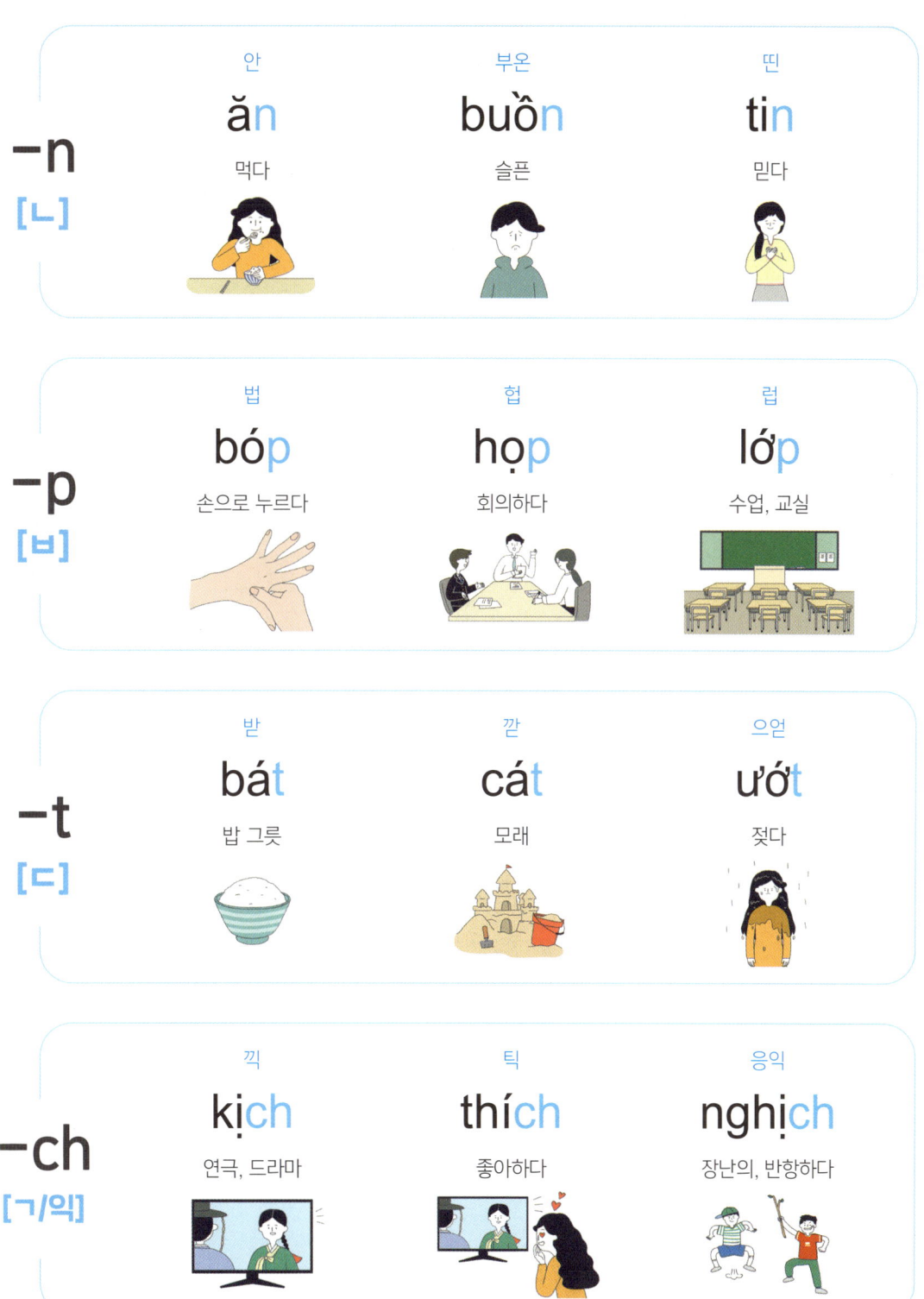

 오늘의 발음과 발음 연습

 Tip

*'자음 + o / ô / u'는 입을 다물며 발음합니다.

 **오늘의 발음 연습**

✓ 큰 소리로 읽으며 따라 써 보세요.

 các

 rác

 làm

 ném

 ăn

 buồn

 오늘의 발음 연습

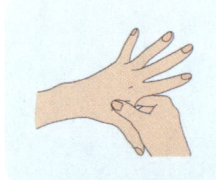 bóp

 lớp

 bát

 ướt

 kịch

 thích

 dùng

 mang

 mạnh

 mình

 buồn

 họp

MEMO

MEMO

진짜학습지

베트남어
진짜학습지

기초편
1

베트남어 진짜학습지 기초편 1

초판 1쇄 발행 2023년 12월 29일

지은이 이정원
펴낸곳 (주)에스제이더블유인터내셔널
펴낸이 양홍걸 이시원

홈페이지 daily.siwonschool.com
주소 서울시 영등포구 국회대로74길 12 시원스쿨
교재 구입 문의 02)2014-8151
고객센터 02)6409-0878

ISBN 979-11-6150-803-0 13730
Number 1-420501-25250021-06

이 책은 저작권법에 따라 보호받는 저작물이므로 무단복제와 무단전재를 금합니다. 이 책 내용의 전부 또는 일부를 이용하려면 반드시 저작권자와 ㈜에스제이더블유인터내셔널의 서면 동의를 받아야 합니다.

베트남어 진짜학습지 학습 가이드

🔖 베트남어 진짜학습지란?

『베트남어 진짜 학습지 기초편』은 베트남어 기초 학습자들이 쉽고 재미있게 배울 수 있도록 시원스쿨어학연구소에서 연구 개발한 교재입니다. 본 교재는 각 과의 핵심 단어를 학습하고 ➡ 다양한 주제로 이루어진 회화문으로 말하기 연습을 하며 ➡ 핵심 문법 설명으로 학습자의 이해를 돕고 ➡ 핵심 표현으로 베트남어의 구조를 저절로 습득할 수 있도록 구성하였습니다. 듣기, 읽기, 쓰기, 말하기의 반복 학습을 통해 베트남어의 기본기를 확실히 다질 수 있습니다.

🔖 베트남어 진짜학습지의 학습 목표는?

목표1 베트남어의 기본 문법을 학습할 수 있습니다.

목표2 다양한 주제로 구성된 회화문을 통해 실용적인 베트남어 표현을 배울 수 있습니다.

목표3 듣기, 읽기, 쓰기, 말하기 모든 영역을 다양하게 학습하여 베트남어의 기본기를 확실하게 다질 수 있습니다.

🔖 베트남어 진짜학습지 로드맵은?

STEP 1 강의를 보며 <오늘의 단어>, <오늘의 회화>, <오늘의 표현>으로 구성된 본서를 학습합니다.

STEP 2 본서에서 배운 내용을 바탕으로 워크북을 풀어보며 학습한 내용을 복습합니다.

STEP 3 말하기 트레이닝 영상을 보며 틈틈이 베트남어를 연습합니다.

학습 구성

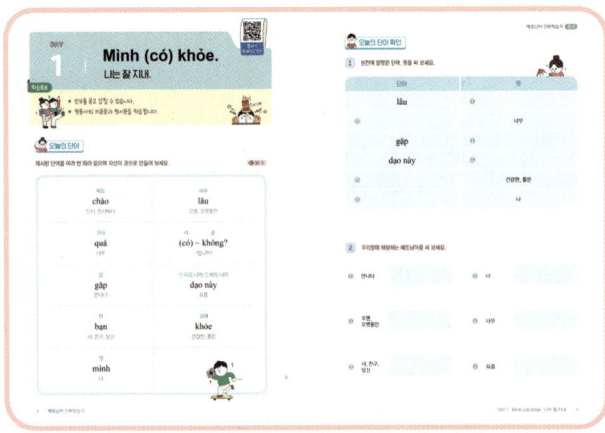

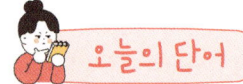

<오늘의 단어>는 학습자들이 따로 단어를 찾아볼 필요 없이 각 과의 핵심 단어를 한눈에 보기 쉽게 정리하였습니다. 앞에서 학습한 단어를 <오늘의 단어 확인> 문제를 풀어보며 베트남어의 단어와 뜻을 기억할 수 있도록 복습 장치를 마련하였습니다.

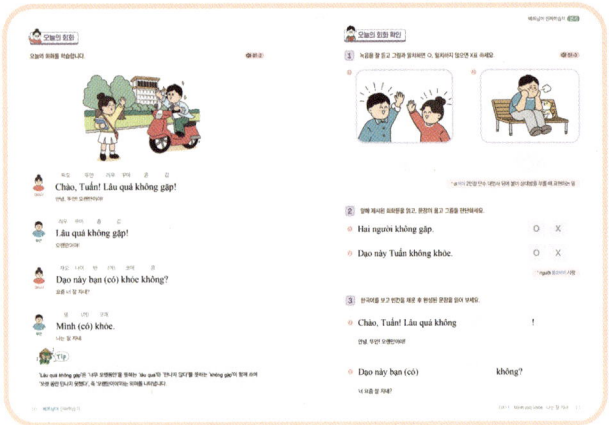

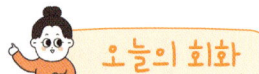

<오늘의 회화>는 뻔한 표현이 아닌 재미와 실용성에 초점을 맞춘 대화문으로 구성하였습니다.
<오늘의 회화 확인>에서는 듣기, 읽기, 쓰기, 말하기 관련 연습 문제를 풀어보며 본문의 내용을 완전히 숙지할 수 있습니다.

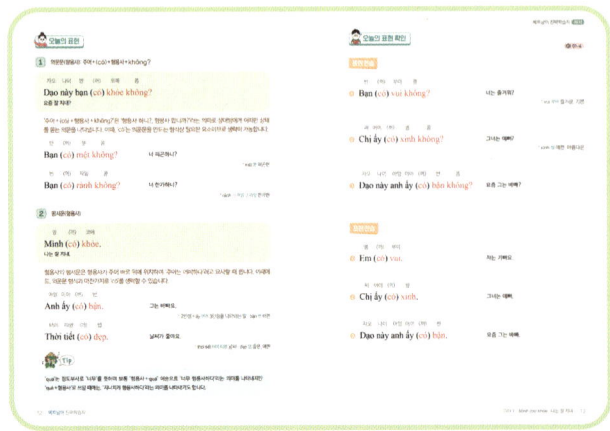

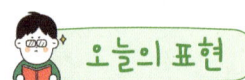

<오늘의 표현>에서는 복잡하고 어려운 설명 대신 누구나 쉽게 이해할 수 있도록 각 과에서 가장 핵심이 되는 문법을 체계적으로 정리하였으며, 활용도 높은 예문을 제시하여 학습자의 이해도를 높였습니다. <오늘의 표현 확인>에는 앞에서 배운 문법과 관련된 문장을 제시하여 베트남어 말하기 연습까지 가능하도록 구성하였습니다.

4 베트남어 진짜학습지

특별 부록 구성

무료 콘텐츠 구성

✓ 쓰기 노트
매 과에서 학습한 단어와 문장을 직접 쓰며 연습할 수 있습니다.

✓ 말하기 트레이닝 영상
스마트 폰으로 책 속의 QR 코드를 스캔하면 언제, 어디서든 영상을 보며 말하기 연습을 할 수 있습니다.

✓ 원어민 MP3 음원
원어민 MP3 음원을 들으며 베트남어 연습을 할 수 있습니다. 시원스쿨 진짜학습지 홈페이지(daily.siwonschool.com) 접속 ➡ 학습지원 ➡ 공부 자료실에서 MP3 파일을 다운로드 받으실 수 있습니다.

유료 콘텐츠 구성

* 유료 콘텐츠는 daily.siwonschool.com에서 확인하실 수 있습니다.

✓ 동영상 강의
교재와 강의를 함께 학습하면 보다 쉽게 내용을 이해할 수 있어 학습 효과를 극대화할 수 있습니다.

✓ 성취도 평가
성취도 평가를 통해 자신의 진짜 베트남어 실력을 파악할 수 있습니다.

학습 플랜

🚩 주 3일 학습 플랜

★ 본서, 워크북 1일 1과 학습 구성(본서와 워크북을 하루에 함께 학습합니다.)

날짜			내용		학습 계획일	
1주	1일	본서	DAY 01	Mình (có) khỏe. 나는 잘 지내.	월	일
		워크북				
	2일	본서	DAY 02	Bạn (có) uống cà phê không? 너 커피 마실래?	월	일
		워크북				
	3일	본서	DAY 03	Em tên là Lan. 제 이름은 란이에요.	월	일
		워크북				
2주	4일	본서	DAY 04	Bạn có tài khoản Zalo không? 너 잘로 계정 있어?	월	일
		워크북				
	5일	본서	DAY 05	Bạn đi đâu? 너 어디 가?	월	일
		워크북				
	6일	본서	DAY 06	Bạn sẽ ăn ở đâu? 너 어디에서 먹을 거야?	월	일
		워크북				

🚩 주 6일 학습 플랜

★ 본서, 워크북 2일 1과 학습 구성(본서를 먼저 공부하고 그 다음날 워크북으로 복습합니다.)

날짜			내용		학습 계획일	
1주	1일	본서	DAY 01	Mình (có) khỏe. 나는 잘 지내.	월	일
	2일	워크북				
	3일	본서	DAY 02	Bạn (có) uống cà phê không? 너 커피 마실래?	월	일
	4일	워크북				
	5일	본서	DAY 03	Em tên là Lan. 제 이름은 란이에요.	월	일
	6일	워크북				
2주	7일	본서	DAY 04	Bạn có tài khoản Zalo không? 너 잘로 계정 있어?	월	일
	8일	워크북				
	9일	본서	DAY 05	Bạn đi đâu? 너 어디 가?	월	일
	10일	워크북				
	11일	본서	DAY 06	Bạn sẽ ăn ở đâu? 너 어디에서 먹을 거야?	월	일
	12일	워크북				

학습 목차

DAY 01 — Mình (có) khỏe.
나는 잘 지내. — 08

DAY 02 — Bạn (có) uống cà phê không?
너 커피 마실래? — 14

DAY 03 — Em tên là Lan.
제 이름은 란이에요. — 20

DAY 04 — Bạn có tài khoản Zalo không?
너 잘로 계정 있어? — 26

DAY 05 — Bạn đi đâu?
너 어디 가? — 32

DAY 06 — Bạn sẽ ăn ở đâu?
너 어디에서 먹을 거야? — 38

✅ 녹음 대본 및 정답 — 44

등장인물 소개

이수지   김민호   란(Lan)   뚜언(Tuấn)

DAY 1 | Mình (có) khỏe.
나는 잘 지내.

학습목표
- 안부를 묻고 답할 수 있습니다.
- 형용사의 의문문과 평서문을 학습합니다.

오늘의 단어

제시된 단어를 여러 번 따라 읽으며 자신의 것으로 만들어 보세요.

🔊 01-1

짜오 **chào** 인사, 인사하다	러우 **lâu** 오랜, 오랫동안
꾸아 **quá** 너무	꺼 콤 **(có) ~ không?** ~합니까?
갑 **gặp** 만나다	ⓗ자오 나이 ⓝ야오 나이 **dạo này** 요즘
반 **bạn** 너, 친구, 당신	코애 **khỏe** 건강한, 좋은
밍 **mình** 나	

오늘의 단어 확인

1 빈칸에 알맞은 단어, 뜻을 써 보세요.

단어	뜻
lâu	①
②	너무
gặp	③
dạo này	④
⑤	건강한, 좋은
⑥	나

2 우리말에 해당하는 베트남어를 써 보세요.

① 만나다

② 나

③ 오랜, 오랫동안

④ 너무

⑤ 너, 친구, 당신

⑥ 요즘

DAY 1 Mình (có) khỏe. 나는 잘 지내.

 **오늘의 회화**

오늘의 회화를 학습합니다.   🔊 01-2

 이수지

짜오 뚜언 러우 꾸아 콤 갑
Chào, Tuấn! Lâu quá không gặp!
안녕, 뚜언! 오랜만이야!

 뚜언

러우 꾸아 콤 갑
Lâu quá không gặp!
오랜만이야!

 이수지

자오 나이 반 (꺼) 코애 콤
Dạo này bạn (có) khỏe không?
요즘 너 잘 지내?

 뚜언

밍 (꺼) 코애
Mình (có) khỏe.
나는 잘 지내.

 Tip

'Lâu quá không gặp'은 '너무 오랫동안'을 뜻하는 'lâu quá'와 '만나지 않다'를 뜻하는 'không gặp'이 함께 쓰여 '오랫 동안 만나지 못했다', 즉 '오랜만이야'라는 의미를 나타냅니다.

 **오늘의 회화 확인**

1 녹음을 잘 듣고 그림과 일치하면 O, 일치하지 않으면 X표 하세요. 🔊 01-3

①    ②

* ơi 어이 2인칭 단수 대명사 뒤에 붙어 상대방을 부를 때 표현하는 말

2 앞에 제시된 회화문을 읽고, 문장의 옳고 그름을 판단하세요.

① Hai người không gặp.　　　　　　　　　O　X

② Dạo này Tuấn không khỏe.　　　　　　O　X

* người 응으어이 사람

3 한국어를 보고 빈칸을 채운 후 완성된 문장을 읽어 보세요.

① Chào, Tuấn! Lâu quá không _____!

안녕, 뚜언! 오랜만이야!

② Dạo này bạn (có) _____ không?

너 요즘 잘 지내?

DAY 1　Mình (có) khỏe. 나는 잘 지내.

 **오늘의 표현**

1 의문문(형용사): 주어 + (có) + 형용사 + không?

자오 나이 반 (꺼) 코애 콤
Dạo này bạn (có) khỏe không?
요즘 잘 지내?

'주어 + (có) + 형용사 + không?'은 '형용사 하니?, 형용사 합니까?'라는 의미로 상대방에게 어떠한 상태를 묻는 의문을 나타냅니다. 이때, 'có'는 의문문을 만드는 형식상 필요한 요소이므로 생략이 가능합니다.

반 (꺼) 멭 콤
Bạn (có) mệt không?   너 피곤하니?

* mệt 멭 피곤한

반 (꺼) 자잉 콤
Bạn (có) rảnh không?   너 한가하니?

* rảnh ㉠자잉 ㉡라잉 한가한

2 평서문(형용사)

밍 (꺼) 코애
Mình (có) khỏe.
나는 잘 지내.

형용사의 평서문은 형용사가 주어 바로 뒤에 위치하여 '주어는 어떠하다'라고 묘사할 때 씁니다. 이때에도, 의문문 형식과 마찬가지로 'có'를 생략할 수 있습니다.

아잉 어이 (꺼) 번
Anh ấy (có) bận.   그는 바빠요.

* 2인칭 + ấy 어이 3인칭을 나타내는 말 | bận 번 바쁜

터이 띠엩 (꺼) 댑
Thời tiết (có) đẹp.   날씨가 좋아요.

* thời tiết 터이 띠엩 날씨 | đẹp 댑 좋은, 예쁜

 **Tip**

'quá'는 정도부사로 '너무'를 뜻하며 보통 '형용사 + quá' 어순으로 '너무 형용사하다'라는 의미를 나타내지만 'quá + 형용사'로 쓰일 때에는, '지나치게 형용사하다'라는 의미를 나타내기도 합니다.

 **오늘의 표현 확인**

🔊 01-4

표현 연습

　　　　반　　(꺼)　 부이　콤
① Bạn (có) vui không?　　　　　　　　너는 즐거워?

　　　　　　　　　　　　　　　　　　* vui 부이 즐거운, 기쁜

　　　　찌 어이　(꺼)　 씽　　콤
② Chị ấy (có) xinh không?　　　　　　그녀는 예뻐?

　　　　　　　　　　　　　　　　　　* xinh 씽 예쁜, 아름다운

　　　　자오 나이 아잉 어이 (꺼) 번　콤
③ Dạo này anh ấy (có) bận không?　요즘 그는 바빠?

표현 연습

　　　　앰　(꺼) 부이
① Em (có) vui.　　　　　　　　　　　저는 기뻐요.

　　　　찌 어이　(꺼)　 씽
② Chị ấy (có) xinh.　　　　　　　　　그녀는 예뻐.

　　　　자오 나이 아잉 어이 (꺼) 번
③ Dạo này anh ấy (có) bận.　　　　요즘 그는 바빠.

DAY 2

Bạn (có) uống cà phê không?
너 커피 마실래?

학습목표
* 의사를 묻고 답할 수 있습니다.
* 동사의 의문문과 의문사 gì를 학습합니다.

오늘의 단어

제시된 단어를 여러 번 따라 읽으며 자신의 것으로 만들어 보세요.

🔊 02-1

우옹
uống
마시다

까 페
cà phê
커피

콤
không
~하지 않다

버이
vậy
그러면, 그렇다면

지
gì
무엇, 무슨

짜 다
trà đá
(베트남식) 아이스녹차

14 베트남어 진짜학습지

오늘의 단어 확인

1 빈칸에 알맞은 단어, 뜻을 써 보세요.

단어	뜻
❶	마시다
cà phê	❷
không	❸
❹	그러면, 그렇다면
gì	❺
trà đá	❻

2 우리말에 해당하는 베트남어를 써 보세요.

❶ 무엇, 무슨

❷ 커피

❸ ~하지 않다

❹ 마시다

❺ (베트남식) 아이스녹차

❻ 그러면, 그렇다면

 **오늘의 회화**

오늘의 회화를 학습합니다. 🔊 02-2

 뚜언

반 (꺼) 우옹 까 페 콤
Bạn (có) uống cà phê không?
너 커피 마실래?

 이수지

밍 콤 우옹 까 페
Mình không uống cà phê.
나는 커피 안 마셔.

 뚜언

버이 반 우옹 지
Vậy, bạn uống gì?
그럼, 너 뭐 마실래?

 이수지

밍 우옹 짜 다
Mình uống trà đá.
나는 아이스녹차 마실래.

 Tip

'không'이 서술어 앞에 위치하면 서술어의 부정형을 나타냅니다.
'gì'는 '무엇, 무슨'이라는 뜻으로, 목적어 또는 목적 보어 자리에 넣어 의문사로 사용합니다.

오늘의 회화 확인

1 녹음을 잘 듣고 그림과 일치하면 O, 일치하지 않으면 X표 하세요. ◁)) 02-3

* nước cam 느억 깜 오렌지주스

2 앞에 제시된 회화문을 읽고, 문장의 옳고 그름을 판단하세요.

① Tuấn đang uống cà phê.   O   X

② Su Ji muốn uống trà đá.   O   X

* đang 당 ~하고 있다(현재진행시제) | muốn 무온 원하다, 바라다

3 한국어를 보고 빈칸을 채운 후 완성된 문장을 읽어 보세요.

① Bạn (có) uống   không?

너 커피 마실래?

② Mình uống   .

나 아이스녹차 마실래.

 **오늘의 표현**

1 의문문(동사): 주어+(có)+동사+không?

반 (꺼) 우옹 까 페 콤
Bạn (có) uống cà phê không?
너 커피 마실래?

의문문 '주어+(có)+동사+không?'은 '동사해요?, 동사합니까'의 의미로 의문문을 표현합니다. 이때, 'có'는 의문문을 만드는 형식상 필요한 요소이므로 생략이 가능합니다.

아잉 (꺼) 디 람 콤
Anh (có) đi làm không?   당신은 일하러 가요?

* đi làm 디 람 일하러 가다

찌 (꺼) 안 껌 콤
Chị (có) ăn cơm không?   당신은 밥 먹어요?

2 의문사 gì

반 우옹 지
Bạn uống gì?
너 뭐 마실래?

의문사 'gì'는 문장 끝에 붙어서 '무엇, 무슨'이라는 의미를 가지며, 목적어 또는 목적 보어 자리에 넣어 사용합니다.

앰 쌤 지
Em xem gì?   너는 무엇을 보니?

* xem 쌤 보다

아잉 어이 너이 지
Anh ấy nói gì?   그가 뭐라고 하니?

* nói 너이 말하다

오늘의 표현 확인

🔊 02-4

표현 연습

앰 (꺼) 안 바잉 미 콤
① Em (có) ăn bánh mì không?   너 반미 먹을래?
  * bánh mì 바잉 미 반미[음식명]

아잉 어이 (꺼) 무어 아오 콤
② Anh ấy (có) mua áo không?   그는 옷을 사니?
  * mua 무어 사다 | áo 아오 옷

찌 어이 (꺼) 쌤 핌 콤
③ Chị ấy (có) xem phim không?   그녀는 영화를 보니?
  * phim 핌 영화

표현 연습

앰 안 지
① Em ăn gì?   너는 무엇을 먹니?

아잉 어이 무어 지
② Anh ấy mua gì?   그는 무엇을 사니?

찌 어이 람 지
③ Chị ấy làm gì?   그녀는 무엇을 하니?
  * làm 람 ~하다, 만들다

DAY 2 Bạn (có) uống cà phê không? 너 커피 마실래?   19

DAY 3

Em tên là Lan.
제 이름은 란이에요.

학습목표
- 이름을 묻고 대답할 수 있습니다.
- là 동사 평서문을 학습합니다.

오늘의 단어

제시된 단어를 여러 번 따라 읽으며 자신의 것으로 만들어 보세요.   ◁)) 03-1

뗀 **tên** 이름	라 **là** ~이다
한 꾸옥 **Hàn Quốc** 한국	하 **hả** 문장 끝에 붙어 의문을 나타내는 말
띠엥 비엣 **tiếng Việt** 베트남어	지어이 / 이여이 **giỏi** 잘하는
깜 언 깜 언 **cảm ơn (= cám ơn)** 고마워하다, 감사하다	

 **오늘의 단어 확인**

1 빈칸에 알맞은 단어, 뜻을 써 보세요.

단어	뜻
tên	①
②	한국
③	잘하는
tiếng Việt	④
⑤	고마워하다, 감사하다
hả	⑥

2 우리말에 해당하는 베트남어를 써 보세요.

① 베트남어

② ~이다

③ 잘하는

④ 이름

⑤ 한국

⑥ 고마워하다, 감사하다

DAY 3　Em tên là Lan. 제 이름은 란이에요.

 **오늘의 회화**

오늘의 회화를 학습합니다.   🔊 03-2

란

씬   짜오   앰 뗀 라 란
Xin chào. Em tên là Lan.

안녕하세요. 제 이름은 란이에요.

김민호

짜오 란   아잉 라 김 민 호   아잉 라 응으어이 한   꾸옥
Chào Lan! Anh là Kim Min Ho. Anh là người Hàn Quốc.

안녕 란! 나는 김민호야. 나는 한국인이야.

란

아잉 라 응으어이 한   꾸옥 하 아잉 너이 띠엥   비엔 지어이 꾸아
Anh là người Hàn Quốc hả? Anh nói tiếng Việt giỏi quá!

한국 사람이라고요? 베트남어 너무 잘하네요!

김민호

아잉 깜   언 란
Anh cảm ơn Lan.

고마워 란아.

'~hả?'는 문장 끝에 붙어 상대방의 행동이나 어떠한 상황에 놀람을 나타내는 표현으로 보통 친하고, 가까운 사이에 사용합니다.

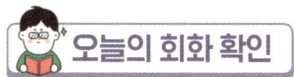 오늘의 회화 확인

1 녹음을 잘 듣고 그림과 일치하면 O, 일치하지 않으면 X표 하세요. 🔊 03-3

①    ②

* Việt Nam 비엔 남 베트남

2 앞에 제시된 회화문을 읽고, 문장의 옳고 그름을 판단하세요.

① Min Ho là người Mỹ.   O   X

② Min Ho nói tiếng Việt giỏi.   O   X

* Mỹ 미 미국

3 한국어를 보고 빈칸을 채운 후 완성된 문장을 읽어 보세요.

① Anh là _____ Hàn Quốc hả?

한국 사람이라고요?

② Anh nói _____ giỏi quá!

베트남어 너무 잘하시네요!

 **오늘의 표현**

1 이름 묻고 답하기

앰 뗀 라 란
Em tên là Lan.
제 이름은 란이에요.

대상	질문	대답
또래나 아랫사람	1. tên + (của) + 인칭대명사 + là gì? 2. 인칭대명사 + tên là gì?	1. tên + (của) + 인칭대명사 là ____. 2. 인칭대명사 + tên là ____.
초면이나 윗사람	1. tên + (của) + 인칭대명사 + là gì ạ? 2. 인칭대명사 + tên là gì ạ?	1. tên + (của) + 인칭대명사 là ____ ạ. 2. 인칭대명사 + tên là ____ ạ.

* của 꾸어 ~의

2 là 평서문

아잉 라 김 민 호 아잉 라 응으어이 한 꾸옥
Anh là Kim Min Ho. Anh là người Hàn Quốc.
나는 김민호야. 나는 한국인이야.

'là'는 '~이다'라는 뜻으로 '주어는 명사이다'라는 뜻으로 쓰입니다. 'là'의 부정은 'không phải là'로 '~(이)가 아니다'라는 의미입니다.

긍정
찌 어이 라 응으어이 비엣 남
Chị ấy là người Việt Nam. 그녀는 베트남인이야.

부정
찌 어이 콤 파이 라 응으어이 비엣 남
Chị ấy không phải là người Việt Nam. 그녀는 베트남인이 아니야.

 **오늘의 표현 확인**

🔊 03-4

표현 연습

찌 뗀 라 이 정 원
① **Chị tên là Lee Jung Won.**   내 이름은 이정원이야.

뗀 (꾸어) 앰 라 히엔
② **Tên (của) em là Hiền.**   제 이름은 히엔이에요.

허 (꾸어) 앰 라 응우이엔 뗀 라 투이
③ **Họ (của) em là Nguyễn, tên là Thủy.**   저는 성이 응우이엔이고, 이름이 투이예요.

* họ 허 성

표현 연습

앰 라 응으어이 비엣 남
① **Em là người Việt Nam.**   저는 베트남인이에요.

찌 라 씽 비엔
② **Chị là sinh viên.**   나는 대학생이야.

* sinh viên 씽 비엔 대학생

찌 어이 콤 파이 라 지암 돕
③ **Chị ấy không phải là giám đốc.**   그녀는 사장이 아니야.

* giám đốc ⓗ지암 돕 ⓢ이얌 돕 사장, 대표

DAY 3   Em tên là Lan. 제 이름은 란이에요.   25

DAY 4 · Bạn có tài khoản Zalo không?

너 잘로 계정 있어?

학습목표
- 의문문 *có* + 명사 + *không?*을 학습합니다.
- '한 번 ~해 보다'의 표현을 학습합니다.

오늘의 단어

제시된 단어를 여러 번 따라 읽으며 자신의 것으로 만들어 보세요.

04-1

따이 코안 **tài khoản** 계정	잘로 **Zalo** 베트남 메신저 어플
쭘 따 **chúng ta** 우리(듣는 사람 포함)	껠 반 **kết bạn** 친구 신청하다, 친구가 되다
내 **nhé** 문장 끝에 붙여 권유 또는 제안을 나타내는 말	쌔 **sẽ** ~할 것이다(미래시제)
템 **thêm** 추가하다, 더하다	쏘 **số** 번호
끼엠 짜 **kiểm tra** 확인하다	트 **thử** 한번 해 보다, 시도하다

오늘의 단어 확인

1 빈칸에 알맞은 단어, 뜻을 써 보세요.

단어	뜻
tài khoản	①
②	우리(듣는 사람 포함)
kết bạn	③
số	④
⑤	한번 해 보다, 시도하다
⑥	추가하다, 더하다

2 우리말에 해당하는 베트남어를 써 보세요.

① 계정

② 우리(듣는 사람 포함)

③ 친구가 되다

④ ~할 것이다

⑤ 추가하다, 더하다

⑥ 확인하다

 **오늘의 회화**

오늘의 회화를 학습합니다. 04-2

 이수지

반 꺼 따이 코안 잘로 콤
Bạn có tài khoản Zalo không?
너 잘로 계정 있어?

 뚜언

밍 꺼 잘로
Mình có Zalo!
나 잘로 있지!

 이수지

버이 쭘 따 껠 반 냬
Vậy, chúng ta kết bạn nhé!
그럼, 우리 친구 추가하자!

 뚜언

밍 쌔 템 쏘 (꾸어) 반 반 끼엠 짜 트 냬
Mình sẽ thêm số (của) bạn. Bạn kiểm tra thử nhé!
내가 너 번호 추가할게. 한번 확인해 봐!

 **Tip**

'nhé(= nha)'는 문장 끝에 붙여 상대방에게 권유나 제안할 때 사용하는 표현입니다.

1 녹음을 잘 듣고 그림과 일치하면 O, 일치하지 않으면 X표 하세요. 🔊 04-3

①    ②

2 앞에 제시된 회화문을 읽고, 문장의 옳고 그름을 판단하세요.

① Tuấn có tài khoản Zalo.   O   X

② Tuấn sẽ thêm số (của) Su Ji.   O   X

3 한국어를 보고 빈칸을 채운 후 완성된 문장을 읽어 보세요.

① Bạn có _____ Zalo không?

너 잘로 계정 있어?

② Chúng ta _____ nhé!

우리 친구 추가하자!

1 의문문(명사) : 주어+có+명사+không?

반 꺼 따이 코안 잘로 콤
Bạn có tài khoản Zalo không?
너 잘로 계정 있어?

'주어+có+명사+không?'은 '명사가 있니?'라는 의미로 상대방에게 어떠한 명사가 있는지 물어볼 때 사용합니다. 이때, 'có'는 '있다'라는 의미의 동사로서 생략할 수 없습니다. 'có'의 부정은 'không có'로 '~(이)가 없다, ~(을)를 가지고 있지 않다'라는 뜻을 나타냅니다.

의문 반 꺼 핸 콤
Bạn có hẹn không?   너 약속 있어?

긍정 밍 꺼 핸
Mình có hẹn.   나 약속이 있어.

부정 밍 콤 꺼 핸
Mình không có hẹn.   나는 약속이 없어.

* hẹn 핸 약속, 약속하다

2 '한 번 ~해 보다, 시도하다': thử

반 끼엠 짜 트 내
Bạn kiểm tra thử nhé!
한번 확인해 봐!

'thử'가 단독으로 쓰이면 '시도하다'라는 의미를 나타내고, 동사의 뒤에 쓰이면 '어떤 동작을 좀 ~하다, 한번 ~ 해 보다'라는 의미를 나타냅니다.

앰 하이 디 트
Em hãy đi thử.   너 한번 가 봐.

찌 우옹 트
Chị uống thử.   당신은 좀 마셔 보세요.

* hãy 하이 동사 앞에 붙어 '(어떤 동작을) ~해라, 하세요'

오늘의 표현 확인

🔊 04-4

표현 연습

찌 어이 꺼 꿉 싹 삔 콤
1. **Chị ấy có cục sạc pin không?**   그녀는 충전기가 있어?
   * cục sạc pin 꿉 싹 삔 충전기

밍 꺼 터이 지안
2. **Mình có thời gian.**   나는 시간이 있어.
   * thời gian ㉰터이 지안 ㉱터이 이얀 시간

아잉 어이 콤 꺼 랍똡
3. **Anh ấy không có laptop.**   그는 노트북이 없어.
   * laptop 랍똡 노트북

표현 연습

쭘 따 안 트 내
1. **Chúng ta ăn thử nhé!**   우리 한 번 먹어 보자!

앰 막 트 아오 나이
2. **Em mặc thử áo này.**   저 이 옷 한번 입어볼게요.
   * mặc 막 (옷을) 입다 | này 나이 이것, 이곳, 이분

앰 하이 도이 트 무 나이
3. **Em hãy đội thử mũ này.**   너 이 모자 좀 써 봐.
   * đội 도이 (모자를) 쓰다 | mũ 무 모자

DAY 5 | Bạn đi đâu?
너 어디 가?

학습목표

✹ '어디'에 대해 학습하고 묻고 답할 수 있습니다.
✹ ở의 전치사와 동사의 용법에 대해 학습합니다.

오늘의 단어

제시된 단어를 여러 번 따라 읽으며 자신의 것으로 만들어 보세요.

🔊 05-1

디 **đi** 가다	더우 **đâu** 어디
응언 항 **ngân hàng** 은행	건 **gần** 근처, 부근, 가까운
쯔엉 **trường** 학교	어 **ở** ~에(서), ~에 있다
쭘 떰 **trung tâm** 중심, 센터	타잉 포 **thành phố** 시, 도시

오늘의 단어 확인

1 빈칸에 알맞은 단어, 뜻을 써 보세요.

단어	뜻
①	가다
đâu	②
ngân hàng	③
trường	④
⑤	근처, 부근, 가까운
⑥	중심, 센터

2 우리말에 해당하는 베트남어를 써 보세요.

① 어디

② 은행

③ 학교

④ 근처, 부근, 가까운

⑤ ~에(서), ~에 있다

⑥ 시, 도시

오늘의 회화

오늘의 회화를 학습합니다.

🔊 05-2

뚜언

반 디 더우
Bạn đi đâu?
너 어디 가?

이수지

밍 디 응언 항 아베쎄
Mình đi ngân hàng ABC.
나 ABC 은행 가.

뚜언

건 쯔엉 꺼 응언 항 아베쎄 콤
Gần trường có ngân hàng ABC không?
학교 근처에 ABC 은행이 있어?

이수지

콤 꺼 응언 항 아베쎄 어 쭝 떰 타잉 포
Không có. Ngân hàng ABC ở trung tâm thành phố.
없어. ABC 은행은 시내 중심에 있어.

'gần'은 '근처, 부근, 가까운'의 의미로 단독으로도 쓰이기도 하고, 명사와 함께 쓰이기도 합니다.
'gần+명사'는 '명사가 가깝다'라는 의미입니다. 이와 반대 의미로 '명사가 멀다'는 'xa+명사'로 표현합니다.

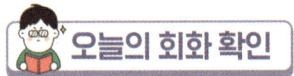

1 녹음을 잘 듣고 그림과 일치하면 O, 일치하지 않으면 X표 하세요. 🔊 05-3

①

②

* công viên 꼼 비엔 공원

2 앞에 제시된 회화문을 읽고, 문장의 옳고 그름을 판단하세요.

① Su Ji đi ngân hàng ABC.   O   X

② Gần trường có ngân hàng ABC.   O   X

3 한국어를 보고 빈칸을 채운 후 완성된 문장을 읽어 보세요.

① Bạn đi _____ ?

너 어디 가?

② Mình đi _____ ABC.

나 ABC 은행 가.

DAY 5 Bạn đi đâu? 너 어디 가?   35

 **오늘의 표현**

1 의문사 đâu

> 반 디 더우
> Bạn đi đâu?
> 너 어디 가?

의문사 'đâu'는 '어디'라는 뜻으로 장소를 물을 때 사용하며 보통 đi(가다) / đến(오다) / về(돌아오다, 돌아가다)와 결합하여 사용합니다.

아잉 어이 덴 더우
Anh ấy đến đâu?   그는 어디로 도착해요?

앰 베 더우
Em về đâu?   너는 어디로 돌아올거야?

2 ở의 동사 용법과 전치사 용법

> 응언 항 아베쎄 어 쭝 떰 타잉 포
> Ngân hàng ABC ở trung tâm thành phố.
> ABC 은행은 시내 중심에 있어.

'ở'가 동사로 쓰일 때에는 '~에 있다'라는 의미를 나타냅니다. 부정형은 'không ở'로 '~에 없다'라는 의미입니다. 또, 'ở'가 전치사로 쓰일 때에는 '~에(서)'라는 의미를 가집니다.

긍정 보 어 꼼 띠
Bố ở công ty.   아빠는 회사에 계셔.

부정 보 콤 어 꼼 띠
Bố không ở công ty.   아빠는 회사에 안 계셔.

의문 보 어 꼼 띠 콤
Bố ở công ty không?   아빠는 회사에 계셔?

* bố 보 아버지 | công ty 꼼 띠 회사

오늘의 표현 확인

🔊 05-4

표현 연습

반 쌔 디 더우
① **Bạn sẽ đi đâu?**   너는 어디로 갈거야?

딱 씨 당 덴 더우
② **Tắc xi đang đến đâu?**   택시는 어디로 오고 있어?
* tắc xi 딱 씨 택시

랃 느어 아잉 베 더우
③ **Lát nữa anh về đâu?**   이따가 당신은 어디로 돌아갈 거예요?
* lát nữa 랃 느어 이따가, 잠시 후에

표현 연습

찌 어이어 꼼 비엔
① **Chị ấy ở công viên.**   그녀는 공원에 있어.

아잉 어이 콤 어 쯔엉
② **Anh ấy không ở trường.**   그는 학교에 없어.

매 어 쩌 콤
③ **Mẹ ở chợ không?**   엄마는 시장에 계셔?
* mẹ 매 어머니 | chợ 쩌 시장

DAY 6

Bạn sẽ ăn ở đâu?
너 어디에서 먹을 거야?

학습목표
- '~어디에서 ~해요?'라는 표현을 학습합니다.
- 행동의 유무를 묻는 '~했어요?'의 표현을 학습합니다.

오늘의 단어

제시된 단어를 여러 번 따라 읽으며 자신의 것으로 만들어 보세요. 06-1

쌍 **sáng** 아침	(다) 쯔어 **(đã) ~ chưa?** ~했어요?
퍼 **phở** 쌀국수	꿈 **cùng** 함께
드억 콤 **~ được không?** ~해도 되나요?, 돼요?	쯔 **chứ** 무언가가 당연하다고 말하거나 어떤 행동을 다시 확인할 때 사용하는 말
꾸안 안 냐 항 **quán (ăn) (= nhà hàng)** 식당	디어 찌 **địa chỉ** 주소
드엉 **đường** 길, 도로	

오늘의 단어 확인

1 빈칸에 알맞은 단어, 뜻을 써 보세요.

단어	뜻
sáng	①
(đã) ~ chưa?	②
③	쌀국수
cùng	④
⑤	식당
⑥	주소

2 우리말에 해당하는 베트남어를 써 보세요.

① 아침

② ~했어요?

③ ~해도 되나요?, 돼요?

④ 식당

⑤ 주소

⑥ 길, 도로

오늘의 회화

오늘의 회화를 학습합니다. 06-2

이수지

반 (다) 안 쌍 쯔어
Bạn (đã) ăn sáng chưa?
너 아침 먹었어?

뚜언

밍 쌔 디 안 퍼
Mình sẽ đi ăn phở.
나 쌀국수 먹으러 갈거야.

이수지

반 쌔 안 어 더우   밍 디 안 꿈 반 드억 콤
Bạn sẽ ăn ở đâu? Mình đi ăn cùng bạn được không?
너 어디에서 먹을 거야? 나 너랑 같이 먹으러 가도 돼?

뚜언

드억 쯔 버이   쭘 따 디 꾸안 어 디어 찌 쏘 므어이 드엉
Được chứ. Vậy, chúng ta đi quán ở địa chỉ số 10 đường
리 꾸억 쓰 내
Lý Quốc Sư nhé!
당연히 되지. 그럼, 우리 리 꾸옥 쓰 길 10번지로 가자!

1) '~được không?'은 '(có) ~được không?'에서 'có'가 생략된 표현으로, 서술어 뒤에 붙어 가능의 표현을 나타냅니다.
2) 베트남의 주소는 '번지, 도로명, 군, 시'의 순으로, 우리나라와 반대로 표기합니다.

1 녹음을 잘 듣고 그림과 일치하면 O, 일치하지 않으면 X표 하세요.　　🔊 06-3

❶ 　　❷

2 앞에 제시된 회화문을 읽고, 문장의 옳고 그름을 판단하세요.

❶ Su Ji và Tuấn sẽ ăn bánh mì.　　　　　　　　　　O　X

❷ Su Ji và Tuấn sẽ đi số 10 đường Lý Quốc Sư.　　O　X

* và 바 ~와(과), 그리고

3 한국어를 보고 빈칸을 채운 후 완성된 문장을 읽어 보세요.

❶ Bạn sẽ ăn　　　　　　　　　　　　　　?

너 어디에서 먹을 거야?

❷ Mình đi ăn cùng bạn　　　　　　　　　　　　?

나 너랑 같이 먹으러 가도 돼?

 **오늘의 표현**

1 어디에서 ~해요?: 주어+동사+ở đâu?

반 쌔 안 어 더우
Bạn sẽ ăn ở đâu?
너 어디에서 먹을 거야?

의문사 'đâu'는 '어디'라는 뜻으로 장소를 물을 때 사용하며 보통 ăn(먹다), uống(마시다), học(공부하다), làm việc(일하다) 등과 같은 동사와 결합하여 사용합니다.

반 헙 띠엥 비엣 어 더우
Bạn học tiếng Việt ở đâu? 너 어디에서 베트남어 공부를 해?

찌 우옹 까 페 어 더우
Chị uống cà phê ở đâu? 당신은 어디에서 커피를 마셔요?

2 ~했어요?: 주어+(đã)+동사+chưa?

반 (다) 안 쌍 쯔어
Bạn (đã) ăn sáng chưa?
너 아침 먹었어?

행동의 유무를 묻는 표현으로, 'đã'를 생략하여 사용할 수 있습니다.

아잉 (다) 안 껌 쯔어
Anh (đã) ăn cơm chưa? 당신은 밥 먹었어요?

버이 지어 (다) 따잉 므어 쯔어
Bây giờ (đã) tạnh mưa chưa? 지금 비가 그쳤어?

* tạnh 따잉 그치다, 끝나다 | mưa 므어 비

오늘의 표현 확인

표현 연습

① 쭘 따 갑 어 더우
Chúng ta gặp ở đâu?　　　우리 어디에서 만나?

② 쭘 따 우옹 까 페 어 더우
Chúng ta uống cà phê ở đâu?　　　우리 어디에서 커피 마셔?

③ 아잉 당 등 어 더우
Anh đang đứng ở đâu?　　　당신은 어디에 서있어요?

* đứng 등 서다

표현 연습

① 아잉 (다) 껟 혼 쯔어
Anh (đã) kết hôn chưa?　　　당신은 결혼했어요?

* kết hôn 껟 혼 결혼하다

② 앰 (다) 디 떱 쯔어
Em (đã) đi tập chưa?　　　너 운동하러 갔어?

* tập 떱 운동하다, 연습하다

③ 반 다 쌤 핌 나이 쯔어
Bạn (đã) xem phim này chưa?　　　너 이 영화 봤어?

녹음 대본 및 정답

나는 잘 지내.

오늘의 단어 확인

1. ① 오랜, 오랫동안 ② quá ③ 만나다
   ④ 요즘 ⑤ khỏe ⑥ mình

2. ① gặp ② mình ③ lâu
   ④ quá ⑤ bạn ⑥ dạo này

오늘의 회화 확인

녹음 대본

1. ① nữ: Tuấn ơi, lâu quá không gặp.   뚜언아, 오랜만이야.
   nam: Suji ơi, lâu quá không gặp.   수지야, 오랜만이야.

   ② nữ: Dạo này Tuấn (có) khỏe không?   요즘 너 잘 지내?
   nam: Mình khỏe.   나는 잘 지내.

1. ① O ② X
2. ① X ② X
3. ① gặp ② khỏe

DAY 2 너 커피 마실래?

오늘의 단어 확인

1. ① uống ② 커피 ③ ~하지 않다
   ④ vậy ⑤ 무엇, 무슨 ⑥ (베트남식) 아이스 녹차

2. ① gì ② cà phê ③ không
   ④ uống ⑤ trà đá ⑥ vậy

44 베트남어 진짜학습지

오늘의 회화 확인

녹음 대본

1. ❶ nam: Bạn (có) uống trà không?   너 차 마실래?
   nữ: Mình (có) uống trà đá.   나는 아이스 녹차 마실래.

   ❷ nam: Bạn uống gì?   너 뭐 마실래?
   nữ: Mình uống nước cam.   나 오렌지주스 마실래.

1. ❶ X   ❷ O
2. ❶ X   ❷ O
3. ❶ cà phê   ❷ trà đá

DAY 3 제 이름은 란이에요.

오늘의 단어 확인

1. ❶ 이름   ❷ Hàn Quốc   ❸ giỏi
   ❹ 베트남어   ❺ cảm ơn (= cám ơn)   ❻ 문장 끝에 붙어 의문을 나타내는 말

2. ❶ tiếng Việt   ❷ là   ❸ giỏi
   ❹ tên   ❺ Hàn Quốc   ❻ cảm ơn (= cám ơn)

오늘의 회화 확인

녹음 대본

1. ❶ nữ: Em tên là Lan. Em là người Việt Nam.   제 이름은 란이에요. 저는 베트남인이에요.
   nam: Anh là Kim Min Ho. Anh là người Hàn Quốc.   나는 김민호야. 나는 한국인이야.

   ❷ nữ: Anh nói tiếng Việt giỏi quá!   당신은 베트남어 정말 잘하네요!
   nam: Cảm ơn em.   고마워.

1. ❶ X   ❷ O
2. ❶ X   ❷ O
3. ❶ người   ❷ tiếng Việt

너 잘로 계정 있어?

오늘의 단어 확인

1. ❶ 계정 ❷ chúng ta ❸ 친구 신청하다, 친구가 되다
   ❹ 번호 ❺ thử ❻ thêm

2. ❶ tài khoản ❷ chúng ta ❸ kết bạn
   ❹ sẽ ❺ thêm ❻ kiểm tra

오늘의 회화 확인

녹음 대본

1. ❶ nữ: Bạn có tài khoản Zalo không? 너 잘로 계정 있어?
   nam: Mình có. 나 있어.

   ❷ nữ: Chúng ta kết bạn nhé! 우리 친구 추가하자!
   nam: Mình sẽ thêm số (của) bạn. 내가 너 번호 추가할게.

1. ❶ O ❷ O
2. ❶ O ❷ O
3. ❶ tài khoản ❷ kến bạn

 너 어디 가?

오늘의 단어 확인

1. ❶ đi ❷ 어디 ❸ 은행
   ❹ 학교 ❺ gần ❻ trung tâm

2. ❶ đi ❷ ngân hàng ❸ trường
   ❹ gần ❺ ở ❻ thành phố

오늘의 회화 확인

녹음 대본

1 ❶ nam: Bạn đi đâu? 너 어디가?
   nữ: Mình đi công viên. 나 공원에 가.

❷ nam: Gần trường có ngân hàng ABC không? 학교 근처에 ABC 은행이 있어?
   nữ: Không có. Ngân hàng ABC ở trung tâm thành phố.
   없어. ABC 은행은 시내 중심에 있어.

1 ❶ X   ❷ O
2 ❶ O   ❷ X
3 ❶ đâu   ❷ ngân hàng

DAY 6 너 어디에서 먹을 거야?

오늘의 단어 확인

1 ❶ 아침   ❷ ~했어요?   ❸ phở
  ❹ 함께   ❺ quán (= nhà hàng) ❻ địa chỉ

2 ❶ sáng   ❷ (đã) ~ chưa?   ❸ ~ được không?
  ❹ quán (= nhà hàng) ❺ địa chỉ   ❻ đường

오늘의 회화 확인

녹음 대본

1 ❶ nữ: Bạn đã ăn sáng chưa? 너 아침 먹었어?
   nam: Mình đi ăn phở. 나 쌀국수 먹으러 갈거야.

❷ nữ: Bạn sẽ ăn ở đâu? 너 어디에서 먹을 거야?
   nam: Chúng ta đi quán ở địa chỉ số 10 đường Lý Quốc Sư nhé!
   우리 리 꾸옥 쓰 길 10번지로 가자!

1 ❶ O   ❷ O
2 ❶ X   ❷ O
3 ❶ ở đâu   ❷ được không

진짜학습지

베트남어
진짜학습지

기초편 워크북
1

베트남어 진짜학습지 기초편 워크북 **1**

초판 1쇄 발행 2023년 12월 29일

지은이 이정원
펴낸곳 (주)에스제이더블유인터내셔널
펴낸이 양홍걸 이시원

홈페이지 daily.siwonschool.com
주소 서울시 영등포구 국회대로74길 12 시원스쿨
교재 구입 문의 02)2014-8151
고객센터 02)6409-0878

ISBN 979-11-6150-803-0 13730
Number 1-420501-25250021-06

이 책은 저작권법에 따라 보호받는 저작물이므로 무단복제와 무단전재를 금합니다. 이 책 내용의 전부 또는 일부를 이용하려면 반드시 저작권자와 ㈜에스제이더블유인터내셔널의 서면 동의를 받아야 합니다.

학습 구성

학습한 단어들을 제대로 숙지했는지 문제를 직접 풀어보며 자신의 실력을 점검해 봅니다.

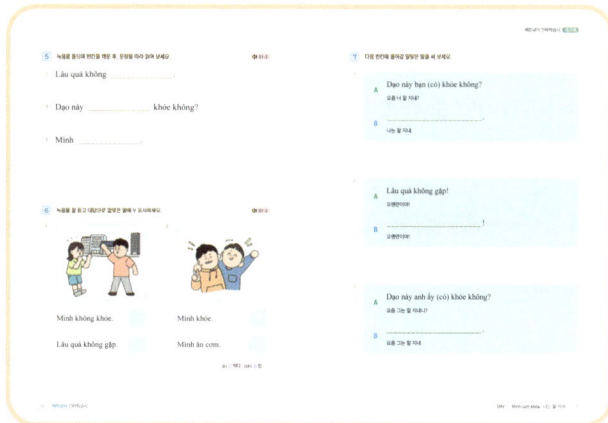

학습한 주요 내용을 떠올리며 문장을 직접 만들어 보고, 배운 내용을 얼마나 기억하고 있는지 확인해 봅니다.

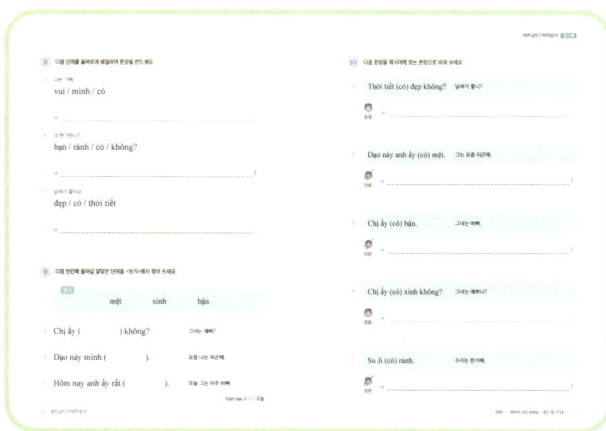

문장 어순 배열 문제, 잘못된 문장 올바르게 고치기 등 다양한 형태의 문제를 풀어보며, 배운 내용을 완벽하게 복습합니다.

학습 플랜

🚩 주 3일 학습 플랜

★ 본서, 워크북 1일 1과 학습 구성(본서와 워크북을 하루에 함께 학습합니다.)

날짜			내용		학습 계획일	
1주	1일	본서	DAY 01	Mình (có) khỏe. 나는 잘 지내.	월	일
		워크북				
	2일	본서	DAY 02	Bạn (có) uống cà phê không? 너 커피 마실래?	월	일
		워크북				
	3일	본서	DAY 03	Em tên là Lan. 제 이름은 란이에요.	월	일
		워크북				
2주	4일	본서	DAY 04	Bạn có tài khoản Zalo không? 너 잘로 계정 있어?	월	일
		워크북				
	5일	본서	DAY 05	Bạn đi đâu? 너 어디 가?	월	일
		워크북				
	6일	본서	DAY 06	Bạn sẽ ăn ở đâu? 너 어디에서 먹을 거야?	월	일
		워크북				

🚩 주 6일 학습 플랜

★ 본서, 워크북 2일 1과 학습 구성(본서를 먼저 공부하고 그 다음날 워크북으로 복습합니다.)

날짜			내용		학습 계획일	
1주	1일	본서	DAY 01	Mình (có) khỏe. 나는 잘 지내.	월	일
	2일	워크북				
	3일	본서	DAY 02	Bạn (có) uống cà phê không? 너 커피 마실래?	월	일
	4일	워크북				
	5일	본서	DAY 03	Em tên là Lan. 제 이름은 란이에요.	월	일
	6일	워크북				
2주	7일	본서	DAY 04	Bạn có tài khoản Zalo không? 너 잘로 계정 있어?	월	일
	8일	워크북				
	9일	본서	DAY 05	Bạn đi đâu? 너 어디 가?	월	일
	10일	워크북				
	11일	본서	DAY 06	Bạn sẽ ăn ở đâu? 너 어디에서 먹을 거야?	월	일
	12일	워크북				

학습 목차

DAY 01 — Mình (có) khỏe.
나는 잘 지내. — 06

DAY 02 — Bạn (có) uống cà phê không?
너 커피 마실래? — 12

DAY 03 — Em tên là Lan.
제 이름은 란이에요. — 18

DAY 04 — Bạn có tài khoản Zalo không?
너 잘로 계정 있어? — 24

DAY 05 — Bạn đi đâu?
너 어디 가? — 30

DAY 06 — Bạn sẽ ăn ở đâu?
너 어디에서 먹을 거야? — 36

✅ 녹음 대본 및 정답 — 42

DAY 1

Mình (có) khỏe.
나는 잘 지내.

1 녹음을 잘 듣고 해당하는 우리말에 ○ 표시한 후 베트남어를 써 보세요.　🔊 01-1

① 금방 ― 오랜, 오랫동안

➡ _____

② 약한 ― 건강한, 좋은

➡ _____

③ 만나다 ― 먹다

➡ _____

④ 요즘 ― 예전

➡ _____

2 베트남어와 우리말 뜻을 바르게 연결하세요.

① chào　•　　　　•　ⓐ 인사, 인사하다

② có ~ không?　•　　　　•　ⓑ 건강한

③ khỏe　•　　　　•　ⓒ ~합니까?

3 다음 빈칸에 들어갈 알맞은 단어를 써 보세요.

① 너   오늘 뭐해? _____

② 요즘   날씨가 너무 추워. _____

③ 이 요리   너무   맛있어. _____

4 다음 우리말 뜻을 보고 빈칸에 해당하는 단어를 <보기>에서 찾아 쓰세요.

보기: mình   chào   bạn   khỏe

① 건강한 → _____

② 인사, 인사하다 → _____

③ 나 → _____

④ 너, 친구, 당신 → _____

5 녹음을 들으며 빈칸을 채운 후, 문장을 따라 읽어 보세요. 🔊 01-2

① Lâu quá không _____ .

② Dạo này _____ khỏe không?

③ Mình _____ .

6 녹음을 잘 듣고 대답으로 알맞은 말에 V 표시하세요. 🔊 01-3

①

②

Mình không khỏe.　　　　　　　Mình khỏe.

Lâu quá không gặp.　　　　　　Mình ăn cơm.

* ăn 안 먹다 | cơm 껌 밥

7 다음 빈칸에 들어갈 알맞은 말을 써 보세요.

①
A Dạo này bạn (có) khỏe không?
요즘 너 잘 지내?

B _____.
나는 잘 지내.

②
A Lâu quá không gặp!
오랜만이야!

B _____!
오랜만이야!

③
A Dạo này anh ấy (có) khỏe không?
요즘 그는 잘 지내니?

B _____.
요즘 그는 잘 지내.

8 다음 단어를 올바르게 배열하여 문장을 만드세요.

① 나는 기뻐.
vui / mình / có

→ _____.

② 너 한가하니?
bạn / rảnh / có / không?

→ _____?

③ 날씨가 좋아요.
đẹp / có / thời tiết

→ _____.

9 다음 빈칸에 들어갈 알맞은 단어를 <보기>에서 찾아 쓰세요.

보기

mệt   xinh   bận

① Chị ấy (   ) không?   그녀는 예뻐?

② Dạo này mình (   ).   요즘 나는 피곤해.

③ Hôm nay anh ấy rất (   ).   오늘 그는 아주 바빠.

* hôm nay 홈 나이 오늘

10 다음 문장을 제시어에 맞는 문장으로 바꿔 보세요.

① Thời tiết (có) đẹp không?   날씨가 좋니?

긍정 → _____.

② Dạo này anh ấy (có) mệt.   그는 요즘 피곤해.

의문 → _____?

③ Chị ấy (có) bận.   그녀는 바빠.

의문 → _____?

④ Chị ấy (có) xinh không?   그녀는 예쁘니?

긍정 → _____.

⑤ Su Ji (có) rảnh.   수지는 한가해.

의문 → _____?

DAY 2 | Bạn (có) uống cà phê không?
너 커피 마실래?

1 녹음을 잘 듣고 해당하는 우리말에 ○ 표시한 후 베트남어를 써 보세요. 🔊 02-1

① 커피 — (베트남식) 아이스녹차
➡ _____

② 어디, 어느 — 무엇, 무슨
➡ _____

③ 그러면, 그렇다면 — 조금
➡ _____

④ 먹다 — 마시다
➡ _____

2 베트남어와 우리말 뜻을 바르게 연결하세요.

① vậy •   • ⓐ 커피

② không •   • ⓑ 그러면, 그렇다면

③ cà phê •   • ⓒ ~하지 않다

3 다음 빈칸에 들어갈 알맞은 단어를 써 보세요.

① 그는 (베트남식) 아이스녹차 를 좋아해. _____

② 무슨 일 있어? _____

③ 나는 매일 아침 커피 를 마셔. _____

4 다음 우리말 뜻을 보고 빈칸에 해당하는 단어를 <보기>에서 찾아 쓰세요.

보기

nước cam   ăn   uống   bánh mì

① 마시다
➡ _____

② 먹다
➡ _____

③ 반미[음식명]
➡ _____

④ 오렌지주스
➡ _____

DAY 2 Bạn (có) uống cà phê không? 너 커피 마실래?

5 녹음을 들으며 빈칸을 채운 후, 문장을 따라 읽어 보세요. 🔊 02-2

① Bạn uống cà phê _____?

② Em _____ cà phê.

③ Em uống _____?

6 녹음을 잘 듣고 대답으로 알맞은 말에 V 표시하세요. 🔊 02-3

①

Em uống sữa.　☐

Em không uống sữa.　☐

②

Em uống cà phê.　☐

Em uống nước cam.　☐

* sữa 쓰어 우유

7 다음 빈칸에 들어갈 알맞은 말을 써 보세요.

①
A **Em uống gì?**
너 뭐 마실래?

B _____.
저 콜라 마실래요.

* cô ca 꼬 까 콜라

②
A **Em uống trà sữa không?**
너 밀크티 마실래?

B _____.
저 밀크티 안 마실래요.

* trà sữa 짜 쓰어 밀크티

③
A _____?
그는 커피 마시니?

B **Anh ấy uống cà phê.**
그는 커피 마셔.

DAY 2 Bạn (có) uống cà phê không? 너 커피 마실래? 15

8 다음 단어를 올바르게 배열하여 문장을 만드세요.

① 너는 무엇을 보니?
gì / em / xem

➡ _____ ?

② 그녀는 무엇을 하니?
chị ấy / gì / làm

➡ _____ ?

③ 나는 우유 안 마실래.
không / mình / sữa / uống

➡ _____ .

9 다음 빈칸에 들어갈 알맞은 단어를 <보기>에서 찾아 쓰세요.

보기

bánh mì   nói   mua

① Anh ấy (   ) gì?   그가 뭐라고 하니?

② Mình ăn (   ).   나는 반미 먹어.

③ Mình không (   ) áo.   나는 옷을 사지 않아.

10 다음 문장을 제시어에 맞는 문장으로 바꿔 보세요.

① Anh ấy xem phim không?   그는 영화를 봐?

부정 ➡ _____.

② Em đi làm.   저는 일하러 가요.

의문 ➡ _____?

③ Em mua quần.   저는 바지 살래요.

* quần 꾸언 바지

의문 ➡ _____?

④ Mình không uống nước ép hoa quả.   나는 과일주스 안 마실래.

* nước ép hoa quả 느억 앱 호아 꾸아 과일주스

긍정 ➡ _____.

⑤ Chị ấy ăn cơm.   그녀는 밥을 먹어.

의문 ➡ _____?

DAY 3 | Em tên là Lan.
제 이름은 란이에요.

1 녹음을 잘 듣고 해당하는 우리말에 ○ 표시한 후 베트남어를 써 보세요. 🔊 03-1

① 한국 — 미국
➡ _____

② 베트남어 — 한국어
➡ _____

③ 못하는 — 잘하는
➡ _____

④ 고마워하다, 감사하다 — 죄송합니다
➡ _____

2 베트남어와 우리말 뜻을 바르게 연결하세요.

① là •   • ⓐ ~이다

② giỏi •   • ⓑ 이름

③ tên •   • ⓒ 잘하는

3 다음 빈칸에 들어갈 알맞은 단어를 써 보세요.

① 그는   한국   인이야.   _____

② 그녀는   베트남어   를 정말 잘해.   _____

③ 도와 주셔서   감사합니다   .   _____

4 다음 우리말 뜻을 보고 빈칸에 해당하는 단어를 <보기>에서 찾아 쓰세요.

보기
Mỹ   sinh viên   giám đốc   của

① 대학생   ② 사장

➡ _____   ➡ _____

③ ~의   ④ 미국

➡ _____   ➡ _____

DAY 3 Em tên là Lan. 제 이름은 란이에요.

5 녹음을 들으며 빈칸을 채운 후, 문장을 따라 읽어 보세요. 🔊 03-2

① Xin chào! Anh là người _____ hả?

② Chị nói _____ giỏi quá!

③ Em _____ anh.

6 녹음을 잘 듣고 대답으로 알맞은 말에 V 표시하세요. 🔊 03-3

①

Min Ho là người Hàn Quốc.

Min Ho không phải là người Hàn Quốc.

②

Cảm ơn các bạn.

Xin lỗi.

* xin lỗi 씬 로이 사과하다, 실례하다

7 다음 빈칸에 들어갈 알맞은 말을 써 보세요.

①
A Xin chào. Anh là Kim Min Ho.
안녕하세요. 나는 김민호예요.

B Xin chào. _____.
안녕하세요. 저는 란이에요.

②
A Chị có phải là người Việt Nam không?
당신은 베트남인이에요?

B _____.
나는 한국인이야.

③
A Em _____!
베트남어 너무 잘한다!

B Cảm ơn.
감사합니다.

8 다음 단어를 올바르게 배열하여 문장을 만드세요.

① 그녀는 베트남인이야.
người / là / chị ấy / Việt Nam

➡ _____.

② 그녀는 사장이에요.
chị ấy / giám đốc / là

➡ _____.

③ 그는 미국인이니?
có phải là / Mỹ / người / anh ấy / không

➡ _____?

9 다음 빈칸에 들어갈 알맞은 단어를 <보기>에서 찾아 쓰세요.

보기
tên   người   Hàn Quốc

① Chị ấy có phải là người (   ) không?   그녀는 한국인이 맞니?

② Họ (của) em là Trần, (   ) là Duy Hùng.
저는 성이 Trần이고, 이름이 Duy Hùng 이에요.

③ Anh ấy không phải là người Việt, anh ấy là (   ) Hàn.
그는 베트남인이 아니라 한국인이야.

10 다음 문장을 제시어에 맞는 문장으로 바꿔 보세요.

① Anh ấy là giáo viên.   그는 선생님이야.
* giáo viên ⓗ 지아오 비엔 ⓢ 이야오 비엔 선생님

부정 ➡ _____ .

② Anh ấy là người Việt Nam.   그는 베트남인이야.

의문 ➡ _____ ?

③ Chị ấy không phải là nhân viên.   그녀는 직원이 아니야.
* nhân viên 년 비엔 직원

긍정 ➡ _____ .

④ Họ có phải là người Hàn Quốc không?   그들은 한국인이에요?
* họ 허 그들

긍정 ➡ _____ .

⑤ Tên của chị ấy là Kim Ji Soo.   그녀의 이름은 김지수예요.

부정 ➡ _____ .

DAY 4

Bạn có tài khoản Zalo không?

너 잘로 계정 있어?

1 녹음을 잘 듣고 해당하는 우리말에 ○ 표시한 후 베트남어를 써 보세요. 🔊 04-1

① 친구 신청하다, 친구가 되다 — 친구를 끊다

→ _____

② 덜다, 줄이다 — 추가하다, 더하다

→ _____

③ 우리 (듣는 사람 포함) — 그

→ _____

④ ~했다 — ~할 것이다

→ _____

2 베트남어와 우리말 뜻을 바르게 연결하세요.

① tài khoản •　　　　　　• ⓐ 확인하다

② kiểm tra •　　　　　　• ⓑ 계정

③ thử •　　　　　　• ⓒ 한번 해 보다, 시도하다

3 다음 빈칸에 들어갈 알맞은 단어를 써 보세요.

① 나 잘로 계정 가입했어. _____

② 꼼꼼히 확인 해야죠! _____

③ 내 핸드폰 번호 알려줄게. _____

4 다음 우리말 뜻을 보고 빈칸에 해당하는 단어를 <보기>에서 찾아 쓰세요.

보기 : mặc   cục sạc pin   thời gian   hẹn

① 약속, 약속하다   ② (옷을) 입다
➡ _____   ➡ _____

③ 충전기   ④ 시간
➡ _____   ➡ _____

5 녹음을 들으며 빈칸을 채운 후, 문장을 따라 읽어 보세요. 🔊 04-2

① Bạn có _____ Zalo không?

② Chúng ta _____ Zalo nhé!

③ Em ăn _____ nhé!

6 녹음을 잘 듣고 대답으로 알맞은 말에 V 표시하세요. 🔊 04-3

①

②

Em có tài khoản Zalo.

Chị ấy là người Mỹ.

Mình đồng ý.

Xin lỗi. Mình không thích.

* đồng ý 동 이 동의하다 | thích 틱 좋아하다

7 다음 빈칸에 들어갈 알맞은 말을 써 보세요.

①
A Bạn có tài khoản Zalo không?
너 잘로 계정 있어?

B _____!
나 잘로 있지!

②
A Bạn có pin sạc dự phòng không?
너 보조배터리 있어?

B _____.
나 없어.

* pin sạc dự phòng ㉠삔 싹 즈 펌 ㉡삔 싹 이으 펌 보조배터리

③
A Chúng ta kết bạn nhé!
우리 친구 추가 추가하자!

B _____.
내가 너 번호 추가할게.

8 다음 단어를 올바르게 배열하여 문장을 만드세요.

① 너는 약속이 있니?
có / không / hẹn / bạn

➡ _____ ?

② 그는 노트북이 없어.
không / có / anh ấy / laptop

➡ _____ .

③ 저 이 옷 한번 입어볼게요.
mặc / này / áo / thử / em

➡ _____ .

9 다음 빈칸에 들어갈 알맞은 단어를 <보기>에서 찾아 쓰세요.

| 보기 |
| không   thử   thời gian |

① Mình có (　　　　). 　　　　나는 시간이 있어.

② Mình (　　　　) có cục sạc pin. 　　나는 충전기가 없어.

③ Bạn hãy uống (　　　　)! 　　너 한 번 마셔봐!

10 다음 문장을 제시어에 맞는 문장으로 바꿔 보세요.

① Mình có hẹn.   나는 오늘 약속이 있어.

부정 ➡ _____ .

② Mình có laptop.   나는 노트북이 있어.

의문 ➡ _____ ?

③ Anh ấy không có thời gian.   그는 시간이 없어.

긍정 ➡ _____ .

④ Chị ấy dùng Zalo.   그녀는 잘로를 사용해.

* dùng ⓗ줌 ⓨ융 사용하다

부정 ➡ _____ .

⑤ Mình không có cục sạc pin.   나는 충전기가 없어.

긍정 ➡ _____ .

DAY 5 | Bạn đi đâu?
너 어디 가?

1 녹음을 잘 듣고 해당하는 우리말에 ○ 표시한 후 베트남를 써 보세요. 🔊 05-1

① 회사 ― 학교
→ _____

② 외곽 ― 시, 도시
→ _____

③ ~에(서), ~에 있다 ― ~에 없다
→ _____

④ 가다 ― 돌아오다
→ _____

2 베트남어와 우리말 뜻을 바르게 연결하세요.

① đâu •   • ⓐ 은행

② trung tâm •   • ⓑ 중심, 센터

③ ngân hàng •   • ⓒ 어디

3 다음 빈칸에 들어갈 알맞은 단어를 써 보세요.

① 지금 　어디　 가? _____

② 회사 　근처　 예쁜 커피숍이 있어. _____

③ 오후에 　은행　 좀 갔다 오려고 해. _____

4 다음 우리말 뜻을 보고 빈칸에 해당하는 단어를 <보기>에서 찾아 쓰세요.

보기
　　trung tâm　　ở　　công viên　　thành phố

① 시, 도시
➡ _____

② ~에(서), ~에 있다
➡ _____

③ 중심, 센터
➡ _____

④ 공원
➡ _____

5 녹음을 들으며 빈칸을 채운 후, 문장을 따라 읽어 보세요. 🔊 05-2

① Bạn đi _____?

② Gần _____ có ngân hàng không?

③ Trường quốc tế ở _____ thành phố.

* quốc tế 꾸옥 떼 국제

6 녹음을 잘 듣고 대답으로 알맞은 말에 V 표시하세요. 🔊 05-3

①

②

Mình đi công ty.

Mình đi ngân hàng.

Có. Gần trường có công viên.

Không có. Gần trường không có công viên.

7 다음 빈칸에 들어갈 알맞은 말을 써 보세요.

①
A   Chị ấy đi đâu?
그녀는 어디 가?

B   _____.
그녀는 은행 가.

②
A   Gần đây có quán cà phê không?
여기 근처에 커피숍이 있어?

B   _____.
근처에 커피숍이 없어.

* đây 더이 여기, 이것, 이분

③
A   _____?
그는 학교에 있어?

B   Anh ấy không ở trường.
그는 학교에 없어.

8 다음 단어를 올바르게 배열하여 문장을 만드세요.

① 아빠는 회사에 계셔.
ở / công ty / bố

➡ _____ .

② 엄마는 시장에 계셔?
chợ / ở / mẹ / không

➡ _____ ?

③ 그녀는 공원에 있어.
công viên / chị ấy / ở

➡ _____ .

9 다음 빈칸에 들어갈 알맞은 단어를 <보기>에서 찾아 쓰세요.

보기
công viên   đến   chợ

① Mẹ đang ở (   ).   엄마는 시장에 계셔.

② Chị ấy không ở (   ).   그녀는 공원에 없어.

③ Tắc xi đang (   ) đâu?   택시는 어디로 오고 있어?

10 다음 문장을 제시어에 맞는 문장으로 바꿔 보세요.

① Mình đi trung tâm ngoại ngữ.   나는 외국어 학원 가.
* trung tâm ngoại ngữ 쯤 떰 응오아이 응으 외국어 학원

부정 → _____.

② Bố đang ở Hà Nội.   아빠는 하노이에 계셔.
* Hà Nội 하 노이 하노이[지명]

의문 → _____?

③ Chị ấy không ở trường.   그녀는 학교에 없어.

긍정 → _____.

④ Anh ấy ở công ty.   그는 회사에 있어.

부정 → _____.

⑤ Anh ấy đi thư viện.   그는 도서관 가.
* thư viện 트 비엔 도서관

의문 → _____?

DAY 6

Bạn sẽ ăn ở đâu?
너 어디에서 먹을 거야?

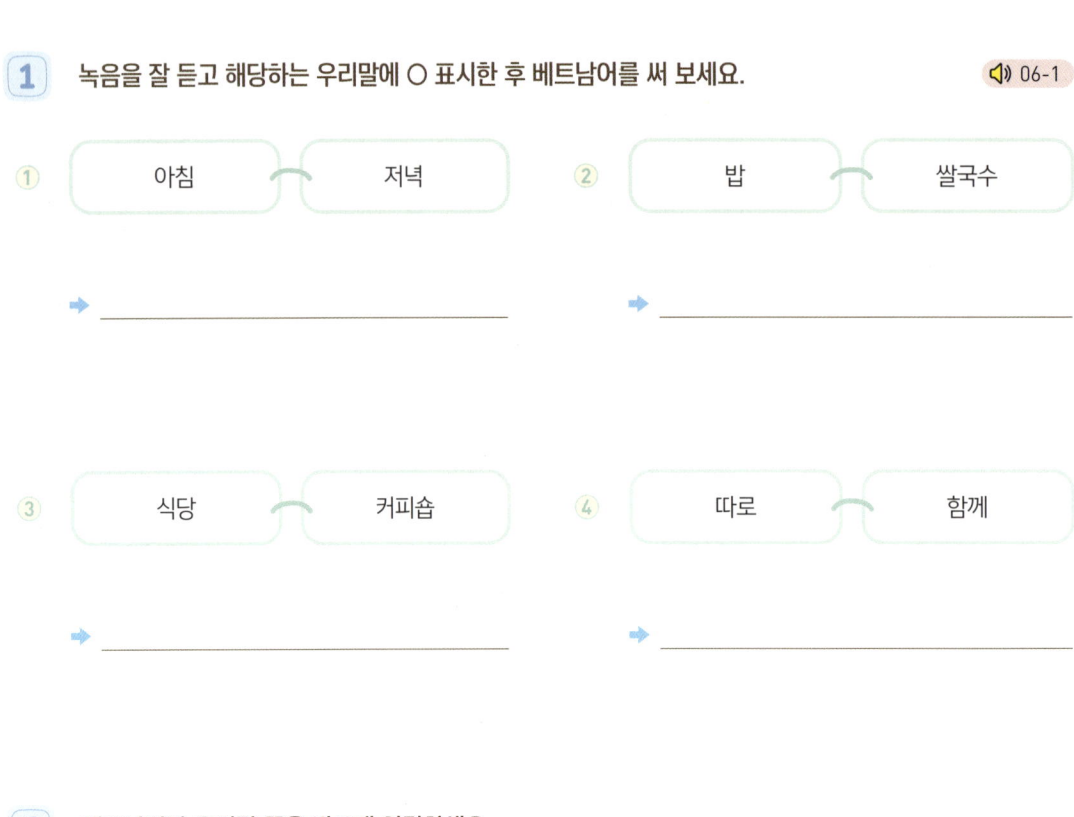

1 녹음을 잘 듣고 해당하는 우리말에 ○ 표시한 후 베트남어를 써 보세요. 🔊 06-1

① 아침 / 저녁
→ _____

② 밥 / 쌀국수
→ _____

③ 식당 / 커피숍
→ _____

④ 따로 / 함께
→ _____

2 베트남어와 우리말 뜻을 바르게 연결하세요.

① (đã) ~ chưa? •   • ⓐ ~했어요?

② địa chỉ •   • ⓑ 길, 도로

③ đường •   • ⓒ 주소

3 다음 빈칸에 들어갈 알맞은 단어를 써 보세요.

① 아침   먹었어요?   _____

② 함께   점심 먹을까?   _____

③ 주소   좀 알려주세요.   _____

4 다음 우리말 뜻을 보고 빈칸에 해당하는 단어를 <보기>에서 찾아 쓰세요.

보기

phở   cơm   quán (ăn)   đường

① 식당   ② 길, 도로

➡ _____   ➡ _____

③ 쌀국수   ④ 밥

➡ _____   ➡ _____

DAY 6 Bạn sẽ ăn ở đâu? 너 어디에서 먹을 거야?

5 녹음을 들으며 빈칸을 채운 후, 문장을 따라 읽어 보세요. 🔊 06-2

① Bạn (đã) ăn cơm _____ ?

② Chúng ta gặp _____ ?

③ Mình đang _____ phở.

6 녹음을 잘 듣고 대답으로 알맞은 말에 V 표시하세요. 🔊 06-3

①

②

Tuấn ăn phở

Tuấn uống cà phê.

Chị đang đứng ở số 1 Nguyễn Trãi.

Chị đang ở nhà.

*nhà 나 집

7 다음 빈칸에 들어갈 알맞은 말을 써 보세요.

①
A _____?
너 어디에서 먹을 거야?

B **Mình sẽ ăn ở nhà hàng này.**
나 이 식당에서 먹을래.

②
A **Em uống cà phê ở đâu?**
너 어디에서 커피 마셔?

B _____.
저 집에서 커피 마실 거예요.

③
A _____?
너 점심 먹었어?

B **Mình ăn bánh mì.**
나 반미 먹었어.

* trưa 쯔어 점심

8 다음 단어를 올바르게 배열하여 문장을 만드세요.

① 너 어디에서 밥 먹어?
cơm / em / ăn / ở đâu

➡ _____ ?

② 우리 어디에서 만나?
gặp / chúng ta / ở đâu

➡ _____ ?

③ 너 어디에서 베트남어 공부해?
học / bạn / Việt / tiếng / ở đâu

➡ _____ ?

9 다음 빈칸에 들어갈 알맞은 단어를 <보기>에서 찾아 쓰세요.

> 보기
>
> uống   mưa   kết hôn

① Chúng ta (   ) cà phê ở đâu?   우리 어디에서 커피 마셔?

② Em (đã) (   ) chưa?   너는 결혼했어?

③ Bây giờ (đã) tạnh (   ) chưa?   지금 비가 그쳤어?

10 다음 문장을 제시어에 맞는 문장으로 바꿔 보세요.

① Mình học ở thư viện.   나 도서관에서 공부해.

의문 → _____ ?

② Mình (đã) ăn sáng.   나는 아침 먹었어.

의문 → _____ ?

③ Mình đã kết hôn.   나는 결혼을 했어.

의문 → _____ ?

④ Mình (đã) làm bài tập.   나는 과제 했어.

* bài tập 바이 떱 과제, 숙제

의문 → _____ ?

⑤ Mình (đã) xem phim này.   나 이 영화 봤어.

의문 → _____ ?

녹음 대본 및 정답

 나는 잘 지내.

녹음 대본

1 ❶ lâu ❷ khỏe ❸ gặp ❹ dạo này

1 ❶ 오랜, 오랫동안 / lâu ❷ 건강한, 좋은 / khỏe
   ❸ 만나다 / gặp ❹ 요즘 / dạo này
2 ❶ ⓐ ❷ ⓒ ❸ ⓑ
3 ❶ bạn ❷ dạo này ❸ quá
4 ❶ khỏe ❷ chào ❸ mình ❹ bạn

녹음 대본

5 ❶ Lâu quá không gặp.
   ❷ Dạo này bạn khỏe không?
   ❸ Mình khỏe.

6 ❶ Lâu quá không gặp.
   ❷ Bạn có khỏe không?

5 ❶ gặp ❷ bạn ❸ khỏe
6 ❶ Lâu quá không gặp. ❷ Mình khỏe.
7 ❶ Mình khỏe. ❷ Lâu quá không gặp! ❸ Dạo này anh ấy khỏe.
8 ❶ Mình có vui. ❷ Bạn có rảnh không? ❸ Thời tiết có đẹp.
9 ❶ xinh ❷ mệt ❸ bận
10 ❶ Thời tiết (có) đẹp.
   ❷ Dạo này anh ấy (có) mệt không?
   ❸ Chị ấy (có) bận không?
   ❹ Chị ấy (có) xinh.
   ❺ Su Ji (có) rảnh không?

DAY 2 너 커피 마실래?

녹음 대본

1 ❶ cà phê   ❷ gì   ❸ vậy   ❹ uống

1 ❶ 커피 / cà phê   ❷ 무엇, 무슨 / gì
  ❸ 그러면, 그렇다면 / vậy   ❹ 마시다 / uống
2 ❶ ⓑ   ❷ ⓒ   ❸ ⓐ
3 ❶ trà đá   ❷ gì   ❸ cà phê
4 ❶ uống   ❷ ăn   ❸ bánh mì   ❹ nước cam

녹음 대본

5 ❶ Bạn uống cà phê không?
  ❷ Em uống cà phê.
  ❸ Em uống gì?

6 ❶ Em (có) uống sữa không?
  ❷ Em uống gì?

5 ❶ không   ❷ uống   ❸ gì
6 ❶ Em không uống sữa.   ❷ Em uống cà phê.
7 ❶ Em uống cô ca. ❷ Em không uống trà sữa.
  ❸ Anh ấy (có) uống cà phê không?
8 ❶ Em xem gì?   ❷ Chị ấy làm gì?   ❸ Mình không uống sữa.
9 ❶ nói   ❷ bánh mì   ❸ mua
10 ❶ Anh ấy không xem phim.
   ❷ Em (có) đi làm không?
   ❸ Em (có) mua quần không?
   ❹ Mình (có) uống nước ép hoa quả.
   ❺ Chị ấy (có) ăn cơm không?

DAY 3 제 이름은 란이에요.

녹음 대본

1 ❶ Mỹ   ❷ tiếng Việt   ❸ giỏi   ❹ cảm ơn

1 ❶ 미국 / Mỹ   ❷ 베트남어 / tiếng Việt
   ❸ 잘하는 / giỏi   ❹ 고마워하다, 감사하다 / cảm ơn
2 ❶ ⓐ   ❷ ⓒ   ❸ ⓑ
3 ❶ Hàn Quốc   ❷ tiếng Việt   ❸ cảm ơn
4 ❶ sinh viên   ❷ giám đốc   ❸ của   ❹ Mỹ

녹음 대본

5 ❶ Xin chào. Anh là người Mỹ hả?
   ❷ Chị nói tiếng Hàn giỏi quá!
   ❸ Em cảm ơn anh.

6 ❶ Min Ho có phải là người Hàn Quốc không?
   ❷ Bạn nói tiếng Việt giỏi quá!

5 ❶ Mỹ   ❷ tiếng Hàn   ❸ cảm ơn
6 ❶ Min Ho là người Hàn Quốc.   ❷ Cảm ơn các bạn.
7 ❶ Em là Lan.   ❷ Chị là người Hàn Quốc.
   ❸ nói tiếng Việt giỏi quá!
8 ❶ Chị ấy là người Việt Nam.   ❷ Chị ấy là giám đốc.
   ❸ Anh ấy có phải là người Mỹ không?
9 ❶ Hàn Quốc   ❷ tên   ❸ người
10 ❶ Anh ấy không phải là giáo viên.
   ❷ Anh ấy có phải là người Việt Nam không?
   ❸ Chị ấy là nhân viên.
   ❹ Họ là người Hàn Quốc.
   ❺ Tên của chị ấy không phải là Kim Ji Soo.

너 잘로 계정 있어?

녹음 대본

1 ❶ kết bạn ❷ thêm ❸ chúng ta ❹ sẽ

1 ❶ 친구 신청하다, 친구가 되다 / kết bạn ❷ 추가하다, 더하다 / thêm
   ❸ 우리(듣는 사람 포함) / chúng ta ❹ ~할 것이다 / sẽ
2 ❶ ⓑ ❷ ⓐ ❸ ⓒ
3 ❶ tài khoản ❷ kiểm tra ❸ số
4 ❶ hẹn ❷ mặc ❸ cục sạc pin ❹ thời gian

녹음 대본

5 ❶ Bạn có tài khoản Zalo không?
   ❷ Chúng ta kết bạn Zalo nhé!
   ❸ Em ăn thử nhé!

6 ❶ Bạn có tài khoản Zalo không?
   ❷ Chúng ta kết bạn Zalo nhé!

5 ❶ tài khoản ❷ kết bạn ❸ thử
6 ❶ Em có tài khoản Zalo. ❷ Mình đồng ý.
7 ❶ Mình có Zalo! ❷ Mình không có. ❸ Mình sẽ them số (của) bạn.
8 ❶ Bạn có hẹn không? ❷ Anh ấy không có loptop.
   ❸ Em mặc thử áo này.
9 ❶ thời gian ❷ không ❸ thử
10 ❶ Mình không có hẹn.
   ❷ Bạn có laptop không?
   ❸ Anh ấy có thời gian.
   ❹ Chị ấy không dùng Zalo.
   ❺ Mình có cục sạc pin.

DAY 5 너 어디 가?

녹음 대본

1 ❶ trường   ❷ thành phố   ❸ ở   ❹ đi

1 ❶ 학교 / trường   ❷ 시, 도시 / thành phố
   ❸ ~에(서), ~에 있다 / ở   ❹ 가다 / đi
2 ❶ ⓒ   ❷ ⓑ   ❸ ⓐ
3 ❶ đâu   ❷ gần   ❸ ngân hàng
4 ❶ thành phố   ❷ ở   ❸ trung tâm   ❹ công viên

녹음 대본

5 ❶ Bạn đi đâu?
   ❷ Gần trường có ngân hàng không?
   ❸ Trường quốc tế ở trung tâm thành phố.

6 ❶ Bạn đi đâu?
   ❷ Gần trường có công viên không?

5 ❶ đâu   ❷ trường   ❸ trung tâm
6 ❶ Mình đi ngân hàng.   ❷ Có. Gần trường có công viên.
7 ❶ Chị ấy đi ngân hàng.   ❷ Gần đây không có quán cà phê.
   ❸ Anh ấy ở trường không?
8 ❶ Bố ở công ty.   ❷ Mẹ ở chợ không?   ❸ Chị ấy ở công viên.
9 ❶ chợ   ❷ công viên   ❸ đến
10 ❶ Mình không đi trung tâm ngoại ngữ.
   ❷ Bố đang ở Hà Nội không?
   ❸ Chị ấy ở trường.
   ❹ Anh ấy không ở công ty.
   ❺ Anh ấy đi thư viện không?

DAY 6 너 어디에서 먹을 거야?

녹음 대본

1 ❶ sáng   ❷ phở   ❸ quán (ăn)   ❹ cùng

1 ❶ 아침 / sáng   ❷ 쌀국수 / phở   ❸ 식당 / quán (ăn)   ❹ 함께 / cùng
2 ❶ ⓐ   ❷ ⓒ   ❸ ⓑ
3 ❶ sáng   ❷ cùng   ❸ địa chỉ
4 ❶ quán (ăn)   ❷ đường   ❸ phở   ❹ cơm

녹음 대본

5 ❶ Bạn (đã) ăn cơm chưa?
   ❷ Chúng ta gặp ở đâu?
   ❸ Mình đang ăn phở.

6 ❶ Tuấn ăn gì?
   ❷ Chị đang ở đâu?

5 ❶ chưa   ❷ ở đâu   ❸ ăn
6 ❶ Tuấn ăn phở.   ❷ Chị đang đứng ở số 1 Nguyễn Trãi.
7 ❶ Bạn sẽ ăn ở đâu?   ❷ Em uống cà phê ở nhà.
   ❸ Bạn (đã) ăn trưa chưa?
8 ❶ Em ăn cơm ở đâu?   ❷ Chúng ta gặp ở đâu?
   ❸ Bạn học tiếng Việt ở đâu?
9 ❶ uống   ❷ kết hôn   ❸ mưa
10 ❶ Bạn học ở đâu?
   ❷ Bạn (đã) ăn sáng chưa?
   ❸ Bạn (đã) kết hôn chưa?
   ❹ Bạn (đã) làm bài tập chưa?
   ❺ Bạn (đã) xem phim này chưa?

진짜학습지

베트남어

진짜학습지

기초편 2

베트남어 진짜학습지 기초편 **2**

초판 1쇄 발행 2023년 12월 29일

지은이 이정원
펴낸곳 (주)에스제이더블유인터내셔널
펴낸이 양홍걸 이시원

홈페이지 daily.siwonschool.com
주소 서울시 영등포구 국회대로74길 12 시원스쿨
교재 구입 문의 02)2014-8151
고객센터 02)6409-0878

ISBN 979-11-6150-803-0 13730
Number 1-420501-25250021-06

이 책은 저작권법에 따라 보호받는 저작물이므로 무단복제와 무단전재를 금합니다. 이 책 내용의 전부 또는 일부를 이용하려면 반드시 저작권자와 ㈜에스제이더블유인터내셔널의 서면 동의를 받아야 합니다.

베트남어 진짜학습지 학습 가이드

🔖 베트남어 진짜학습지란?

『베트남어 진짜 학습지 기초편』은 베트남어 기초 학습자들이 쉽고 재미있게 배울 수 있도록 시원스쿨어학연구소에서 연구 개발한 교재입니다. 본 교재는 각 과의 핵심 단어를 학습하고 ➡ 다양한 주제로 이루어진 회화문으로 말하기 연습을 하며 ➡ 핵심 문법 설명으로 학습자의 이해를 돕고 ➡ 핵심 표현으로 베트남어의 구조를 저절로 습득할 수 있도록 구성하였습니다. 듣기, 읽기, 쓰기, 말하기의 반복 학습을 통해 베트남어의 기본기를 확실히 다질 수 있습니다.

🔖 베트남어 진짜학습지의 학습 목표는?

목표1 베트남어의 기본 문법을 학습할 수 있습니다.

목표2 다양한 주제로 구성된 회화문을 통해 실용적인 베트남어 표현을 배울 수 있습니다.

목표3 듣기, 읽기, 쓰기, 말하기 모든 영역을 다양하게 학습하여 베트남어의 기본기를 확실하게 다질 수 있습니다.

🔖 베트남어 진짜학습지 로드맵은?

STEP 1 강의를 보며 <오늘의 단어>, <오늘의 회화>, <오늘의 표현>으로 구성된 본서를 학습합니다.

STEP 2 본서에서 배운 내용을 바탕으로 워크북을 풀어보며 학습한 내용을 복습합니다.

STEP 3 말하기 트레이닝 영상을 보며 틈틈이 베트남어를 연습합니다.

학습 구성

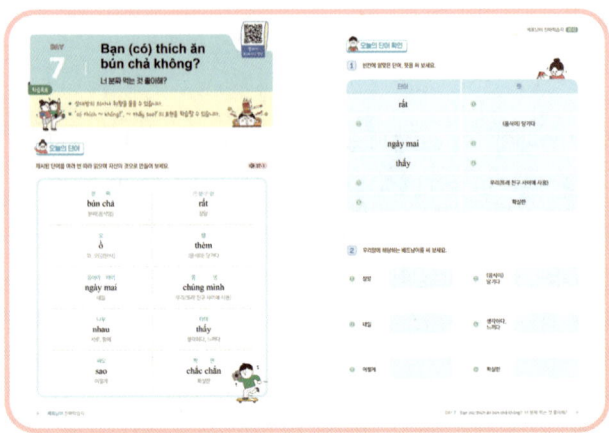
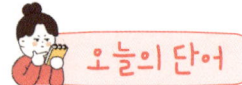

<오늘의 단어>는 학습자들이 따로 단어를 찾아볼 필요 없이 각 과의 핵심 단어를 한눈에 보기 쉽게 정리하였습니다. 앞에서 학습한 단어를 <오늘의 단어 확인> 문제를 풀어보며 베트남어의 단어와 뜻을 기억할 수 있도록 복습 장치를 마련하였습니다.

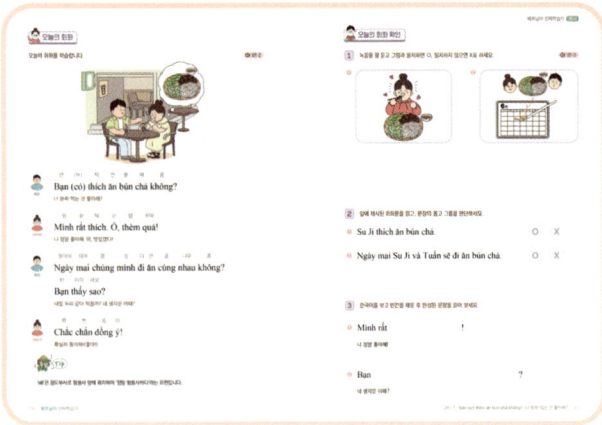
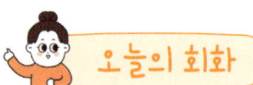

<오늘의 회화>는 뻔한 표현이 아닌 재미와 실용성에 초점을 맞춘 대화문으로 구성하였습니다. <오늘의 회화 확인>에서는 듣기, 읽기, 쓰기, 말하기 관련 연습 문제를 풀어보며 본문의 내용을 완전히 숙지할 수 있습니다.

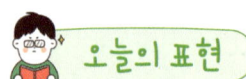

<오늘의 표현>에서는 복잡하고 어려운 설명 대신 누구나 쉽게 이해할 수 있도록 각 과에서 가장 핵심이 되는 문법을 체계적으로 정리하였으며, 활용도 높은 예문을 제시하여 학습자의 이해도를 높였습니다. <오늘의 표현 확인>에는 앞에서 배운 문법과 관련된 문장을 제시하여 베트남어 말하기 연습까지 가능하도록 구성하였습니다.

특별 부록 구성

무료 콘텐츠 구성

✓ 쓰기 노트
매 과에서 학습한 단어와 문장을 직접 쓰며 연습할 수 있습니다.

✓ 말하기 트레이닝 영상
스마트 폰으로 책 속의 QR 코드를 스캔하면 언제, 어디서든 영상을 보며 말하기 연습을 할 수 있습니다.

✓ 원어민 MP3 음원
원어민 MP3 음원을 들으며 베트남어 연습을 할 수 있습니다. 시원스쿨 진짜학습지 홈페이지(daily.siwonschool.com) 접속 ➡ 학습지원 ➡ 공부 자료실에서 MP3 파일을 다운로드 받으실 수 있습니다.

유료 콘텐츠 구성

* 유료 콘텐츠는 daily.siwonschool.com에서 확인하실 수 있습니다.

✓ 동영상 강의
교재와 강의를 함께 학습하면 보다 쉽게 내용을 이해할 수 있어 학습 효과를 극대화할 수 있습니다.

✓ 성취도 평가
성취도 평가를 통해 자신의 진짜 베트남어 실력을 파악할 수 있습니다.

학습 플랜

🚩 주 3일 학습 플랜

★ 본서, 워크북 1일 1과 학습 구성(본서와 워크북을 하루에 함께 학습합니다.)

날짜			내용		학습 계획일	
1주	1일	본서	DAY 07	Bạn (có) thích ăn bún chả không? 너 분짜 먹는 것 좋아해?	월	일
		워크북				
	2일	본서	DAY 08	Em có phải là học sinh không? 너는 학생이야?	월	일
		워크북				
	3일	본서	DAY 09	Em thấy quán gà rán 123 (như) thế nào? 네 생각에 123 치킨집 어때?	월	일
		워크북				
2주	4일	본서	DAY 10	Chúng ta đi tắc xi hay (là) xe máy? 우리 택시 탈까, 아니면 오토바이 탈까?	월	일
		워크북				
	5일	본서	DAY 11	Bánh xèo ăn thế nào? 반쌔오는 어떻게 먹어?	월	일
		워크북				
	6일	본서	DAY 12	Bây giờ là một giờ. 지금 1시야.	월	일
		워크북				

🚩 주 6일 학습 플랜

★ 본서, 워크북 2일 1과 학습 구성(본서를 먼저 공부하고 그 다음날 워크북으로 복습합니다.)

날짜			내용		학습 계획일	
1주	1일	본서	DAY 07	Bạn (có) thích ăn bún chả không? 너 분짜 먹는 것 좋아해?	월	일
	2일	워크북				
	3일	본서	DAY 08	Em có phải là học sinh không? 너는 학생이야?	월	일
	4일	워크북				
	5일	본서	DAY 09	Em thấy quán gà rán 123 (như) thế nào? 네 생각에 123 치킨집 어때?	월	일
	6일	워크북				
2주	7일	본서	DAY 10	Chúng ta đi tắc xi hay (là) xe máy? 우리 택시 탈까, 아니면 오토바이 탈까?	월	일
	8일	워크북				
	9일	본서	DAY 11	Bánh xèo ăn thế nào? 반쌔오는 어떻게 먹어?	월	일
	10일	워크북				
	11일	본서	DAY 12	Bây giờ là một giờ. 지금 1시야.	월	일
	12일	워크북				

학습 목차

DAY 07	Bạn (có) thích ăn bún chả không? 너 분짜 먹는 것 좋아해?	08
DAY 08	Em có phải là học sinh không? 너는 학생이야?	14
DAY 09	Em thấy quán gà rán 123 (như) thế nào? 네 생각에 123 치킨집 어때?	20
DAY 10	Chúng ta đi tắc xi hay (là) xe máy? 우리 택시 탈까, 아니면 오토바이 탈까?	26
DAY 11	Bánh xèo ăn thế nào? 반쌔오는 어떻게 먹어?	32
DAY 12	Bây giờ là một giờ. 지금 1시야.	38

📋 녹음 대본 및 정답 — 44

── 등장인물 소개 ──

🇰🇷 이수지   김민호   🇻🇳 란(Lan)   뚜언(Tuấn)

DAY 7 | Bạn (có) thích ăn bún chả không?

너 분짜 먹는 것 좋아해?

학습목표
- 상대방의 의사나 취향을 물을 수 있습니다.
- có thích ~ không?, thấy sao?의 표현을 학습할 수 있습니다.

오늘의 단어

제시된 단어를 여러 번 따라 읽으며 자신의 것으로 만들어 보세요.

🔊 07-1

분 짜 **bún chả** 분짜[음식명]	ㅎ젇ㅎ럳 **rất** 정말
오 **ồ** 와, 오[감탄사]	탬 **thèm** (음식이) 당기다
응아이 마이 **ngày mai** 내일	쭘 밍 **chúng mình** 우리(또래 친구 사이에 사용)
나우 **nhau** 서로, 함께	터이 **thấy** 생각하다, 느끼다
싸오 **sao** 어떻게	짝 짠 **chắc chắn** 확실한

오늘의 단어 확인

1 빈칸에 알맞은 단어, 뜻을 써 보세요.

단어	뜻
rất	①
②	(음식이) 당기다
ngày mai	③
thấy	④
⑤	우리(또래 친구 사이에 사용)
⑥	확실한

2 우리말에 해당하는 베트남어를 써 보세요.

① 정말

② (음식이) 당기다

③ 내일

④ 생각하다, 느끼다

⑤ 어떻게

⑥ 확실한

DAY 7　Bạn (có) thích ăn bún chả không?　너 분짜 먹는 것 좋아해?

 **오늘의 회화**

오늘의 회화를 학습합니다.

🔊 07-2

뚜언

반 (꺼) 틱 안 분 짜 콤
Bạn (có) thích ăn bún chả không?
너 분짜 먹는 것 좋아해?

이수지

밍 젓 틱 오 탬 꾸아
Mình rất thích. Ồ, thèm quá!
나 정말 좋아해. 와, 맛있겠다!

뚜언

응아이 마이 쭘 밍 디 안 꿈 냐우 콤
Ngày mai chúng mình đi ăn cùng nhau không?
반 터이 싸오
Bạn thấy sao?
내일 우리 같이 먹을까? 네 생각은 어때?

이수지

짝 짠 돔 이
Chắc chắn đồng ý!
확실히 동의해!(좋아!)

 Tip

'rất'은 정도부사로 형용사 앞에 위치하며 '정말 형용사하다'라는 표현입니다.

1 녹음을 잘 듣고 그림과 일치하면 O, 일치하지 않으면 X표 하세요.　　　🔊 07-3

2 앞에 제시된 회화문을 읽고, 문장의 옳고 그름을 판단하세요.

① Su Ji thích ăn bún chả.　　　　　　　　　　O　　X

② Ngày mai Su Ji và Tuấn sẽ đi ăn bún chả.　　O　　X

3 한국어를 보고 빈칸을 채운 후 완성된 문장을 읽어 보세요.

① Mình rất _____ !

나 정말 좋아해!

② Bạn _____ ?

네 생각은 어때?

 **오늘의 표현**

1 동사하는 것을 좋아해요?: 주어+(có)+thích+동사+không?

> 반 (꺼) 틱 안 분 짜 콤
> **Bạn (có) thích ăn bún chả không?**
> 너 분짜 먹는 것 좋아해?

'주어+(có)+thích+동사+không?'은 '동사하는 것을 좋아해요?'라는 의미로 상대방에게 의사나 취향을 묻는 의문을 나타냅니다. 이때, 'có'는 의문문을 만드는 형식상 필요한 요소이므로 생략이 가능합니다.

* '주어+(có)+thích+명사+không?'는 '명사를 좋아해요?'라는 의미입니다.

반 (꺼) 틱 응애 냑 콤
Bạn (có) thích nghe nhạc không? 너 음악 듣는 것을 좋아해?

반 (꺼) 틱 쌤 핌 콤
Bạn (có) thích xem phim không? 너 영화 보는 것을 좋아해?

* nghe 응애 듣다 | nhạc 냑 음악

2 어떻게 생각해?, 어때?: thấy sao?

> 반 터이 싸오
> **Bạn thấy sao?**
> 네 생각은 어때?

'생각하다, 느끼다'라는 의미의 'thấy'와 '어떻게, 왜'라는 의미의 'sao'가 결합하여 '어떻게 생각해?, 어때?'라는 표현으로, 상대방의 의견을 물을 때 사용합니다.

쭘 따 디 꾸안 까 페 반 터이 싸오
Chúng ta đi quán cà phê, bạn thấy sao? 우리 커피숍 가자, 너는 어때?

쭘 따 디 쌤 핌 반 터이 싸오
Chúng ta đi xem phim, bạn thấy sao? 우리 영화 보러 가자, 너는 어때?

* quán cà phê 꾸안 까 페 커피숍

베트남어 진짜학습지 본서

🔊 07-4

표현 연습

찌 (꺼) 틱 비엘 녇 끼 콤
① **Chị (có) thích viết nhật ký không?**   당신은 일기 쓰는 것을 좋아해요?

* viết 비엘 쓰다 | nhật ký 녇 끼 일기

아잉 어이 (꺼) 틱 덥 싸익 콤
② **Anh ấy (có) thích đọc sách không?**   당신은 책 읽는 것을 좋아해요?

* đọc 덥 읽다 | sách 싸익 책

반 (꺼) 틱 무어 투 콤
③ **Bạn (có) thích mùa thu không?**   너 가을 좋아해?

* mùa thu 무어 투 가을

표현 연습

먼 나이 응언 람 반 터이 싸오
① **Món này ngon lắm, bạn thấy sao?**   이 음식 정말 맛있어, 너는 어때?

똡 도 망 어 더이 쩜 꾸아 반 터이 싸오
② **Tốc độ mạng ở đây chậm quá, bạn thấy sao?**

여기 인터넷 속도 너무 느려, 너는 어때?

* tốc độ 똡 도 속도 | mạng 망 인터넷 | chậm 쩜 느린

타잉 포 나이 싸익 꾸아 반 터이 싸오
③ **Thành phố này sạch quá, bạn thấy sao?**

이 도시 너무 깨끗해, 너는 어때?

* sạch (sẽ) 싸익 (쌔) 깨끗한

DAY 7   Bạn (có) thích ăn bún chả không? 너 분짜 먹는 것 좋아해?   13

DAY 8 | Em có phải là học sinh không?

너는 학생이야?

학습목표
- '주어는 명사예요?'라는 표현을 학습합니다.
- 나이를 묻는 표현을 학습합니다.

오늘의 단어

제시된 단어를 여러 번 따라 읽으며 자신의 것으로 만들어 보세요.

🔊 08-1

꺼 파이 라 콤 **có phải là ~ không?** ~예요?	헙 씽 **học sinh** 학생
ⓗ자 쯔엉 ⓗ라 쯔엉 똗 응이엡 **ra trường(= tốt nghiệp)** 졸업하다	ⓗ조이 ⓗ로이 **rồi** 문장 끝에서 완료를 나타내는 말
테 아 **thế à?** 그래요?	닌 **nhìn** 보다, 보이다
째 **trẻ** 젊은, 어린	남 나이 **năm nay** 올해
바오 니에우 **bao nhiêu** 얼마(숫자 10 이상의 경우), 얼마나	뚜오이 **tuổi** 나이, 세

오늘의 단어 확인

1 빈칸에 알맞은 단어, 뜻을 써 보세요.

단어	뜻
học sinh	①
②	졸업하다
nhìn	③
năm nay	④
⑤	얼마, 얼마나
⑥	문장 끝에서 완료를 나타내는 말

2 우리말에 해당하는 베트남어를 써 보세요.

① 학생

② 졸업하다

③ 그래요?

④ 젊은, 어린

⑤ 올해

⑥ 나이, 세

DAY 8　Em có phải là học sinh không? 너는 학생이야?

 **오늘의 회화**

오늘의 회화를 학습합니다.   08-2

　　　앰　꺼　파이　라　헙　씽　　콤
　　Em có phải là học sinh không?
　너는 학생이야?

　　　콤　아. 앰　자　쯔엉　조이
　　Không ạ. Em ra trường rồi.
　아니오. 저는 졸업했어요.

　　　테 아? 닌　앰　째 꾸아! 남　나이　앰　바오 니에우 뚜오이 조이
　　Thế à? Nhìn em trẻ quá! Năm nay em bao nhiêu tuổi rồi?
　그래? 너 너무 어려 보인다! 올해 너는 몇 살이야?

　　　남　나이　앰　하이람 뚜오이 조이
　　Năm nay em 25 tuổi rồi.
　올해 저는 스물다섯 살이에요.

1) 'ra trường'은 '졸업하다, 교문을 나서다'라는 의미가 있습니다.
2) 베트남 현지인들은 20 이상의 나이를 말할 때에 모두 표현하지 않고, 숫자 하나씩 따로 읽습니다.
　(예: 25 – 이십오 X → 이오 O / *1자리 숫자 0 제외)

1 녹음을 잘 듣고 그림과 일치하면 O, 일치하지 않으면 X표 하세요. 08-3

❶    ❷

* đúng 둥 정확한, 올바른

2 앞에 제시된 회화문을 읽고, 문장의 옳고 그름을 판단하세요.

❶ Hà là học sinh.　　　　　　　　　　O　X

❷ Năm nay Hà 15 tuổi.　　　　　　　O　X

3 한국어를 보고 빈칸을 채운 후 완성된 문장을 읽어 보세요.

❶ Không ạ. Em _____ rồi.

아니오. 저는 졸업했어요.

❷ _____ em 25 tuổi rồi.

올해 저는 스물다섯 살이에요.

 **오늘의 표현**

1 ~예요?: 주어+có phải là+명사+không?

앰 꺼 파이 라 헙 씽 콤
Em có phải là học sinh không?
너는 학생이야?

'주어+có phải là+명사+không?'은 '주어는 명사예요?, 주어는 명사입니까?'라는 의미로 상대방에게 명사가 맞는지 확인할 때 쓰는 의문문입니다.

반 꺼 파이 라 까 씨 콤
Bạn có phải là ca sĩ không?   너는 가수야?

* ca sĩ 까 씨 가수

찌 어이 꺼 파이 라 응으어이 미 콤
Chị ấy có phải là người Mỹ không?   그녀는 미국 사람이야?

2 나이 묻는 표현

남 나이 앰 바오 니에우 뚜오이 조이
Năm nay em bao nhiêu tuổi rồi?
올해 너는 몇 살이야?

나이를 묻는 표현은 다양합니다. 10살 미만의 경우에는 'mấy'를 사용하여 'mấy tuổi?'로, 웃어른에게는 문장 끝에 'ạ'를 붙여 'bao nhiêu tuổi ạ?'로 표현합니다. 또한, 'sinh năm bao nhiêu?' '몇 년생 이에요?'로도 표현할 수 있습니다.

10세 미만

남 나이 앰 머이 뚜오이 조이
Năm nay em mấy tuổi rồi?   올해 너는 몇 살이니?

* mấy 머이 몇 (숫자 10 이하일 경우 사용)

웃어른

남 나이 옴 바오 니에우 뚜오이 조이 아
Năm nay ông bao nhiêu tuổi rồi ạ?   올해 할아버지는 연세가 어떻게 되시나요?

 **오늘의 표현 확인**

🔊 08-4

표현 연습

앰 꺼 파이 라 씽 비엔 콤
① Em có phải là sinh viên không?   너는 대학생이야?

아잉 어이 꺼 파이 라 쫌 찌 콤
② Anh ấy có phải là chồng chị không?   그는 당신의 남편이에요?

* chồng 쫌 남편

더이 꺼 파이 라 싸익 띠엥 비엣 (꾸어) 앰 콤
③ Đây có phải là sách tiếng Việt (của) em không?
이것은 너의 베트남 책이야?

표현 연습

남 나이 짜우 남 뚜오이 아
① Năm nay cháu 5 tuổi ạ.   올해 저는 다섯 살이에요.

남 나이 아잉 바싸우뚜오이 (조이)
② Năm nay anh 36 tuổi (rồi).   올해 나는 서른 여섯 살이야.

밍 씽 남 땀므어이
③ Mình sinh năm 80.   나는 80년생이야.

DAY 9

Em thấy quán gà rán 123 (như) thế nào?
네 생각에 123 치킨집 어때?

학습목표
- 소망과 바람을 나타내는 표현을 할 수 있습니다.
- thấy ~(như) thế nào?를 학습합니다.

오늘의 단어

제시된 단어를 여러 번 따라 읽으며 자신의 것으로 만들어 보세요.

 09-1

더이	거이
đói	**gọi**
배고픈	시키다, 주문하다

도 안	ⓗ지아오 (덴) ⓢ이야오 (덴)
đồ ăn	**giao (đến)**
음식	배달하다

ⓗ가 잔 ⓢ가 란	껀
gà rán	**con**
치킨	종별사(동물)

쭈이엔 톰	(니으) 테 나오
truyền thống	**(như) thế nào**
전통, 전통의	어떻게, 어떠한

다이
đãi
한턱내다, 쏘다

오늘의 단어 확인

1 빈칸에 알맞은 단어, 뜻을 써 보세요.

단어	뜻
đói	①
②	시키다, 주문하다
đồ ăn	③
④	종별사(동물)
⑤	전통, 전통의
⑥	한턱내다, 쏘다

2 우리말에 해당하는 베트남어를 써 보세요.

① 음식

② 치킨

③ 배달하다

④ 전통, 전통의

⑤ 어떻게, 어떠한

⑥ 한턱내다, 쏘다

DAY 9 Em thấy quán gà rán 123 (như) thế nào? 네 생각에 123 치킨집 어때?

오늘의 회화

오늘의 회화를 학습합니다. 🔊 09-2

이수지

떠 더이 꾸아   쭘   따 거이 도 안 지아오 덴   내
Tớ đói quá! Chúng ta gọi đồ ăn giao đến nhé!
나 엄청 배고파! 우리 배달시키자!

뚜언

떠   무온 안 가 잔   꾸아
Tớ muốn ăn gà rán quá!
나 치킨이 너무 먹고 싶어!

이수지

버이   쭘   따 거이 못 껀 가 잔 쭈이엔 톰   내
Vậy, chúng ta gọi một con gà rán truyền thống nhé.
그럼, 우리 프라이드 치킨 한 마리 시키자.

꺼우 터이   꾸안   가 잔 못하이바 (니으) 테 나오
Cậu thấy quán gà rán 123 (như) thế nào?
네 생각에 123 치킨집 어때?

뚜언

꺼우 거이 디 떠 다이 내
Cậu gọi đi. Tớ đãi nhé!
네가 시켜. 내가 한턱낼게!

'đãi'는 동사로 '한턱내다, 쏘다' 라는 의미입니다. 같은 의미의 단어로는 'khao'가 있으며, 'đãi đi, khao đi'로 표현할 수 있습니다.

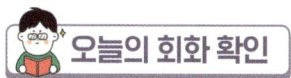

1 녹음을 잘 듣고 그림과 일치하면 O, 일치하지 않으면 X표 하세요. 🔊 09-3

①    ②

2 앞에 제시된 회화문을 읽고, 문장의 옳고 그름을 판단하세요.

① Tuấn muốn ăn gà rán.　　　　　　　　　　O　X

② Su Ji sẽ đãi.　　　　　　　　　　　　　　O　X

3 한국어를 보고 빈칸을 채운 후 완성된 문장을 읽어 보세요.

① Chúng ta _____ đồ ăn giao đến nhé!

우리 배달시키자!

② Tớ _____ nhé!

내가 한턱낼게!

DAY 9　Em thấy quán gà rán 123 (như) thế nào? 네 생각에 123 치킨집 어때?

 **오늘의 표현**

1 동사 muốn

> 떠 무온 안 가 잔 꾸아
> **Tớ muốn ăn gà rán quá!**
> 나 치킨이 너무 먹고 싶어!

동사 'muốn'은 '~하고 싶다, 원하다'라는 뜻으로 소망이나 바람을 나타내며, 'muốn + 동사'의 형태로 써서 '동사하고 싶다'라는 의미입니다.

긍정   밍 무온 우옹 느억 응얻
Mình muốn uống nước ngọt.   나는 음료수 마시고 싶어.

부정   밍 콤 무온 우옹 느억 응얻
Mình không muốn uống nước ngọt.   나는 음료수 마시고 싶지 않아.

의문   반 (꺼) 무온 우옹 느억 응얻 콤
Bạn (có) muốn uống nước ngọt không?   너는 음료수 마시고 싶어?

* nước ngọt (= nước uống) 느억 응얻(= 느억 우옹) 음료수

2 ~이(가) 어때요?: thấy + 명사 + (như) thế nào?

> 꺼우 터이 꾸안 가 잔 몯하이바 (니으) 테 나오
> **Cậu thấy quán gà rán 123 (như) thế nào?**
> 네 생각에 123 치킨집 어때?

'주어 + thấy + 명사 + (như) thế nào?'는 '주어가 느끼기에 ~이(가) 어때요?'라고 상대방의 주관적인 생각이나 느낌, 의견 등을 물어볼 때 사용합니다.

앰 터이 응으어이 더 (니으) 테 나오
Em thấy người đó (như) thế nào?   네 생각에 그 사람 어때?

찌 터이 아오 나이 (니으) 테 나오
Chị thấy áo này (như) thế nào?   당신 생각에 이 음식 어때요?

* đó 더 그, 그것

 오늘의 표현 확인

표현 연습

밍　무온　무어　아오
① **Mình muốn mua áo.**　　　　나는 옷을 사고 싶어.

찌　콤　무온　갑　아잉 어이
② **Chị không muốn gặp anh ấy.**　　나는 그를 만나고 싶지 않아.

앰　(꺼)　무온　쌤　핌　비엗　남　콤
③ **Em (có) muốn xem phim Việt Nam không?**
　　　　　　　　　　　너는 베트남 영화 보고 싶어?

표현 연습

앰　터이　아오　나이　(니으)　테　나오
① **Em thấy áo này (như) thế nào?**　네 생각에 이 옷은 어때?

반　터이　반　가이　(꾸어)　밍　(니으)　테　나오
② **Bạn thấy bạn gái (của) mình (như) thế nào?**
　　　　　　　　　　네 생각에 내 여자친구 어떤 것 같아?
　　　　　　　　　　　　　* bạn gái 반 가이 여자친구

앰　터이　꼼　띠　머이　(니으)　테　나오
③ **Em thấy công ty mới (như) thế nào?**　니 생각에 새 회사는 어때?
　　　　　　　　　　　　　* mới 머이 새로운

DAY 9　Em thấy quán gà rán 123 (như) thế nào? 네 생각에 123 치킨집 어때?　25

DAY 10

Chúng ta đi tắc xi hay (là) xe máy?

우리 택시 탈까, 아니면 오토바이 탈까?

학습목표

✤ 요일 표현을 학습할 수 있습니다.
✤ 선택 의문사인 hay(là)를 학습합니다.

 오늘의 단어

제시된 단어를 여러 번 따라 읽으며 자신의 것으로 만들어 보세요.

◁)) 10-1

트 바이 **thứ bảy** 토요일	쭘 떰 무어 쌈 **trung tâm mua sắm** 쇼핑센터
디 **đi** + 교통수단 교통수단을 타다	하이 (라) **hay (là)** 아니면
쌔 마이 **xe máy** 오토바이	돔 **đông** 많은, 붐비는
쌔 **xe** 차, 탈 것의 총칭	람 **lắm** 매우

 **오늘의 단어 확인**

1 빈칸에 알맞은 단어, 뜻을 써 보세요.

단어	뜻
thứ bảy	①
②	쇼핑센터
đi + 교통수단	③
④	오토바이
đông	⑤
⑥	차, 탈것의 총칭

2 우리말에 해당하는 베트남어를 써 보세요.

① 토요일

② 교통수단을 타다

③ 아니면

④ 많은, 붐비는

⑤ 차, 탈 것의 총칭

⑥ 매우

DAY 10　Chúng ta đi tắc xi hay (là) xe máy?　우리 택시 탈까, 아니면 오토바이 탈까?

 **오늘의 회화**

오늘의 회화를 학습합니다.

🔊 10-2

 뚜언

응아이 마이 라 트 바이 쭘 따 디 쭘 떰 무어 쌈 디
Ngày mai là thứ bảy. Chúng ta đi trung tâm mua sắm đi!
내일 토요일이야. 우리 쇼핑센터 가자!

 이수지

쭘 따 디 딱 씨 하이 (라) 쌔 마이
Chúng ta đi tắc xi hay (là) xe máy?
우리 택시 탈까, 아니면 오토바이 탈까?

 뚜언

트 바이 돔 쌔 람 디 쌔 마이 디
Thứ bảy đông xe lắm. Đi xe máy đi.
토요일에는 차가 정말 많아. 오토바이 타고 가자.

 이수지

버이 응아이 마이 갑 내
Vậy, ngày mai gặp nhé!
그럼, 내일 만나!

*수요일과 일요일은 유의하도록 합니다.

일요일	월요일	화요일	수요일	목요일	금요일	토요일	주말
*chủ nhật	thứ hai	thứ ba	thứ *tư	thứ năm	thứ sáu	thứ bảy	cuối tuần

 오늘의 회화 확인

1 녹음을 잘 듣고 그림과 일치하면 O, 일치하지 않으면 X표 하세요. 🔊 10-3

❶

❷

2 앞에 제시된 회화문을 읽고, 문장의 옳고 그름을 판단하세요.

❶ Ngày mai là thứ hai.　　　　　　　　　　O　X

❷ Tuấn và Su Ji sẽ đi tắc xi.　　　　　　　　O　X

3 한국어를 보고 빈칸을 채운 후 완성된 문장을 읽어 보세요.

❶ Chúng ta đi ＿＿＿＿＿＿＿＿＿ đi!

우리 쇼핑센터 가자!

❷ Chúng ta đi tắc xi ＿＿＿＿＿＿＿＿＿ xe máy?

우리 택시 탈까, 아니면 오토바이 탈까?

 **오늘의 표현**

1 요일 표현

> 응아이 마이 라 트 바이
> **Ngày mai là thứ bảy.**
> 내일은 토요일이야.

'thứ'는 '번째'라는 뜻으로, 뒤에 숫자와 결합되어 요일을 나타내는 표현입니다. 의문사 'mấy'와 결합하여 요일을 물어보는 표현으로 사용합니다.

질문
홈 나이 라 트 머이
Hôm nay là thứ mấy?   오늘 무슨 요일이야?

답변
홈 나이 라 트 뜨
Hôm nay là thứ tư.   오늘은 수요일이야.

2 선택 의문문 A hay (là) B?

> 쭘 따 디 딱 씨 하이 (라) 쌔 마이
> **Chúng ta đi tắc xi hay (là) xe máy?**
> 우리 택시 탈까, 아니면 오토바이 탈까?

선택 의문문인 'A hay (là) B'는 'A 아니면(또는) B입니까?'라는 뜻으로 두 가지 선택 사항 중 한 가지를 선택할 때 쓰는 표현입니다. 이때, A와 B가 같은 동사이면 뒤에 나오는 동사를 생략하여 쓸 수 있습니다.

앰 우옹 까 페 하이 (라) (우옹) 짜 쓰어
Em uống cà phê hay (là) (uống) trà sữa?
너 커피 마실래, 아니면 밀크티 마실래?

앰 쌤 핌 하이 (라) (쌤) 핌 쭈이엔 힝
Em xem phim hay (là) (xem) phim truyền hình?
너 영화를 보니, 아니면 드라마를 보니?

* (bộ) phim truyền hình (보) 핌 쭈이엔 힝 드라마(시리즈)

오늘의 표현 확인

🔊 10-4

표현 연습

홈　꾸아　라　트 바
① Hôm qua là thứ ba.   어제는 화요일이야.
* hôm qua 홈 꾸아 어제

홈　끼어　콤　파이 라 트 싸우
② Hôm kia không phải là thứ sáu.   그저께는 금요일이 아니야.
* hôm kia 홈 끼어 그저께

응아이　끼어　꺼 파이 라 쭈 녇 콤
③ Ngày kia có phải là chủ nhật không?
내일 모레는 일요일이야?
* ngày kia 응아이 끼어 모레

표현 연습

앰　쌔　디 하이 (라) 어 냐
① Em sẽ đi hay (là) ở nhà?   너는 갈래, 아니면 집에 있을래?

반　무어　꾸언　하이 (라) 무어　바이?
② Bạn mua quần hay (là) (mua) váy?   너는 바지 살래, 아니면 치마 살래?
* váy 바이 치마

찌 안 어 더이 하이 (라) 망 디 아
③ Chị ăn ở đây hay (là) mang đi ạ?   여기에서 드세요, 아니면 가지고 가세요?
* mang đi (= mang về) 망 디 (= 망 베) 가지고 가다, 테이크아웃 하다

DAY 10　Chúng ta đi tắc xi hay (là) xe máy? 우리 택시 탈까, 아니면 오토바이 탈까?

DAY 11 | Bánh xèo ăn thế nào?

반쌔오는 어떻게 먹어?

학습목표

* '어떻게 동사해요?'라는 표현을 말할 수 있습니다.
* '~해 보이다'라는 표현을 학습합니다.

오늘의 단어

제시된 단어를 여러 번 따라 읽으며 자신의 것으로 만들어 보세요. 🔊 11-1

먼 **món** 음식	바잉 쌔오 **bánh xèo** 반쌔오[음식명]
러이 **lấy** 잡다	바잉 짱 **bánh tráng** 라이스페이퍼
꾸온 **cuốn** 말다, 감다	버이 **với** ~와(과), ~와(과) 함께
미엥 **miếng** 조각	쩜 **chấm** (소스에) 찍다
느억 맘 **nước mắm** 피시소스	응언 **ngon** 맛있는

오늘의 단어 확인

1 빈칸에 알맞은 단어, 뜻을 써 보세요.

단어	뜻
lấy	①
bánh tráng	②
③	말다, 감다
với	④
⑤	(소스에) 찍다
⑥	맛있는

2 우리말에 해당하는 베트남어를 써 보세요.

① 음식

② 잡다

③ 조각

④ ~와(과), ~와(과) 함께

⑤ (소스에) 찍다

⑥ 맛있는

 **오늘의 회화**

오늘의 회화를 학습합니다.   🔊 11-2

 란

먼   나이   라   바잉   쌔오
Món này là bánh xèo.
이 음식은 반쌔오예요.

 김민호

바잉   쌔오   안   테   나오
Bánh xèo ăn thế nào?
반쌔오는 어떻게 먹어?

 란

아잉 러이 바잉 짱   꾸온 버이 몯   미엥   바잉 쌔오
Anh lấy bánh tráng cuốn với một miếng bánh xèo.
라이스페이퍼를 반쌔오 한 조각과 말아요.

조이   쩜   느억   맘
Rồi chấm nước mắm.
그리고 나서 피시소스에 찍으면 돼요.

 김민호

닌   응언   꾸아   깜   언   앰
Nhìn ngon quá! Cảm ơn em.
너무 맛있어 보여! 고마워.

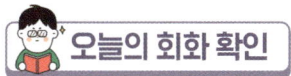

1 녹음을 잘 듣고 그림과 일치하면 O, 일치하지 않으면 X표 하세요.   🔊 11-3

①  ②

2 앞에 제시된 회화문을 읽고, 문장의 옳고 그름을 판단하세요.

① Bánh xèo chấm nước mắm.　　　　　　O　X

② Lan và Min Ho ăn bánh xèo.　　　　　　O　X

3 한국어를 보고 빈칸을 채운 후 완성된 문장을 읽어 보세요.

① _____ này là bánh xèo.

이 음식은 반쌔오예요.

② Nhìn _____ quá!

너무 맛있어 보여!

 **오늘의 표현**

1 어떻게 동사해요?: 동사 + thế nào?

바잉 쌔오 안 테 나오
Bánh xèo ăn thế nào?
반쌔오 어떻게 먹어?

'동사 + thế nào?'는 '어떻게 동사해요?'라는 의미로 상대방에게 동작 또는 행동을 어떻게 해야 하는지 묻는 의문을 나타냅니다.

까이 나이 안 테 나오
Cái này ăn thế nào? 이것은 어떻게 먹어?

* cái 까이 것, 종별사(사물)

쪼 나이 디 테 나오
Chỗ này đi thế nào? 이곳은 어떻게 가?

* chỗ 쪼 장소, 곳

2 ~해 보이다: nhìn + 형용사

닌 응언 꾸아
Nhìn ngon quá!
너무 맛있어 보여!

'nhìn + 형용사'는 '~해 보이다'라는 의미의 표현입니다. 부정은 'nhìn không + 형용사'로, 의문은 'nhìn (có) + 형용사 + không?'으로 표현합니다.

긍정
닌 앰 어이 띡 끅
Nhìn em ấy tích cực. 그 동생은 적극적으로 보여.

* tích cực 띡 끅 적극적인

부정
닌 아잉 어이 콤 부이
Nhìn anh ấy không vui. 그는 즐겁지 않아 보여.

의문
닌 하이 옴 바 (꺼) 코애 콤
Nhìn hai ông bà (có) khỏe không?
할아버지 할머니 두 분은 건강해 보이시니?

오늘의 표현 확인

🔊 11-4

표현 연습

　　　　냐　반　디　테　나오
① **Nhà bạn đi thế nào?**　　　　네 집은 어떻게 가?

　　　　항　응아이　반　안　우옹　테　나오
② **Hàng ngày bạn ăn uống thế nào?**　매일 너는 어떻게 식사해?
* hàng ngày 항 응아이 매일 | ăn uống 안 우옹 먹고 마시다, 식사하다

　　　　디에우 호아　나이　벋　테　나오
③ **Điều hòa này bật thế nào?**　　이 에어컨 어떻게 켜?
* điều hòa 디에우 호아 에어컨 | bật 벋 (기계 등을) 켜다

표현 연습

　　　닌　앰 어이　제　트엉　꾸아
① **Nhìn em ấy dễ thương quá!**　　걔는 너무 귀여워 보여!
* dễ thương ⓗ제 트엉 ⓢ예 트엉 귀여운

　　　닌　찌　콤　하잉　푹
② **Nhìn chị không hạnh phúc.**　　그녀는 행복하지 않아 보여.
* hạnh phúc 하잉 푹 행복한

　　　자오 나이　닌　앰 어이 온　콤
③ **Dạo này nhìn em ấy ổn không?**　요즘 그 동생 괜찮아 보이니?
* ổn 온 편안한, 평온한, 괜찮은

DAY 12

Bây giờ là một giờ.
지금 1시야.

학습목표
- 상대방에게 부탁 혹은 요청하는 방법을 학습합니다.
- 시간과 관련한 질문과 답변을 학습합니다.

오늘의 단어

제시된 단어를 여러 번 따라 읽으며 자신의 것으로 만들어 보세요. 🔊 12-1

녀 **nhờ** 부탁하다	쭏 **chút** 조금, 약간
겁 **gấp** 급한, 긴급한	ⓗ버이 지어 ⓢ버이 이여 **bây giờ** 지금
ⓗ지어 ⓢ이여 **giờ** 시	코앙 **khoảng** 대략, 약
풋 **phút** 분	싸우 **sau** 나중에, 후에
ⓗ지웁 ⓢ이웁 (ⓗ지움 ⓢ이윰) **giúp (= giùm)** 돕다	더이 (쩌) **đợi (= chờ)** 기다리다

38 베트남어 진짜학습지

오늘의 단어 확인

1 빈칸에 알맞은 단어, 뜻을 써 보세요.

단어	뜻
nhờ	①
②	조금, 약간
gấp	③
bây giờ	④
⑤	분
⑥	돕다

2 우리말에 해당하는 베트남어를 써 보세요.

① 부탁하다　　　　　　② 지금

③ 시　　　　　　　　　④ 대략, 약

⑤ 나중에, 후에　　　　 ⑥ 기다리다

오늘의 회화를 학습합니다. 🔊 12-2

김민호

앰 (꺼) 번 콤   아잉 녀 앰 쭏 드억 콤
Em (có) bận không? Anh nhờ em chút được không?

너 바빠? 뭐 좀 부탁해도 될까?

란

아잉 거 겁 콤 아   버이 지어 라 머이 지어 (조이) 아
Anh có gấp không ạ? Bây giờ là mấy giờ (rồi) ạ?

급한 거예요? 지금 몇 시예요?

김민호

으 콤 겁   버이 지어 라 못 지어
Ừ, không gấp. Bây giờ là một giờ.

응, 급한 건 아니야. 지금 1시야.

란

버이,   코앙 바 므어이 푿 싸우 앰 쌔 지웁 아잉   아잉 더이 쭏 내
Vậy, khoảng 30 phút sau em sẽ giúp anh. Anh đợi chút nhé.

그럼, 30분 정도 후에 도와 줄게요. 조금만 기다려 주세요.

'chút'은 '잠시, 조금'을 뜻하며 비슷한 의미의 단어로는 'một chút, một xíu, một lát'이 있습니다. (시간에만 사용)
동사 뒤에 위치하며 '잠시 동사하다, 조금 동사하다'라는 의미를 나타냅니다.

 **오늘의 회화 확인**

1 녹음을 잘 듣고 그림과 일치하면 O, 일치하지 않으면 X표 하세요. 🔊 12-3

①  ②

* chuyện 쭈이엔 일, 이야기

2 앞에 제시된 회화문을 읽고, 문장의 옳고 그름을 판단하세요.

① Bây giờ là mười một giờ.   O   X

② Lan không giúp Min Ho.   O   X

3 한국어를 보고 빈칸을 채운 후 완성된 문장을 읽어 보세요.

① Vậy,   30 phút sau em sẽ giúp anh.

그럼, 30분 정도 후에 도와 줄게요.

② Anh đợi   nhé.

조금만 기다려 주세요.

DAY 12   Bây giờ là một giờ. 지금 1시야.

 **오늘의 표현**

1 부탁과 요청 nhờ

> 아잉 녀 앰 쭏 드억 콤
> Anh nhờ em chút được không?
> 뭐 좀 부탁해도 될까?

1) '주어1 + nhờ + 주어2 + 동사'는 '주어1이 주어2에게 동사하기를 부탁하다, 요청하다'라는 의미로 상대방에게 부탁 또는 요청을 할 때 사용합니다.
2) '주어1 + nhờ + 주어2 + chút + (명사)' 혹은 '주어1 + nhờ + 주어2 + (명사) + chút' '주어1이 주어2에게 조금, 약간 (명사)해주기를 부탁하다, 요청하다'라는 의미로 사용합니다.

의문
앰 녀 찌 무어 까이 나이 드억 콤
Em nhờ chị mua cái này, được không? 당신이 이거 사줄 수 있어요?

평서문 1
아잉 녀 앰 람 비엑 나이
Anh nhờ em làm việc này. 네가 이 업무 해주길 부탁할게.

평서문 2
아잉 녀 앰 쭏 비엑 나이
Anh nhờ em chút việc này. 네가 이 업무 좀 해주길 부탁할게.

2 시간 표현

> 버이 지어 라 몯 지어
> Bây giờ là một giờ.
> 지금 1시야.

'giờ'는 '시' 라는 의미로, 숫자 뒤에 붙여 시간을 나타내는 표현입니다. 베트남의 시간 표현도 우리나라와 마찬가지로 '시-분-초'의 순서로 나타냅니다.

질문
버이 지어 라 머이 지어 조이
Bây giờ là mấy giờ (rồi)? 지금 몇 시야?

답변
버이 지어 라 하이 지어 즈어이 조이
Bây giờ là hai giờ rưỡi (rồi). 지금은 2시 반이야.

* rưỡi ㉮즈어이 ㉯르어이 앞 단위의 절반을 나타내는 말

 **오늘의 표현 확인**

표현 연습

앰 녀 찌 무어 몯 짜이 꼬 까 드억 콤
① **Em nhờ chị mua một chai cô ca được không?**
누나(언니) 콜라 한 병 사줄 수 있어요?
* chai 짜이 병

찌 녀 앰 그이 까이 나이
② **Chị nhờ em gửi cái này.**
네가 이것을 보내주길 부탁할게.
* gửi 그이 보내다, 전송하다

찌 녀 앰 쭏 비엑 내
③ **Chị nhờ em chút việc nhé!**
네가 약간의 일을 좀 하길 부탁할게!

표현 연습

버이 지어 라 머이 지어 (조이)
① **Bây giờ là mấy giờ (rồi)?**
지금 몇 시야?

쭝 따 갑 냐우 룹 바 지어 찌에우
② **Chúng ta gặp nhau lúc ba giờ chiều.** 우리 오후 세시에 만나자.
* lúc 룹 ~때, ~에(시간 앞), 짧은 시간, 순간, 찰나

버이 지어 라 므어이 하이 지어 덴 지어 안 쯔어 조이
③ **Bây giờ là mười hai giờ, đến giờ ăn trưa rồi.**
지금은 12시야, 점심 먹을 시간이 됐어.
* ăn trưa 안 쯔어 점심 먹다

녹음 대본 및 정답

너 분짜 먹는 것 좋아해?

오늘의 단어 확인

1. ❶ 정말　　❷ thèm　　❸ 내일
　 ❹ 생각하다, 느끼다　❺ chúng mình　❻ chắc chắn

2. ❶ rất　　❷ thèm　　❸ ngày mai
　 ❹ thấy　　❺ sao　　❻ chắc chắn

오늘의 회화 확인

> **녹음 대본**
>
> 1. ❶ nam: Bạn (có) thích ăn bún chả không?　　너 분짜 먹는 것 좋아해?
> 　 nữ: Mình rất thích.　　나 정말 좋아해.
>
> 　 ❷ nam: Ngày mai chúng mình đi ăn cùng không?　내일 우리 같이 먹을까?
> 　 nữ: Chắc chắn đồng ý!　　확실히 동의해!(좋아!)

1. ❶ O　　❷ O
2. ❶ O　　❷ O
3. ❶ thích　　❷ thấy sao

너는 학생이야?

오늘의 단어 확인

1. ❶ 학생　　❷ ra trường　　❸ 보다, 보이다
　 ❹ 올해　　❺ bao nhiêu　　❻ rồi

2. ❶ học sinh　　❷ ra trường　　❸ thế à?
　 ❹ trẻ　　❺ năm nay　　❻ tuổi

오늘의 회화 확인

녹음 대본

1 ❶ nam: Em có phải là học sinh không?　　너는 학생이야?
　　 nữ: Đúng rồi. Em là học sinh.　　　　맞아요. 저는 학생이에요.

　 ❷ nam: Năm nay em bao nhiêu tuổi rồi?　올해 너는 몇 살이야?
　　 nữ: Năm nay em 20 tuổi rồi.　　　　　올해 저는 20살이에요.

1　❶ O　　　❷ O
2　❶ X　　　❷ X
3　❶ ra trường　❷ Năm nay

DAY 9　네 생각에 123 치킨집 어때?

오늘의 단어 확인

1　❶ 배고픈　　❷ gọi　　　　❸ 음식
　 ❹ con　　　 ❺ truyền thống　❻ đãi

2　❶ đồ ăn　　　❷ gà rán　　　❸ giao (đến)
　 ❹ truyền thống　❺ (như) thế nào　❻ đãi

오늘의 회화 확인

녹음 대본

1 ❶ nữ: Cậu muốn ăn gì?　　　　　　　너 뭐 먹고 싶어?
　　 nam: Tớ muốn ăn gà rán quá.　　　나 치킨이 너무 먹고 싶어.

　 ❷ nam: Chúng ta gọi đồ ăn giao đến nhé!　우리 배달시키자!
　　 nữ: Mình gọi nhé.　　　　　　　　　　내가 시킬게.

1　❶ O　　　❷ O
2　❶ O　　　❷ X
3　❶ gọi　　❷ đãi

우리 택시 탈까, 아니면 오토바이 탈까?

오늘의 단어 확인

1. ❶ 토요일   ❷ trung tâm mua sắm   ❸ 교통수단을 타다
   ❹ xe máy   ❺ 많은, 붐비는   ❻ xe

2. ❶ thứ bảy   ❷ đi + 교통수단   ❸ hay (là)
   ❹ đông   ❺ xe   ❻ lắm

오늘의 회화 확인

> **녹음 대본**
>
> 1. ❶ nữ: Hôm nay là thứ mấy?   오늘 무슨 요일이야?
>   nam: Hôm nay là thứ sáu.   오늘 금요일이야.
>
>   ❷ nữ: Anh sẽ đi (như) thế nào?   어떻게 갈 거예요?
>   nam: Anh sẽ đi xe máy.   오토바이로 갈거야.

1. ❶ O   ❷ O
2. ❶ X   ❷ X
3. ❶ trung tâm mua sắm   ❷ hay (là)

 ## 반쎄오는 어떻게 먹어?

오늘의 단어 확인

1. ❶ 잡다   ❷ 라이스페이퍼   ❸ cuốn
   ❹ ~와(과), ~와(과) 함께   ❺ chấm   ❻ ngon

2. ❶ món   ❷ lấy   ❸ miếng
   ❹ với   ❺ chấm   ❻ ngon

46 베트남어 진짜학습지

오늘의 회화 확인

녹음 대본

1 ❶ nữ: Món này là bánh xèo. 이 음식은 반쌔오예요.
    nam: Nhìn ngon quá! 맛있어 보여!

  ❷ nam: Bánh xèo ăn thế nào? 반쌔오는 어떻게 먹어?
    nữ: Lấy bánh tráng cuốn với một miếng bánh xèo. Rồi chấm nước mắm.
        라이스페이퍼를 반쌔오 한 조각과 말아요. 그리고 나서 피시소스에 찍으면 돼요.

1 ❶ O   ❷ O
2 ❶ O   ❷ O
3 ❶ Món ❷ ngon

DAY 12 지금 1시야.

오늘의 단어 확인

1 ❶ 부탁하다   ❷ chút   ❸ 급한, 긴급한
  ❹ 지금   ❺ phút   ❻ giúp (= giùm)

2 ❶ nhờ   ❷ bây giờ   ❸ giờ
  ❹ khoảng   ❺ sau   ❻ đợi (= chờ)

오늘의 회화 확인

녹음 대본

1 ❶ nam: Anh nhờ em chút được không? 뭐 좀 부탁해도 될까?
    nữ: Có chuyện gì? 무슨 일이에요?

  ❷ nữ: Bây giờ là mấy giờ (rồi) ạ? 지금 몇 시예요?
    nam: Bây giờ là 9 giờ. 지금은 9시야.

1 ❶ O   ❷ O
2 ❶ X   ❷ X
3 ❶ khoảng ❷ chút

진짜학습지

베트남어

진짜학습지

기초편
3

베트남어 진짜학습지 기초편 3

초판 1쇄 발행 2023년 12월 29일

지은이 이정원
펴낸곳 (주)에스제이더블유인터내셔널
펴낸이 양홍걸 이시원

홈페이지 daily.siwonschool.com
주소 서울시 영등포구 국회대로74길 12 시원스쿨
교재 구입 문의 02)2014-8151
고객센터 02)6409-0878

ISBN 979-11-6150-803-0 13730
Number 1-420501-25250021-06

이 책은 저작권법에 따라 보호받는 저작물이므로 무단복제와 무단전재를 금합니다. 이 책 내용의 전부 또는 일부를 이용하려면 반드시 저작권자와 ㈜에스제이더블유인터내셔널의 서면 동의를 받아야 합니다.

베트남어 진짜학습지 학습 가이드

🔖 베트남어 진짜학습지란?

『베트남어 진짜 학습지 기초편』은 베트남어 기초 학습자들이 쉽고 재미있게 배울 수 있도록 시원스쿨어학연구소에서 연구 개발한 교재입니다. 본 교재는 각 과의 핵심 단어를 학습하고 ➡ 다양한 주제로 이루어진 회화문으로 말하기 연습을 하며 ➡ 핵심 문법 설명으로 학습자의 이해를 돕고 ➡ 핵심 표현으로 베트남어의 구조를 저절로 습득할 수 있도록 구성하였습니다. 듣기, 읽기, 쓰기, 말하기의 반복 학습을 통해 베트남어의 기본기를 확실히 다질 수 있습니다.

🔖 베트남어 진짜학습지의 학습 목표는?

- **목표1** 베트남어의 기본 문법을 학습할 수 있습니다.
- **목표2** 다양한 주제로 구성된 회화문을 통해 실용적인 베트남어 표현을 배울 수 있습니다.
- **목표3** 듣기, 읽기, 쓰기, 말하기 모든 영역을 다양하게 학습하여 베트남어의 기본기를 확실하게 다질 수 있습니다.

🔖 베트남어 진짜학습지 로드맵은?

- **STEP1** 강의를 보며 <오늘의 단어>, <오늘의 회화>, <오늘의 표현>으로 구성된 본서를 학습합니다.
- **STEP2** 본서에서 배운 내용을 바탕으로 워크북을 풀어보며 학습한 내용을 복습합니다.
- **STEP3** 말하기 트레이닝 영상을 보며 틈틈이 베트남어를 연습합니다.

학습 구성

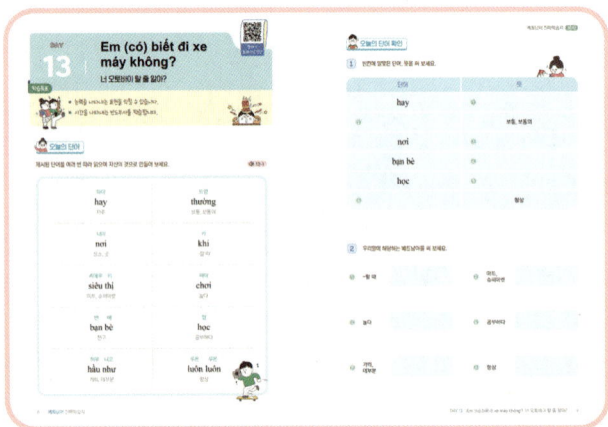

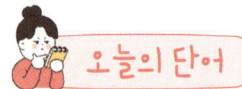

<오늘의 단어>는 학습자들이 따로 단어를 찾아볼 필요 없이 각 과의 핵심 단어를 한눈에 보기 쉽게 정리하였습니다. 앞에서 학습한 단어를 <오늘의 단어 확인> 문제를 풀어보며 베트남어의 단어와 뜻을 기억할 수 있도록 복습 장치를 마련하였습니다.

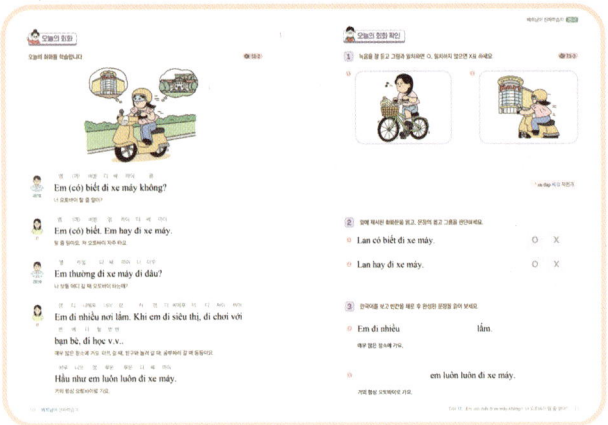

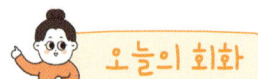

<오늘의 회화>는 뻔한 표현이 아닌 재미와 실용성에 초점을 맞춘 대화문으로 구성하였습니다. <오늘의 회화 확인>에서는 듣기, 읽기, 쓰기, 말하기 관련 연습 문제를 풀어보며 본문의 내용을 완전히 숙지할 수 있습니다.

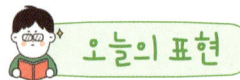

<오늘의 표현>에서는 복잡하고 어려운 설명 대신 누구나 쉽게 이해할 수 있도록 각 과에서 가장 핵심이 되는 문법을 체계적으로 정리하였으며, 활용도 높은 예문을 제시하여 학습자의 이해도를 높였습니다. <오늘의 표현 확인>에는 앞에서 배운 문법과 관련된 문장을 제시하여 베트남어 말하기 연습까지 가능하도록 구성하였습니다.

특별 부록 구성

무료 콘텐츠 구성

✓ 쓰기 노트
매 과에서 학습한 단어와 문장을 직접 쓰며 연습할 수 있습니다.

✓ 말하기 트레이닝 영상
스마트 폰으로 책 속의 QR 코드를 스캔하면 언제, 어디서든 영상을 보며 말하기 연습을 할 수 있습니다.

✓ 원어민 MP3 음원
원어민 MP3 음원을 들으며 베트남어 연습을 할 수 있습니다. 시원스쿨 진짜학습지 홈페이지(daily.siwonschool.com) 접속 ➡ 학습지원 ➡ 공부 자료실에서 MP3 파일을 다운로드 받으실 수 있습니다.

유료 콘텐츠 구성

* 유료 콘텐츠는 daily.siwonschool.com에서 확인하실 수 있습니다.

✓ 동영상 강의
교재와 강의를 함께 학습하면 보다 쉽게 내용을 이해할 수 있어 학습 효과를 극대화할 수 있습니다.

✓ 성취도 평가
성취도 평가를 통해 자신의 진짜 베트남어 실력을 파악할 수 있습니다.

학습 플랜

🚩 주 3일 학습 플랜

★ 본서, 워크북 1일 1과 학습 구성(본서와 워크북을 하루에 함께 학습합니다.)

날짜			내용		학습 계획일	
1주	1일	본서	DAY 13	Em (có) biết đi xe máy không? 너 오토바이 탈 줄 알아?	월	일
		워크북				
	2일	본서	DAY 14	Khi nào chúng ta đi? 우리 언제 갈까?	월	일
		워크북				
	3일	본서	DAY 15	Em về nhà khi nào? 너 언제 집에 갔어?	월	일
		워크북				
2주	4일	본서	DAY 16	Sáu mươi nghìn thì hơi đắt! 60,000동이면 약간 비싸네요!	월	일
		워크북				
	5일	본서	DAY 17	Em (đã) đến Trung Quốc bao giờ chưa? 너는 중국에 가 본 적이 있어?	월	일
		워크북				
	6일	본서	DAY 18	Nên em không ăn gì cả. 그래서 아무것도 못 먹었어요.	월	일
		워크북				

🚩 주 6일 학습 플랜

★ 본서, 워크북 2일 1과 학습 구성(본서를 먼저 공부하고 그 다음날 워크북으로 복습합니다.)

날짜			내용		학습 계획일	
1주	1일	본서	DAY 13	Em (có) biết đi xe máy không? 너 오토바이 탈 줄 알아?	월	일
	2일	워크북				
	3일	본서	DAY 14	Khi nào chúng ta đi? 우리 언제 갈까?	월	일
	4일	워크북				
	5일	본서	DAY 15	Em về nhà khi nào? 너 언제 집에 갔어?	월	일
	6일	워크북				
2주	7일	본서	DAY 16	Sáu mươi nghìn thì hơi đắt! 60,000동이면 약간 비싸네요!	월	일
	8일	워크북				
	9일	본서	DAY 17	Em (đã) đến Trung Quốc bao giờ chưa? 너는 중국에 가 본 적이 있어?	월	일
	10일	워크북				
	11일	본서	DAY 18	Nên em không ăn gì cả. 그래서 아무것도 못 먹었어요.	월	일
	12일	워크북				

학습 목차

DAY 13	Em (có) biết đi xe máy không? 너 오토바이 탈 줄 알아?	08
DAY 14	Khi nào chúng ta đi? 우리 언제 갈까?	14
DAY 15	Em về nhà khi nào? 너 언제 집에 갔어?	20
DAY 16	Sáu mươi nghìn thì hơi đắt! 60,000동이면 약간 비싸네요!	26
DAY 17	Em (đã) đến Trung Quốc bao giờ chưa? 너는 중국에 가 본 적이 있어?	32
DAY 18	Nên em không ăn gì cả. 그래서 아무것도 못 먹었어요.	38

✅ **녹음 대본 및 정답** — 44

등장인물 소개

이수지　김민호　란(Lan)　뚜언(Tuấn)

DAY 13 | Em (có) biết đi xe máy không?

너 오토바이 탈 줄 알아?

학습목표

* 능력을 나타내는 표현을 익힐 수 있습니다.
* 시간을 나타내는 빈도부사를 학습합니다.

오늘의 단어

제시된 단어를 여러 번 따라 읽으며 자신의 것으로 만들어 보세요.   🔊 13-1

하이 **hay** 자주	트엉 **thường** 보통, 보통의
너이 **nơi** 장소, 곳	키 **khi** ~할 때
씨에우 티 **siêu thị** 마트, 슈퍼마켓	쩌이 **chơi** 놀다
반 배 **bạn bè** 친구	헙 **học** 공부하다
허우 니으 **hầu như** 거의, 대부분	루온 루온 **luôn luôn** 항상

오늘의 단어 확인

1 빈칸에 알맞은 단어, 뜻을 써 보세요.

단어	뜻
hay	①
②	보통, 보통의
nơi	③
bạn bè	④
học	⑤
⑥	항상

2 우리말에 해당하는 베트남어를 써 보세요.

① ~할 때

② 마트, 슈퍼마켓

③ 놀다

④ 공부하다

⑤ 거의, 대부분

⑥ 항상

오늘의 회화

오늘의 회화를 학습합니다. 🔊 13-2

앰 (꺼) 비엩 디 쌔 마이 콤
Em (có) biết đi xe máy không?
너 오토바이 탈 줄 알아?

앰 (꺼) 비엩 앰 하이 디 쌔 마이
Em (có) biết. Em hay đi xe máy.
탈 줄 알아요. 저 오토바이 자주 타요.

앰 트엉 디 쌔 마이 디 더우
Em thường đi xe máy đi đâu?
너 보통 어디 갈 때 오토바이 타는데?

앰 디 니에우 너이 람 키 앰 디 씨에우 티 디 쩌이 버이
Em đi nhiều nơi lắm. Khi em đi siêu thị, đi chơi với
반 배, 디 헙 번번
bạn bè, đi học v.v..
매우 많은 장소에 가요. 마트 갈 때, 친구와 놀러 갈 때, 공부하러 갈 때 등등이요.

허우 니으 앰 루온 루온 디 쌔 마이
Hầu như em luôn luôn đi xe máy.
거의 항상 오토바이로 가요.

1 녹음을 잘 듣고 그림과 일치하면 O, 일치하지 않으면 X표 하세요. 🔊 13-3

❶    ❷

* xe đạp 쌔 답 자전거

2 앞에 제시된 회화문을 읽고, 문장의 옳고 그름을 판단하세요.

❶ Lan có biết đi xe máy.　　　　　　　O　X

❷ Lan hay đi xe máy.　　　　　　　　O　X

3 한국어를 보고 빈칸을 채운 후 완성된 문장을 읽어 보세요.

❶ Em đi nhiều 　　　　　　　 lắm.

매우 많은 장소에 가요.

❷ 　　　　　　　 em luôn luôn đi xe máy.

거의 항상 오토바이로 가요.

 **오늘의 표현**

1 능력을 나타내는 표현 biết

앰 (꺼) 비엗 디 쌔 마이 콤
Em (có) biết đi xe máy không?
너 오토바이 탈 줄 알아?

'주어 + (có) biết + 동사 + không?'은 '~할 줄 알아요?'라는 의미로 주어의 능력에 대해 묻는 표현입니다.

의문 찌 (꺼) 비엗 버이 콤
Chị (có) biết bơi không? 당신은 수영할 줄 알아요?

긍정 찌 (꺼) 비엗 버이
Chị (có) biết bơi. 나는 수영할 줄 알아.

부정 찌 콤 비엗 버이
Chị không biết bơi. 나는 수영할 줄 몰라.

* bơi 버이 수영하다

2 시간을 나타내는 빈도부사

허우 니으 앰 루온 루온 디 쌔 마이
Hầu như em luôn luôn đi xe máy.
거의 항상 오토바이로 가요.

베트남어에서 많이 사용하는 빈도부사입니다. 동사 앞에 위치하며 질문과 대답에 모두 사용할 수 있습니다.

빈도부사	독음	뜻
thường xuyên	트엉 쑤이엔	자주
thường	트엉	보통, 보통의
hay	하이	자주
thỉnh thoảng	팅 토앙	가끔

 **오늘의 표현 확인**

🔊 13-4

표현 연습

① Em (có) biết nấu ăn không?
앰 (꺼) 비엩 너우 안 콤
너 요리할 줄 알아?
*nấu ăn 너우 안 요리하다

② Em biết nói tiếng Việt.
앰 비엩 너이 띠엥 비엩
나는 베트남어를 말할 줄 알아.

③ Anh ấy không biết lái xe.
아잉 어이 콤 비엩 라이 쌔
그는 운전할 줄 몰라.

표현 연습

① Em (có) hay đi chợ không?
앰 (꺼) 하이 디 쩌 콤
너는 자주 시장에 가?

② Anh ấy luôn luôn ăn phở vào buổi sáng.
아잉 어이 루온 루온 안 퍼 바오 부오이 쌍
나는 항상 아침에 쌀국수를 먹어.

③ Chị ấy thường xuyên uống nước.
찌 어이 트엉 쑤이엔 우옹 느억
그녀는 자주 물을 마셔.
*nước 느억 물

DAY 14 | Khi nào chúng ta đi?
우리 언제 갈까?

학습목표
- '~하면서 ~하다'라는 표현을 배웁니다.
- '언제(미래)'를 나타내는 표현을 학습합니다.

오늘의 단어

제시된 단어를 여러 번 따라 읽으며 자신의 것으로 만들어 보세요.

🔊 14-1

냐 항 **nhà hàng** 식당	노이 띠엥 **nổi tiếng** 유명한
쩬 **trên** ~(위)에	텃 **thật** 진실한
브어 브어 **vừa ~ vừa** ~하면서 ~하다	ⓗ재 ⓗ래 **rẻ** 저렴한
키 나오 바오 지어 **khi nào (= bao giờ)** 언제	뚜언 싸우 **tuần sau** 다음주

 **오늘의 단어 확인**

1 빈칸에 알맞은 단어, 뜻을 써 보세요.

단어	뜻
nhà hàng	①
②	유명한
trên	③
thật	④
vừa ~ vừa	⑤
⑥	다음주

2 우리말에 해당하는 베트남어를 써 보세요.

① 식당

② ~(위)에

③ 진실한

④ ~하면서 ~하다

⑤ 저렴한

⑥ 언제

 **오늘의 회화**

오늘의 회화를 학습합니다.   🔊 14-2

 이수지

더이 라 냐 항 노이 띠엥 어 쩬 망 꺼우 (꺼) 비엣 콤
Đây là nhà hàng nổi tiếng ở trên mạng, cậu (có) biết không?
여기 인터넷에서 유명한 맛집인데, 너 알고 있어?

 뚜언

텃 하 쭘 따 디 안 트 디
Thật hả? Chúng ta đi ăn thử đi.
진짜? 우리도 가서 한번 먹어 보자.

 이수지

냐 항 더 브어 응온 브어 재 키 나오 쭘 따 디
Nhà hàng đó vừa ngon vừa rẻ. Khi nào chúng ta đi?
그 식당은 맛있으면서 가격도 저렴하대. 우리 언제 갈까?

 뚜언

트 바이 뚜언 싸우 밍 (꺼) 자잉
Thứ bảy tuần sau mình (có) rảnh.
다음주 토요일에 나 한가해.

1 녹음을 잘 듣고 그림과 일치하면 O, 일치하지 않으면 X표 하세요. 🔊 14-3

①

②

2 앞에 제시된 회화문을 읽고, 문장의 옳고 그름을 판단하세요.

① Nhà hàng đó vừa ngon vừa đắt.   O   X

② Su Ji và Tuấn sẽ đi nhà hàng vào chủ nhật tuần sau.   O   X

* đắt 닫 비싼

3 한국어를 보고 빈칸을 채운 후 완성된 문장을 읽어 보세요.

① Đây là nhà hàng _____ ở trên mạng, cậu (có) biết không?
여기 인터넷에서 유명한 맛집인데, 너 알고 있어?

② _____ chúng ta đi?
우리 언제 갈까?

 **오늘의 표현**

1 ~하면서 ~하다: vừa ~ vừa

냐 항 더 브어 응언 브어 재
Nhà hàng đó vừa ngon vừa rẻ.
그 식당은 맛있으면서 가격도 저렴하대.

'vừa ~ vừa'는 두 가지의 행동 또는 성질이 동시에 나타남을 표현합니다. vừa 뒤에는 동사 또는 형용사가 위치합니다.

아잉 어이 브어 우옹 까 페 브어 너이 쭈이엔 버이 반
Anh ấy vừa uống cà phê vừa nói chuyện với bạn.
그는 커피를 마시면서 친구랑 이야기하고 있어.

아잉 어이 꺼 터이 꾸앤 브어 라이 쌔 브어 응애 냑
Anh ấy có thói quen vừa lái xe vừa nghe nhạc.
그는 운전하면서 음악을 듣는 습관이 있어.

찌 어이 브어 씽 브어 히엔
Chị ấy vừa xinh vừa hiền.   그녀는 예쁘면서 착해.

* thói quen 터이 꾸앤 습관 | hiền 히엔 착한, 상냥한

2 의문사 khi nào (문장 앞에 위치 - 미래)

키 나오 쭘 따 디
Khi nào chúng ta đi?
우리 언제 갈까?

'khi nào'는 '언제'라는 뜻의 의문사입니다. 'khi nào'가 문장 맨 앞에 위치하면 미래의 의미를 뜻하며 같은 의미의 단어로는 'bao giờ'가 있습니다.

키 나오 반 디 헙
Khi nào bạn đi học?   너는 언제 공부하러 가?

키 나오 앰 디 주 릭
Khi nào em đi du lịch?   너는 언제 여행 가?

* du lịch ㉠주 릭 ㉡유 릭 여행하다

오늘의 표현 확인

🔊 14-4

표현 연습

찌 어이 브어 디 람 브어 우옹 까 페
① Chị ấy **vừa** đi làm **vừa** uống cà phê. 그녀는 출근을 하면서 커피를 마셔요.

아잉 어이 브어 안 껌 브어 덥 싸익
② Anh ấy **vừa** ăn cơm **vừa** đọc sách. 그는 밥을 먹으면서 책을 읽어요.

반 펌 더 브어 머이 브어 싸익
③ Văn phòng đó **vừa** mới **vừa** sạch. 그 사무실은 신식이면서 깨끗해요.
 * văn phòng 반 펌 사무실 | sạch (sẽ) 싸익 (쌔) 깨끗한

표현 연습

키 나오 꺼우 디 람
① **Khi nào** cậu đi làm? 너는 언제 일하러 가?

키 나오 앰 밭 더우 헙 띠엥 비엩
② **Khi nào** em bắt đầu học tiếng Việt? 너는 언제 베트남어 공부 시작해?
 * bắt đầu 밭 더우 시작하다

바오 지어 쭘 따 디 쌤 핌
③ **Bao giờ** chúng ta đi xem phim? 우리 언제 영화 보러 가?

DAY 15 | **Em về nhà khi nào?**

너 언제 집에 갔어?

학습목표

* '언제(과거)'를 나타내는 표현을 학습합니다.
* '단지 ~일 뿐이다'를 나타내는 표현을 학습합니다.

오늘의 단어

제시된 단어를 여러 번 따라 읽으며 자신의 것으로 만들어 보세요.

15-1

알 로 **A lô** 여보세요	베 **về** 돌아오다, 돌아가다
다 **đã** ~했다(과거시제)	룹 나이 **lúc nãy** 이제 막, 방금
썸 **sớm** 이른, 일찍	테 **thế** 그럼, 그렇게
자 야 **dạ** 네(대답하는 말)	찌 토이 **chỉ ~ thôi** 단지 ~일 뿐이다
비엑 **việc** 일, 업무	까 년 **cá nhân** 개인, 개인적인

오늘의 단어 확인

1 빈칸에 알맞은 단어, 뜻을 써 보세요.

단어	뜻
A lô	①
②	~했다 (과거시제)
sớm	③
chỉ ~ thôi	④
⑤	일, 업무
⑥	개인, 개인적인

2 우리말에 해당하는 베트남어를 써 보세요.

① 돌아오다, 돌아가다

② 이제 막, 방금

③ 네(대답하는 말)

④ 단지 ~일 뿐이다

⑤ 일, 업무

⑥ 개인, 개인적인

 **오늘의 회화**

오늘의 회화를 학습합니다. 🔊 15-2

 김민호
알 로 앰 베 냐 키 나오
A lô? Em về nhà khi nào?
여보세요? 너 언제 집에 갔어?

 란
앰 (다) 베 룩 나이 조이 아
Em (đã) về lúc nãy rồi ạ.
저 방금 왔어요.

 김민호
홈 나이 앰 베 썸 테 앰 꺼 쭈이엔 지 콤
Hôm nay em về sớm thế! Em có chuyện gì không?
오늘 빨리 갔네! 무슨 일 있어?

 란
자 콤 앰 베 썸 찌 꺼 비엑 까 년 토이 아
Dạ, không. Em về sớm chỉ có việc cá nhân thôi ạ.
아니요, 단지 개인적인 일이 있어서 일찍 왔어요.

'thế'는 '그럼, 그렇게' 라는 의미를 가지고 있지만 문장 끝에 위치하면 특별한 의미를 가지지 않고 강조를 나타내는 표현입니다.

오늘의 회화 확인

1 녹음을 잘 듣고 그림과 일치하면 O, 일치하지 않으면 X표 하세요. 🔊 15-3

①

②

2 앞에 제시된 회화문을 읽고, 문장의 옳고 그림을 판단하세요.

① Hôm nay Lan về nhà muộn.　　　　　　O　X

② Hôm nay Lan có việc cá nhân.　　　　　O　X

* muộn 무온 늦은

3 한국어를 보고 빈칸을 채운 후 완성된 문장을 읽어 보세요.

① A lô? Em về nhà _____ ?

여보세요? 너 언제 집에 갔어?

② Em về sớm chỉ có _____ cá nhân thôi ạ.

단지 개인적인 일이 있어서 일찍 왔어요.

1. 의문사 khi nào (문장 끝에 위치 - 과거)

알로 앰 베 냐 키 나오
A lô, em về nhà khi nào?
너 언제 집에 갔어?

'khi nào'는 '언제'라는 뜻의 의문사입니다. 'khi nào'가 문장 끝에 위치하면 과거의 의미를 뜻하며 같은 의미의 단어로는 'bao giờ'가 있습니다.

앰 쌤 핌 키 나오
Em xem phim khi nào?   너 언제 영화 봤어?

앰 안 껌 바오 지어
Em ăn cơm bao giờ?   너 언제 밥 먹었어?

2. 단지 ~일 뿐이다, 오직 ~일 뿐이다: chỉ ~ thôi

앰 베 썸 찌 꺼 비엑 까 년 토이 아
Em về sớm chỉ có việc cá nhân thôi ạ.
단지 개인적인 일이 있어서 일찍 왔어요.

'chỉ ~ thôi'는 '단지 ~일 뿐이다, 오직 ~일 뿐이다'라는 의미로 'chỉ ~ thôi' 사이에 동사 또는 명사가 위치합니다. 'chỉ'와 'thôi' 둘 중 하나를 생략하여 사용할 수 있습니다.

아잉 어이 찌 안 퍼
Anh ấy chỉ ăn phở.   그는 쌀국수만 먹어요.

찌 어이 우옹 까 페 댄 토이
Chị ấy uống cà phê đen thôi.   그녀는 블랙 커피만 마셔요.

냐 항 더 찌 꺼 먼 안 비엣 남 토이
Nhà hàng đó chỉ có món ăn Việt Nam thôi.   그 식당은 베트남 음식만 있어요.

오늘의 표현 확인

🔊 15-4

표현 연습

아잉 어이 디 버이 키 나오
❶ Anh ấy đi bơi khi nào?　　그는 언제 수영하러 갔어?

앰 똣 응이엡 키 나오
❷ Em tốt nghiệp khi nào?　　너는 언제 졸업했어?

찌 어이 디 하 노이 바오 지어
❸ Chị ấy đi Hà Nội bao giờ?　　그녀는 언제 하노이에 갔어?

표현 연습

찌 어이 찌 안 쯔어
❶ Chị ấy chỉ ăn trưa.　　그녀는 단지 점심만 먹어요.

아잉 어이 찌 막 아오 써 미 토이
❷ Anh ấy chỉ mặc áo sơ mi thôi.　　그는 오직 셔츠만 입어요.

버이 지어 꺼 느억 깜 토이
❸ Bây giờ có nước cam thôi.　　지금은 오직 오렌지주스만 있어요.

DAY 16

Sáu mươi nghìn thì hơi đắt!

60,000동이면 약간 비싸네요!

학습목표

- '약간'을 나타내는 표현을 학습합니다.
- 부정의 의미를 강조하는 표현을 학습합니다.

오늘의 단어

제시된 단어를 여러 번 따라 읽으며 자신의 것으로 만들어 보세요.

 16-1

껀 끼
cân (= kí)
kg

따오
táo
사과

돔
đồng
동(베트남 화폐 단위)

허이
hơi
약간

콤 더우
không ~ đâu
전혀 ~않다

ⓗ지아 ⓢ이야
giá
가격

헙 리
hợp lý
합리적인

오늘의 단어 확인

1 빈칸에 알맞은 단어, 뜻을 써 보세요.

단어	뜻
cân	①
②	사과
đồng	③
hơi	④
⑤	가격
⑥	합리적인

2 우리말에 해당하는 베트남어를 써 보세요.

① kg

② 사과

③ 동(베트남 화폐 단위)

④ 약간

⑤ 전혀 ~않다

⑥ 합리적인

 **오늘의 회화**

오늘의 회화를 학습합니다.

이수지

아잉 어이 따오 나이 바오 니에우 몯 껀 아
Anh ơi, táo này bao nhiêu một cân ạ?
저기요, 이 사과 1kg에 얼마예요?

상인

몯 껀 라 싸우 므어이 응인 돔
Một cân là sáu mươi nghìn đồng.
1kg에 60,000동이에요.

이수지

싸우 므어이 응인 티 허이 닫
Sáu mươi nghìn thì hơi đắt!
60,000동이면 약간 비싸네요!

상인

콤 닫 더우 따오 냐 아잉 지아 헙 리 바 응언 람
Không đắt đâu. Táo nhà anh giá hợp lý và ngon lắm.
전혀 비싸지 않아요. 저희 집 사과는 가격이 합리적이고 매우 맛있어요.

 **오늘의 회화 확인**

1 녹음을 잘 듣고 그림과 일치하면 O, 일치하지 않으면 X표 하세요. 🔊 16-3

①

②

* xoài 쏘아이 망고

2 앞에 제시된 회화문을 읽고, 문장의 옳고 그름을 판단하세요.

① Táo này là 50.000 đồng.　　　　　　　　O　X

② Táo này giá hợp lý và ngon.　　　　　　O　X

3 한국어를 보고 빈칸을 채운 후 완성된 문장을 읽어 보세요.

① Không 　　　　　　 đâu.

전혀 비싸지 않아요.

② Táo nhà anh giá 　　　　　　 và ngon lắm.

저희 집 사과는 가격이 합리적이고 매우 맛있어요.

DAY 16　Sáu mươi nghìn thì hơi đắt! 60,000동이면 약간 비싸네요!

 **오늘의 표현**

1 약간: hơi

> 싸우 므어이 응인 티 허이 닫
> Sáu mươi nghìn thì hơi đắt!
> 60,000동이면 약간 비싸네요!

'hơi'는 '약간 ~하다'라는 의미로, 형용사 앞에 위치합니다.

먼 나이 허이 까이
Món này hơi cay.   이 음식은 약간 매워.

* cay 까이 매운

까 페 나이 허이 당
Cà phê này hơi đắng.   이 커피는 약간 써.

* đắng 당 (맛이) 쓴

2 전혀 ~않다: không ~ đâu

> 콤 닫 더우
> Không đắt đâu.
> 전혀 비싸지 않아요.

'không ~ đâu'는 '전혀 ~않다'라는 부정의 의미를 강조하는 표현입니다.

뚜이 싸익 나이 콤 녀 더우
Túi xách này không nhỏ đâu.   이 가방은 전혀 작지 않아요.

아오 더 콤 자이 더우
Áo đó không dày đâu.   그 옷은 전혀 두껍지 않아요.

* túi xách 뚜이 싸익 가방, 핸드백 | nhỏ 녀 작은 | dày ⓑ자이 ⓢ야이 두꺼운

 **오늘의 표현 확인**

표현 연습

① Hôm nay mình thấy hơi mệt.
   홈 나이 밍 터이 허이 멛
   오늘 나는 약간 피곤해.

② Bây giờ anh ấy hơi bận.
   버이 지어 아잉 어이 허이 번
   지금 그는 약간 바빠.

③ Điện thoại di động này hơi nặng.
   디엔 토아이 지 돔 나이 허이 낭
   이 핸드폰은 약간 무거워.
   * điện thoại di động ㉠디엔 토아이 지 돔 ㉡디엔 토아이 이 돔 핸드폰

표현 연습

① Nhà hàng đó không rẻ đâu.
   냐 항 더 콤 재 더우
   그 식당은 전혀 저렴하지 않아.

② Giày này không đẹp đâu.
   지아이 나이 콤 댑 더우
   이 신발은 전혀 예쁘지 않아.

③ Dưa hấu này không ngọt đâu.
   즈어 허우 나이 콤 응얻 더우
   이 수박은 전혀 달지 않아.
   * dưa hấu ㉠즈어 허우 ㉡이으어 허우 수박 | ngọt 응얻 (맛이) 단

DAY 17

Em (đã) đến Trung Quốc bao giờ chưa?
너는 중국에 가 본 적이 있어?

학습목표
- 과거의 경험에 대한 표현을 질문하고 대답할 수 있습니다.
- 횟수를 나타내는 lần을 학습합니다.

오늘의 단어

제시된 단어를 여러 번 따라 읽으며 자신의 것으로 만들어 보세요.

🔊 17-1

(다) 바오 지어 쯔어 **(đã) ~ bao giờ chưa?** ~한 적이 있어요?	덴 **đến** 가다, 오다, 도착하다
쭘 꾸옥 **Trung Quốc** 중국	런 **lần** 번, 회
아이 **ai** 누구, 누가	ⓗ 지아 딩 ⓢ 이야 딩 **gia đình** 가족

오늘의 단어 확인

1 빈칸에 알맞은 단어, 뜻을 써 보세요.

단어	뜻
(đã) ~ bao giờ chưa?	①
②	가다, 오다, 도착하다
Trung Quốc	③
lần	④
⑤	누구, 누가
⑥	가족

2 우리말에 해당하는 베트남어를 써 보세요.

① ~한 적이 있어요?

② 가다, 오다, 도착하다

③ 중국

④ 번, 회

⑤ 누구, 누가

⑥ 가족

DAY 17 Em (đã) đến Trung Quốc bao giờ chưa? 너는 중국에 가 본 적이 있어?   33

 **오늘의 회화**

오늘의 회화를 학습합니다. 🔊 17-2

 김민호

앰 (다) 덴 쭝 꾸옥 바오 지어 쯔어
Em (đã) đến Trung Quốc bao giờ chưa?
너는 중국에 가 본 적이 있어?

 란

벙 앰 (다) 디 샹하이 몯 런 (조이)
Vâng. Em (đã) đi Shanghai một lần (rồi).
네. 상해에 한 번 가봤어요.

 김민호

앰 다 디 샹하이 버이 아이
Em đã đi Shanghai với ai?
상해에 누구랑 갔었어?

 란

앰 다 디 버이 지아 딩
Em đã đi với gia đình.
가족들이랑 갔었어요.

 오늘의 회화 확인

1 녹음을 잘 듣고 그림과 일치하면 O, 일치하지 않으면 X표 하세요. 🔊 17-3

①    ②

2 앞에 제시된 회화문을 읽고, 문장의 옳고 그름을 판단하세요.

① Lan đã đi Shanghai hai lần.   O   X

② Lan đã đi với bạn bè.   O   X

3 한국어를 보고 빈칸을 채운 후 완성된 문장을 읽어 보세요.

① Em đã đi Shanghai một _____.

상해에 한 번 가봤어요.

② Em đã đi với _____.

가족들이랑 갔었어요.

 **오늘의 표현**

1 과거의 경험에 대한 질문: (đã) ~ bao giờ chưa?

> 앰 (다) 덴 쭝 꾸옥 바오 지어 쯔어
> Em (đã) đến Trung Quốc bao giờ chưa?
> 너는 중국에 가 본 적이 있어?

'(đã) ~ bao giờ chưa?'는 '~한 적이 있어?'라는 의미로 과거에 경험했던 것에 대한 질문을 할 때 사용합니다.

반 (다) 안 먼 안 비엣 남 바오 지어 쯔어
Bạn (đã) ăn món ăn Việt Nam bao giờ chưa?

너 베트남 음식 먹어 본 적이 있어?

앰 (다) 덴 바오 땅 하 노이 바오 지어 쯔어
Em (đã) đến bảo tàng Hà Nội bao giờ chưa?

너 하노이 박물관에 가 본 적이 있어?

* bảo tàng 바오 땅 박물관

찌 (다) 덴 쩌 뎀 바오 지어 쯔어
Chị (đã) đến chợ đêm bao giờ chưa? 당신은 야시장에서 가 본 적이 있어요?

* chợ đêm 쩌 뎀 야시장

2 횟수를 나타내는 'lần'

> 앰 (다) 디 샹하이 몯 런 (조이)
> Em (đã) đi Shanghai một lần (rồi).
> 상해에 한 번 가봤어요.

'lần'은 횟수를 나타내는 표현과 합쳐져 '번, 회'라는 의미로 사용합니다. 문장 끝에는 보통 완료를 나타내는 'rồi'와 결합하여 사용하는데 'rồi'는 생략이 가능합니다.

아잉 (다) 덴 비엣 남 머이 런 (조이)
질문 Anh (đã) đến Việt Nam mấy lần (rồi)?

당신은 베트남에 몇 번 가 봤어요?

아잉 (다) 덴 비엣 남 바 런 (조이)
답변 Anh (đã) đến Việt Nam ba lần (rồi).

나는 베트남에 세 번 가 봤어.

 **오늘의 표현 확인**

🔊 17-4

표현 연습

반 (다) 떱 테 줍 어 더이 바오 지어 쯔어
① **Bạn (đã) tập thể dục ở đây bao giờ chưa?**
너는 여기서 운동을 한 적이 있어?
* tập thể dục ⓗ떱 테 줍 ⓢ떱 테 윱 운동하다

반 (다) 우옹 씽 또 쏘아이 바오 지어 쯔어
② **Bạn (đã) uống sinh tố xoài bao giờ chưa?**
너는 망고스무디 마셔 본 적이 있어?
* sinh tố 씽 또 스무디

반 (다) 쩌이 게임 디엔 토아이 바오 지어 쯔어
③ **Bạn (đã) chơi game điện thoại bao giờ chưa?**
너는 모바일 게임 해 본 적이 있어?

표현 연습

앰 (다) 리엔 헤 아잉 어이 머이 런 (조이)
① **Em (đã) liên hệ anh ấy mấy lần (rồi)?**
너는 그에게 몇 번 연락해봤어?
* liên hệ 리엔 헤 연락하다

앰 (다) 안 퍼 하이 런 (조이)
② **Em (đã) ăn phở hai lần (rồi).** 저는 쌀국수를 두 번 먹어봤어요.

앰 (다) 쌤 핌 나이 바 런 (조이)
③ **Em (đã) xem phim này ba lần (rồi).** 저는 이 영화를 세 번 봤어요.

DAY 17 Em (đã) đến Trung Quốc bao giờ chưa? 너는 중국에 가 본 적이 있어?

DAY 18

Nên em không ăn gì cả.
그래서 아무것도 못 먹었어요.

학습목표
- '무엇도 ~하지 않다'의 표현을 학습합니다.
- 'để + 대상 + 동사'의 표현을 학습합니다.

오늘의 단어

제시된 단어를 여러 번 따라 읽으며 자신의 것으로 만들어 보세요.

 18-1

껀
còn
그런데, 그리고

보이
vội
(마음이) 급한, 서두르다

넨
nên
그래서

콤 ~ 지 까
không ~ gì cả
무엇도 ~하지 않다

쑵 꾸어
súp cua
게살수프[음식명]

데
để
~하도록 두다

 오늘의 단어 확인

1 빈칸에 알맞은 단어, 뜻을 써 보세요.

단어	뜻
còn	①
②	(마음이) 급한, 서두르다
③	그래서
không ~ gì cả	④
súp cua	⑤
để	⑥

2 우리말에 해당하는 베트남어를 써 보세요.

① 그런데, 그리고

② (마음이) 급한, 서두르다

③ 그래서

④ 무엇도 ~하지 않다

⑤ 게살수프

⑥ ~하도록 두다

DAY 18　Nên em không ăn gì cả. 그래서 아무것도 못 먹었어요.

오늘의 회화

오늘의 회화를 학습합니다.

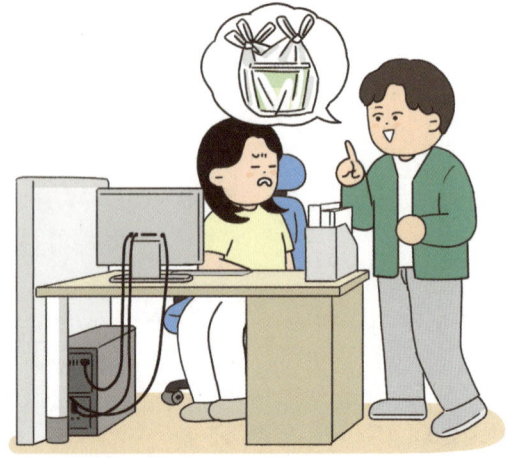

아잉 (다) 안 쯔어 쯔어
Anh (đã) ăn trưa chưa?
점심 먹었어요?

아잉 (다) 안 쯔어 조이 껀 앰
Anh (đã) ăn trưa rồi. Còn em?
나는 점심 먹었어. 그런데 너는?

쌍 나이 보이 꾸아 넨 앰 콤 안 지 까
Sáng nay vội quá. Nên em không ăn gì cả.
오늘 아침에 너무 바빴어요. 그래서 아무것도 못 먹었어요.

버이 앰 (꺼) 안 쑵 꾸어 콤 데 아잉 무어 쑵 꾸어
Vậy, em (có) ăn súp cua không? Để anh mua súp cua.
그럼, 너 게살수프 먹을래? 내가 게살수프 사도록 해줘(= 내가 게살수프 사줄게).

'nên' 뒤에는 어떠한 행동에 대한 결과를 표현합니다.

 오늘의 회화 확인

1 녹음을 잘 듣고 그림과 일치하면 O, 일치하지 않으면 X표 하세요.

①

②

2 앞에 제시된 회화문을 읽고, 문장의 옳고 그름을 판단하세요.

① Lan (đã) ăn trưa rồi.　　　　　　　　O　X

② Min Ho sẽ mua súp cua.　　　　　　　O　X

3 한국어를 보고 빈칸을 채운 후 완성된 문장을 읽어 보세요.

① Nên em 　　　　　　 ăn gì cả.

그래서 아무것도 못 먹었어요.

② 　　　　　　 anh mua súp cua.

내가 게살수프 사도록 해줘(= 내가 게살수프 사줄게).

 **오늘의 표현**

1 무엇도 ~하지 않다: không ~ gì cả

> 넨 앰 콤 안 지 까
> **Nên em không ăn gì cả.**
> 그래서 아무것도 못 먹었어요.

'무엇도 ~하지 않다' 라는 의미로 'không'과 'gì cả' 사이에는 동사 또는 형용사가 올 수 있습니다.

떠 콤 무온 안 지 까
Tớ không muốn ăn gì cả.   나는 아무것도 먹고 싶지 않아.

떠 콤 히에우 지 까
Tớ không hiểu gì cả.   나는 하나도 이해를 못 하겠어.

* hiểu 히에우 이해하다

떠 콤 부이 지 까
Tớ không vui gì cả.   나는 하나도 즐겁지 않아.

2 대상이 동사하도록 하다: 'để + 대상 + 동사'

> 데 아잉 무어 쑵 꾸어
> **Để anh mua súp cua.**
> 내가 게살수프 사도록 해줘(= 내가 게살수프 사줄게).

'대상이 동사하도록 하다, 대상이 동사하도록 두다' 라는 의미로 'để'의 사역동사 표현입니다. 즉, '대상이 동사할게, 대상이 동사하게 둬' 라는 의미로 이해하면 자연스러운 해석이 가능합니다.

데 앰 쌤 특 던
Để em xem thực đơn.   제가 메뉴 보도록 해주세요(= 제가 메뉴 좀 볼게요).

* thực đơn 특 던 메뉴(판)

데 앰 람 까이 나이
Để em làm cái này.   제가 이것 하도록 해주세요(= 제가 이거 좀 할게요).

오늘의 표현 확인

🔊 18-4

표현 연습

        밍   콤   응이 응어 지 까
① Mình không nghi ngờ gì cả. 나는 하나도 의심하지 않아.

* nghi ngờ 응이 응어 의심하다

      아잉 어이   콤   안 지 까
② Anh ấy không ăn gì cả. 그는 아무것도 먹지 않아.

        콤   티에우 지 까
③ Không thiếu gì cả. 무엇도 부족한 것이 없어.

* thiếu 티에우 부족한, 모자른

표현 연습

     데 아잉 쑤이 응이 라이
① Để anh suy nghĩ lại. 내가 다시 생각하게 둬(= 내가 다시 생각 좀 할게).

* suy nghĩ 쑤이 응이 생각하다 | lại 라이 다시

     데   찌   응이   쩜 바 응아이
② Để chị nghỉ trong 3 ngày. 내가 3일 동안 쉬게 둬(= 나 3일 동안 쉴게).

* trong 쩜 ~동안, ~안에 | ngày 응아이 일, 날

     데 앰 응우   쩜 몯 띠엥
③ Để em ngủ trong 1 tiếng. 제가 한 시간 동안 자도록 두세요
(= 저 한 시간 동안 잘게요).

* ngủ 응우 자다 | tiếng 띠엥 시간

녹음 대본 및 정답

 DAY 13 너 오토바이 탈 줄 알아?

오늘의 단어 확인

1. ❶ 자주　　❷ thường　　❸ 장소, 곳
   ❹ 친구　　❺ 공부하다　　❻ luôn luôn

2. ❶ khi　　❷ siêu thị　　❸ chơi
   ❹ học　　❺ hầu như　　❻ luôn luôn

오늘의 회화 확인

녹음 대본

1. ❶ nam: Em (có) biết đi xe đạp không?　　너 자전거 탈 줄 알아?
   nữ: Em không biết đi xe đạp.　　저는 자전거 못 타요.

   ❷ nam: Em thường đi xe máy đi đâu?　　너 보통 어디 갈 때 오토바이 타?
   nữ: Em thường đi xe máy khi đi siêu thị.　　저는 보통 마트에 갈 때 오토바이 타요.

1. ❶ X　　❷ O
2. ❶ O　　❷ O
3. ❶ nơi　　❷ Hầu như

 DAY 14 우리 언제 갈까?

오늘의 단어 확인

1. ❶ 식당　　❷ nổi tiếng　　❸ ~(위)에
   ❹ 진실한　　❺ ~하면서 ~하다　　❻ tuần sau

2. ❶ nhà hàng　　❷ trên　　❸ thật
   ❹ vừa ~ vừa　　❺ rẻ　　❻ khi nào (= bao giờ)

오늘의 회화 확인

녹음 대본

1 ❶ nữ: Đây là nhà hàng nổi tiếng ở trên mạng.   여기 인터넷에서 유명한 맛집이야.
   nam: Chúng ta đi ăn thử đi!   우리도 가서 한번 먹어 보자.

   ❷ nữ: Thứ bảy tuần sau bạn (có) rảnh không?   다음주 토요일에 너 한가해?
   nam: Thứ bảy tuần sau mình (có) rảnh.   다음주 토요일에 나 한가해.

1 ❶ O   ❷ X
2 ❶ X   ❷ X
3 ❶ nổi tiếng   ❷ Khi nào

DAY 15 너 언제 집에 갔어?

오늘의 단어 확인

1 ❶ 여보세요   ❷ đã   ❸ 이른, 일찍
   ❹ 단지 ~일 뿐이다 ❺ việc   ❻ cá nhân

2 ❶ về   ❷ lúc nãy   ❸ dạ
   ❹ chỉ ~ thôi ❺ việc   ❻ cá nhân

오늘의 회화 확인

녹음 대본

1 ❶ nam: A lô. Em về nhà khi nào?   여보세요. 너 언제 집에 갔어?
   nữ: Em (đã) về lúc nãy rồi ạ.   저 방금 왔어요.

   ❷ nam: Em có chuyện gì không?   무슨 일 있어?
   nữ: Dạ. Không có ạ.   네. 없어요.

1 ❶ X   ❷ X
2 ❶ X   ❷ O
3 ❶ khi nào   ❷ việc

60,000동이면 약간 비싸네요!

오늘의 단어 확인

1　❶ kg　　❷ táo　　❸ 동(베트남 화폐 단위)
　　❹ 약간　❺ giá　　❻ hợp lý

2　❶ cân (= ki)　❷ táo　　❸ đồng
　　❹ hơi　　　❺ không ~ đâu　❻ hợp lý

오늘의 회화 확인

녹음 대본

1　❶ nữ: Xoài này bao nhiêu một cân ạ?　이 망고 1kg에 얼마예요?
　　　nam: Một cân là bảy mươi nghìn đồng.　1kg에 70,000동이에요.

　❷ nữ: Em ăn thử táo này được không ạ?　저 이 사과 먹어봐도 돼요?
　　　nam: Được. Ăn thử đi.　돼요. 먹어보세요.

1　❶ X　❷ O
2　❶ X　❷ O
3　❶ đắt　❷ hợp lý

 너는 중국에 가 본 적이 있어?

오늘의 단어 확인

1　❶ ~한 적이 있어요?　❷ đến　❸ 중국
　　❹ 번, 회　　　　　　❺ ai　　❻ gia đình

2　❶ (đã) ~ bao giờ chưa?　❷ đến　❸ Trung Quốc
　　❹ lần　　　　　　　　❺ ai　　❻ gia đình

오늘의 회화 확인

녹음 대본

1 ❶ nam: Em (đã) đến Trung Quốc bao giờ chưa?   너는 중국에 가 본 적이 있어?
   nữ: Vâng. Em đã đi Shanghai một lần.   네. 상해에 한 번 가봤어요.

  ❷ nam: Em đã đi Shanghai với ai?   상해에 누구랑 갔었어?
   nữ: Em đã đi với gia đình.   가족들이랑 갔었어요.

1 ❶ O   ❷ O
2 ❶ X   ❷ X
3 ❶ lần   ❷ gia đình

DAY 18 그래서 아무것도 못 먹었어요.

오늘의 단어 확인

1 ❶ 그런데, 그리고   ❷ vội   ❸ nên
  ❹ 무엇도 ~하지 않다   ❺ 게살수프   ❻ ~하도록 두다

2 ❶ còn   ❷ vội   ❸ nên
  ❹ không ~ gì cả   ❺ súp cua   ❻ để

오늘의 회화 확인

녹음 대본

1 ❶ nam: Em (đã) ăn trưa chưa?   점심 먹었어요?
   nữ: Em (đã) ăn trưa rồi.   점심 먹었어요.

  ❷ nữ: Em không ăn gì cả.   아무것도 못 먹었어요.
   nam: Để anh mua súp cua.   내가 게살수프 사도록 해줘(= 내가 게살수프 사줄게).

1 ❶ O   ❷ O
2 ❶ X   ❷ O
3 ❶ không   ❷ Để

진짜학습지

베트남어
진짜학습지

기초편 워크북

2

베트남어 **진짜학습지 기초편 워크북 2**

초판 1쇄 발행 2023년 12월 29일

지은이 이정원
펴낸곳 (주)에스제이더블유인터내셔널
펴낸이 양홍걸 이시원

홈페이지 daily.siwonschool.com
주소 서울시 영등포구 국회대로74길 12 시원스쿨
교재 구입 문의 02)2014-8151
고객센터 02)6409-0878

ISBN 979-11-6150-803-0 13730
Number 1-420501-25250021-06

이 책은 저작권법에 따라 보호받는 저작물이므로 무단복제와 무단전재를 금합니다. 이 책 내용의 전부 또는 일부를 이용하려면 반드시 저작권자와 ㈜에스제이더블유인터내셔널의 서면 동의를 받아야 합니다.

학습 구성

학습한 단어들을 제대로 숙지했는지 문제를 직접 풀어보며 자신의 실력을 점검해 봅니다.

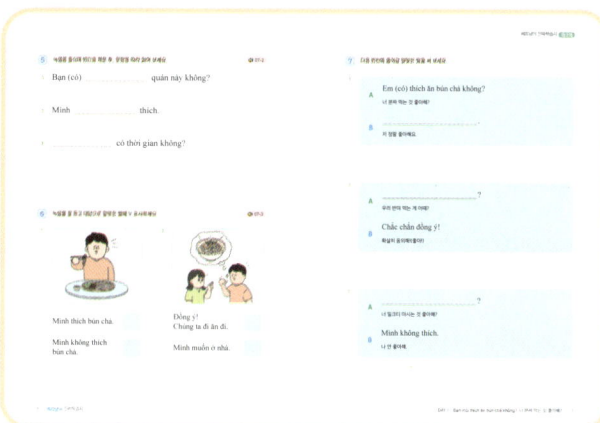

학습한 주요 내용을 떠올리며 문장을 직접 만들어 보고, 배운 내용을 얼마나 기억하고 있는지 확인해 봅니다.

문장 어순 배열 문제, 잘못된 문장 올바르게 고치기 등 다양한 형태의 문제를 풀어보며, 배운 내용을 완벽하게 복습합니다.

학습 플랜

🚩 주 3일 학습 플랜

★ 본서, 워크북 1일 1과 학습 구성(본서와 워크북을 하루에 함께 학습합니다.)

날짜			내용		학습 계획일	
1주	1일	본서	DAY 07	Bạn (có) thích ăn bún chả không? 너 분짜 먹는 것 좋아해?	월	일
		워크북				
	2일	본서	DAY 08	Em có phải là học sinh không? 너는 학생이야?	월	일
		워크북				
	3일	본서	DAY 09	Em thấy quán gà rán 123 (như) thế nào? 네 생각에 123 치킨집 어때?	월	일
		워크북				
2주	4일	본서	DAY 10	Chúng ta đi tắc xi hay (là) xe máy? 우리 택시 탈까, 아니면 오토바이 탈까?	월	일
		워크북				
	5일	본서	DAY 11	Bánh xèo ăn thế nào? 반쌔오는 어떻게 먹어?	월	일
		워크북				
	6일	본서	DAY 12	Bây giờ là một giờ. 지금 1시야.	월	일
		워크북				

🚩 주 6일 학습 플랜

★ 본서, 워크북 2일 1과 학습 구성(본서를 먼저 공부하고 그 다음날 워크북으로 복습합니다.)

날짜			내용		학습 계획일	
1주	1일	본서	DAY 07	Bạn (có) thích ăn bún chả không? 너 분짜 먹는 것 좋아해?	월	일
	2일	워크북				
	3일	본서	DAY 08	Em có phải là học sinh không? 너는 학생이야?	월	일
	4일	워크북				
	5일	본서	DAY 09	Em thấy quán gà rán 123 (như) thế nào? 네 생각에 123 치킨집 어때?	월	일
	6일	워크북				
2주	7일	본서	DAY 10	Chúng ta đi tắc xi hay (là) xe máy? 우리 택시 탈까, 아니면 오토바이 탈까?	월	일
	8일	워크북				
	9일	본서	DAY 11	Bánh xèo ăn thế nào? 반쌔오는 어떻게 먹어?	월	일
	10일	워크북				
	11일	본서	DAY 12	Bây giờ là một giờ. 지금 1시야.	월	일
	12일	워크북				

학습 목차

| DAY 07 | Bạn (có) thích ăn bún chả không?
너 분짜 먹는 것 좋아해? | 06 |

| DAY 08 | Em có phải là học sinh không?
너는 학생이야? | 12 |

| DAY 09 | Em thấy quán gà rán 124 (như) thế nào?
네 생각에 123 치킨집 어때? | 18 |

| DAY 10 | Chúng ta đi tắc xi hay (là) xe máy?
우리 택시 탈까, 아니면 오토바이 탈까? | 24 |

| DAY 11 | Bánh xèo ăn thế nào?
반쌔오는 어떻게 먹어? | 30 |

| DAY 12 | Bây giờ là một giờ.
지금 1시야. | 36 |

✅ 녹음 대본 및 정답 42

DAY 7 | Bạn (có) thích ăn bún chả không?
너 분짜 먹는 것 좋아해?

1 녹음을 잘 듣고 해당하는 우리말에 ○ 표시한 후 베트남어를 써 보세요. 🔊 07-1

① 정말 — 약간

➡ _____

② 오늘 — 내일

➡ _____

③ 서로, 함께 — 따로

➡ _____

④ 불확실한 — 확실한

➡ _____

2 베트남어와 우리말 뜻을 바르게 연결하세요.

① bún chả • • ⓐ 확실한

② chắc chắn • • ⓑ 분짜[음식명]

③ ngày mai • • ⓒ 내일

3 다음 빈칸에 들어갈 알맞은 단어를 써 보세요.

① 나 떡볶이 정말 좋아해. _____

② 나 내일 해외 여행가. _____

③ 이 옷 좀 봐줘. 이 옷 어때? _____

4 다음 우리말 뜻을 보고 빈칸에 해당하는 단어를 <보기>에서 찾아 쓰세요.

보기: nghe nhạc   tốc độ mạng   viết   sạch (sẽ)

① 깨끗한
➡ _____

② 인터넷 속도
➡ _____

③ 쓰다
➡ _____

④ 음악을 듣다
➡ _____

5 녹음을 들으며 빈칸을 채운 후, 문장을 따라 읽어 보세요. 07-2

① Bạn (có) _____ quán này không?

② Mình _____ thích.

③ _____ có thời gian không?

6 녹음을 잘 듣고 대답으로 알맞은 말에 V 표시하세요. 07-3

①

Mình thích bún chả.

Mình không thích bún chả.

②

Đồng ý!
Chúng ta đi ăn đi.

Mình muốn ở nhà.

7 다음 빈칸에 들어갈 알맞은 말을 써 보세요.

①
A Em (có) thích ăn bún chả không?
너 분짜 먹는 것 좋아해?

B _____.
저 정말 좋아해요.

②
A _____?
우리 반미 먹는 게 어때?

B Chắc chắn đồng ý!
확실히 동의해!(좋아!)

③
A _____?
너 밀크티 마시는 것 좋아해?

B Mình không thích.
나 안 좋아해.

8 다음 단어를 올바르게 배열하여 문장을 만드세요.

① 너 영화 보는 것을 좋아해?
thích / có / xem phim / bạn / không

→ _____ ?

② 나는 음악 듣는 것을 좋아해.
nhạc / nghe / thích / mình

→ _____ .

③ 우리 영화 보러 가자, 너는 어때?
xem phim / đi / chúng ta / thấy sao / bạn

→ _____ ?

9 다음 빈칸에 들어갈 알맞은 단어를 <보기>에서 찾아 쓰세요.

보기   thích   tốc độ   viết

① (_____) mạng ở đây chậm quá, bạn thấy sao?
여기 인터넷 속도 너무 느려, 너는 어때?

② Mỗi ngày mình (_____) nhật ký. 나는 매일 일기를 써.

③ Anh ấy (_____) mùa hè. 그는 여름을 좋아해.

* mỗi ngày 모이 응아이 매일 | mùa hè 무어 해 여름

10 다음 제시된 문장을 올바르게 고쳐 보세요.

① Thích bạn mùa hè có không? 너는 여름 좋아해?

➡ _____ .

② Có thích chị ấy nghe nhạc không? 그녀는 음악 듣는 것을 좋아해?

➡ _____ ?

③ Bạn thấy sao mua sắm chúng ta đi? 우리 쇼핑하러 가자, 너는 어때?
* mua sắm 무어 쌈 쇼핑하다

➡ _____ ?

④ Ngon này phở bò bạn lắm, thấy sao? 이 소고기 쌀국수 정말 맛있어, 너는 어때?
* phở bò 퍼 버 소고기 쌀국수

➡ _____ .

⑤ Thành phố bạn thấy sao này sạch quá? 이 도시 너무 깨끗해, 너는 어때?

➡ _____ .

DAY 8 | Em có phải là học sinh không?
너는 학생이야?

1 녹음을 잘 듣고 해당하는 우리말에 ○ 표시한 후 베트남어를 써 보세요. 🔊 08-1

① 학생 — 직장인
➡ _____

② 돌보다 — 보다, 보이다
➡ _____

③ 늙은 — 젊은, 어린
➡ _____

④ 올해 — 내년
➡ _____

2 베트남어와 우리말 뜻을 바르게 연결하세요.

① tuổi •   • ⓐ 나이, 세

② trẻ •   • ⓑ 얼마(숫자 10 이상의 경우), 얼마나

③ bao nhiêu •   • ⓒ 젊은, 어린

3 다음 빈칸에 들어갈 알맞은 단어를 써 보세요.

① 그래요? 젊어 보여요! _____

② 올해 유학을 가고 싶어요. _____

③ 힘들어 보여 . _____

4 다음 우리말 뜻을 보고 빈칸에 해당하는 단어를 <보기>에서 찾아 쓰세요.

보기: ra trường   rồi   đúng   ca sĩ

① 정확한, 올바른
➡ _____

② 졸업하다
➡ _____

③ 가수
➡ _____

④ 문장 끝에서 완료를 나타내는 말
➡ _____

5 녹음을 들으며 빈칸을 채운 후, 문장을 따라 읽어 보세요.   🔊 08-2

① Em đã _____ rồi.

② Năm nay em _____ tuổi?

③ Nhìn em _____ quá!

6 녹음을 잘 듣고 대답으로 알맞은 말에 V 표시하세요.   🔊 08-3

①

②

Phải. ☐   Năm nay em 7 tuổi. ☐

Không phải. ☐   Năm nay em 9 tuổi. ☐

7 다음 빈칸에 들어갈 알맞은 말을 써 보세요.

①
A _____?
너는 한국 사람이야?

B **Em là người Việt Nam.**
저는 베트남 사람이에요.

②
A **Năm nay cháu mấy tuổi rồi?**
올해 나이가 몇 살이니?

B _____.
올해 저는 7살이에요.

③
A **Chị đẹp quá!** _____!
너무 예쁘세요! 정말 어려 보이시네요!

B **Chị cảm ơn em.**
고마워.

8 다음 단어를 올바르게 배열하여 문장을 만드세요.

① 이것은 너의 영어책이야?
có phải là / đây / sách / em / của / không / tiếng Anh

→ _____ ?

② 너는 학생이야?
không / học sinh / có phải là / em

→ _____ ?

③ 올해 너는 몇 살이야?
tuổi / năm nay / mấy / em

→ _____ ?

9 다음 빈칸에 들어갈 알맞은 단어를 <보기>에서 찾아 쓰세요.

> **보기**
>
> năm nay   giám đốc   ca sĩ

① Chị ấy là (　　　　). 　　　　　　그녀는 가수예요.

② Chị ấy có phải là (　　　　) không? 　　그녀는 사장이에요?

③ (　　　　) cháu 6 tuổi rồi ạ. 　　　올해 전 여섯 살이에요.

10 다음 제시된 문장을 올바르게 고쳐 보세요.

① Em sinh viên có phải là không?   너는 대학생이야?

➡ _____?

② Anh 28 năm nay tuổi.   나는 올해 스물 여덟 살이야.

➡ _____.

③ Em rồi bao nhiêu tuổi?   너는 몇 살이야?

➡ _____?

④ Ra trường em rồi.   저는 졸업했어요.

➡ _____.

⑤ Mình 90 sinh năm.   나는 90년생이야.

➡ _____.

DAY 9 | Em thấy quán gà rán 123 (như) thế nào?
네 생각에 123 치킨집 어때?

1 녹음을 잘 듣고 해당하는 우리말에 ○ 표시한 후 베트남어를 써 보세요. 🔊 09-1

① 배고픈 — 배부른 ② 종별사(개) — 종별사(동물)

➡ _____ ➡ _____

③ 전통, 전통의 — 현대 ④ 음식 — 음료수

➡ _____ ➡ _____

2 베트남어와 우리말 뜻을 바르게 연결하세요.

① gọi   •   • ⓐ 전통, 전통의

② gà rán   •   • ⓑ 치킨

③ truyền thống   •   • ⓒ 시키다, 주문하다

3 다음 빈칸에 들어갈 알맞은 단어를 써 보세요.

① 나 이 신발 [어때] ? _____

② 오늘은 내가 [한턱낼게] ! _____

③ 야식으로 [치킨] 시키자. _____

4 다음 우리말 뜻을 보고 빈칸에 해당하는 단어를 <보기>에서 찾아 쓰세요.

보기: đãi   bạn gái   đó   mới

① 한턱내다, 쏘다 → _____

② 여자친구 → _____

③ 그, 그것 → _____

④ 새로운 → _____

5 녹음을 들으며 빈칸을 채운 후, 문장을 따라 읽어 보세요. 🔊 09-2

① Tớ đói quá! Chúng ta gọi _____ giao đến nhé!

② Em _____ bún chả nhé!

③ Chị _____ quán đó (như) thế nào?

6 녹음을 잘 듣고 대답으로 알맞은 말에 V 표시하세요. 🔊 09-3

①

②

Mình sẽ ở nhà.   Mình muốn ăn phở.

Mình không ăn.   Mình muốn ăn gà rán.

7 다음 빈칸에 들어갈 알맞은 말을 써 보세요.

①
A: Tớ _____!
Chúng ta gọi đồ ăn giao đến nhé!
나 엄청 배고파! 우리 배달시키자.

B: OK! Cậu đãi đi!
좋아! 네가 한턱내!

②
A: Cậu muốn ăn gì?
너 뭐 먹고 싶어?

B: Tớ _____.
나 반미 먹고 싶어.

③
A: Cậu _____?
네 생각에 이 신발 어때?

B: Tớ thấy màu giày này đẹp.
나는 이 신발 색상이 예쁘다고 생각해.

* màu 마우 색상

DAY 9 Em thấy quán gà rán 123 (như) thế nào? 네 생각에 123 치킨집 어때? 21

8 다음 단어를 올바르게 배열하여 문장을 만드세요.

① 나는 음료수 마시고 싶어.
tớ / nước ngọt / uống / muốn

➡ _____.

② 나는 그녀가 예쁘다고 생각해.
thấy / tớ / xinh / chị ấy

➡ _____.

③ 너는 이 영화가 어때?
như thế nào / này / phim / cậu / thấy

➡ _____?

9 다음 빈칸에 들어갈 알맞은 단어를 <보기>에서 찾아 쓰세요.

> 보기
>
> thấy   muốn   (như) thế nào

① Tớ không (   ) học tiếng Anh.   나는 영어 공부를 하고 싶지 않아.

② Tớ (   ) chị ấy thân thiện.   나는 그녀가 친절하다고 생각해.

③ Bạn thấy tiếng Việt (   )?   너는 베트남어가 어때?

* thân thiện 턴 티엔 친절한

10 다음 제시된 문장을 올바르게 고쳐 보세요.

① Em ăn gà rán muốn không?   너 프라이드 치킨 먹고 싶어?

→ _____?

② Em thấy đẹp đôi họ không?   너는 그들이 잘 어울린다고 생각해?
　　　　　　　　　　　　　　* đẹp đôi 댑 도이 (연인, 커플이)잘 어울리는

→ _____?

③ Không muốn tớ mua này áo.   나는 이 옷을 사고 싶지 않아.

→ _____.

④ Em thấy như thế nào tính cách?   너는 성격이 어떤 것 같아?
　　　　　　　　　　　　　　* tính cách 띵 까익 성격, 성질

→ _____?

⑤ Tớ học tiếng Việt muốn.   나는 베트남어 공부를 하고 싶어.

→ _____.

DAY 9　Em thấy quán gà rán 123 (như) thế nào? 네 생각에 123 치킨집 어때?　23

DAY 10

Chúng ta đi tắc xi hay (là) xe máy?
우리 택시 탈까, 아니면 오토바이 탈까?

1 녹음을 잘 듣고 해당하는 우리말에 ○ 표시한 후 베트남어를 써 보세요. 🔊 10-1

① 내일 — 오늘
➡ _____

② 일요일 — 토요일
➡ _____

③ 쇼핑센터 — 학교
➡ _____

④ 적은 — 많은, 붐비는
➡ _____

2 베트남어와 우리말 뜻을 바르게 연결해 보세요.

① xe   •   ⓐ 오토바이

② xe máy   •   ⓑ 차, 탈 것의 총칭

③ đông   •   ⓒ 많은, 붐비는

3 다음 빈칸에 들어갈 알맞은 단어를 써 보세요.

① 나는 매일 오토바이 타고 출근해. _____

② 우리 쇼핑센터 앞에서 만날까? _____

③ 너 이번주 토요일 에 뭐해? _____

4 다음 우리말 뜻을 보고 빈칸에 해당하는 단어를 <보기>에서 찾아 쓰세요.

> 보기
> đông   lắm   thứ   hay (là)

① 아니면

➡ _____

② 많은, 붐비는

➡ _____

③ 매우

➡ _____

④ 요일을 나타내는 표현

➡ _____

DAY 10 Chúng ta đi tắc xi hay (là) xe máy? 우리 택시 탈까, 아니면 오토바이 탈까?

5 녹음을 들으며 빈칸을 채운 후, 문장을 따라 읽어 보세요. 🔊 10-2

① Chúng ta đi tắc xi hay (là) _____ ?

② Cuối tuần _____ xe lắm!

③ Chúng ta đi _____ đi!

6 녹음을 잘 듣고 대답으로 알맞은 말에 V 표시하세요. 🔊 10-3

①

②

Mình đi tắc xi.

Mình đi xe buýt.

Hôm nay là chủ nhật.

Hôm nay là thứ hai.
Mình mệt quá!

* xe buýt 쌔 부읻 버스

7 다음 빈칸에 들어갈 알맞은 말을 써 보세요.

①

A Hôm nay cậu không lái xe hả?
너 오늘 운전 안해?

B Tớ không lái xe. _____ .
나 운전 안 해. 토요일은 차가 정말 많아.

* lái xe 라이 쌔 운전하다

②

A _____ !
내일 우리 쇼핑센터 가자.

B OK. Vậy, (ngày) mai gặp nhé!
좋아! 그럼, 내일 만나!

③

A Anh _____ ?
여기에서 드세요, 아니면 가지고 가세요?

B Anh sẽ ăn ở đây.
저 여기에서 먹을게요.

8 다음 단어를 올바르게 배열하여 문장을 만드세요.

① 내일은 일요일이야.
chủ nhật / là / ngày mai

➡ _____.

② 오늘은 화요일이야, 아니면 수요일이야?
là / thứ ba / hay (là) / thứ tư / hôm nay

➡ _____?

③ 너 쌀국수 먹을래, 아니면 분짜 먹을래?
ăn / phở / hay (là) / bún chả / bạn

➡ _____?

9 다음 빈칸에 들어갈 알맞은 단어를 <보기>에서 찾아 쓰세요.

> **보기**
> hôm nay   phim truyền hình   mang đi

① Tớ thích xem (_____) vào cuối tuần.
주말에 나는 드라마 보는 것을 좋아해.

② (_____) không phải là thứ bảy.
오늘은 토요일이 아니야.

③ Chị sẽ ăn ở đây hay (là) (_____) ạ?
여기에서 드세요, 아니면 가지고 가세요?

* vào 바오 (날짜, 시점) ~에

10 다음 제시된 문장을 올바르게 고쳐 보세요.

① Hôm qua thứ sáu không phải là.   어제는 금요일이 아니야.

➡ _____.

② Hay (là) em ăn phở bánh mì?   너 쌀국수 먹을래, 아니면 반미 먹을래?

➡ _____?

③ Chủ nhật ngày mai là.   내일은 일요일이야.

➡ _____.

④ Em mua quần váy hay (là)?   너 바지 살래, 아니면 치마 살래?

➡ _____?

⑤ Đi đi xe buýt.   버스 타고 가자.

➡ _____.

DAY 11 | Bánh xèo ăn thế nào?
반쎄오는 어떻게 먹어?

1 녹음을 잘 듣고 해당하는 우리말에 ○ 표시한 후 베트남어를 써 보세요.   🔊 11-1

① 놓다 ─ 잡다
➡ _____

② 말다, 감다 ─ 풀다
➡ _____

③ 전체 ─ 조각
➡ _____

④ 맛있는 ─ 맛없는
➡ _____

2 베트남어와 우리말 뜻을 바르게 연결하세요.

① chấm •   • ⓐ 피시소스

② nước mắm •   • ⓑ 음식

③ món •   • ⓒ (소스에) 찍다

3 다음 빈칸에 들어갈 알맞은 단어를 써 보세요.

① 반쌔오 를 정말 좋아해요! _____

② 라이스페이퍼 로 말아서 드세요. _____

③ 저는 한 조각 만 주세요. _____

4 다음 우리말 뜻을 보고 빈칸에 해당하는 단어를 <보기>에서 찾아 쓰세요.

보기
hạnh phúc   ăn uống   dễ thương   hàng ngày

① 행복한
➡ _____

② 귀여운
➡ _____

③ 매일
➡ _____

④ 먹고 마시다, 식사하다
➡ _____

5 녹음을 들으며 빈칸을 채운 후, 문장을 따라 읽어 보세요. 🔊 11-2

① _____ em ấy tích cực.

② Hàng ngày bạn ăn uống _____?

③ Rồi _____ nước mắm.

6 녹음을 잘 듣고 대답으로 알맞은 말에 V 표시하세요. 🔊 11-3

①

②

Mình cũng không biết.

Chấm nước mắm rồi ăn.

Bạn ăn nhiều nhé!

Xin lỗi, mình sẽ ở nhà.

* biết 비엣 알다 | nhiều 니에우 많은

7 다음 빈칸에 들어갈 알맞은 말을 써 보세요.

①
A _____?
이 음식 어떻게 먹어?

B Cái này ăn (như) thế này.
이렇게 먹으면 돼.

②
A Nhìn _____.
그 동생은 적극적으로 보여.

B Ừ, em ấy chăm chỉ lắm .
응, 그 동생은 정말 열심히 해.

*ừ 으 응 (동갑, 어린 사람에게 하는 답변) | chăm chỉ 짬 찌 열심히 하는

③
A _____?
할아버지 할머니 두 분은 건강해 보이시니?

B Vâng, ông bà khỏe ạ.
네, 건강하세요.

*vâng 벙 네 (대답하는 말)

8 다음 단어를 올바르게 배열하여 문장을 만드세요.

① 그는 즐겁지 않아 보여.

nhìn / không / vui / anh ấy

➡ _____.

② 네 집은 어떻게 가?

đi / bạn / nhà / thế nào / của

➡ _____?

③ 매일 너는 어떻게 식사해?

thế nào / hàng ngày / ăn uống / bạn

➡ _____?

9 다음 빈칸에 들어갈 알맞은 단어를 <보기>에서 찾아 쓰세요.

보기

bật   dễ thương   ổn

① Nhìn em ấy (   ) quá! 걔는 너무 귀여워 보여!

② Dạo này nhìn em ấy (   ) không? 요즘 그 동생 괜찮아 보이니?

③ Điều hòa này (   ) thế nào? 이 에어컨 어떻게 켜?

10 다음 제시된 문장을 올바르게 고쳐 보세요.

① Chị ấy nhìn ổn dạo này không?   요즘 그 누나 괜찮아 보이니?

➡ _____ ?

② Nhìn dễ thương chị ấy quá!   그녀는 너무 귀여워 보여!

➡ _____ !

③ Bạn ăn uống thế nào hàng ngày?   매일 너는 어떻게 식사해?

➡ _____ ?

④ Cái này thế nào uống?   이것은 어떻게 마셔?

➡ _____ ?

⑤ Đi này thế nào chỗ?   이곳은 어떻게 가?

➡ _____ ?

DAY 12

Bây giờ là một giờ.
지금 1시야.

1 녹음을 잘 듣고 해당하는 우리말에 ○ 표시한 후 베트남어를 써 보세요. 🔊 12-1

① 많이 — 조금, 약간
→ _____

② 급한, 긴급한 — 한가한
→ _____

③ 시 — 분
→ _____

④ 이전에, 전에 — 나중에, 후에
→ _____

2 베트남어와 우리말 뜻을 바르게 연결하세요.

① khoảng ·   · ⓐ 대략, 약

② giúp ·   · ⓑ 돕다

③ đợi ·   · ⓒ 기다리다

3 다음 빈칸에 들어갈 알맞은 단어를 써 보세요.

① 지금 은 3시예요. _____

② 급한 업무를 처리해야 해요. _____

③ 나중에 이야기해요. _____

4 다음 우리말 뜻을 보고 빈칸에 해당하는 단어를 <보기>에서 찾아 쓰세요.

보기: giờ   chuyện   khoảng   kém

① 대략, 약
➡ _____

② 일, 이야기
➡ _____

③ 보다 적은, 부족한
➡ _____

④ 시
➡ _____

5 녹음을 들으며 빈칸을 채운 후, 문장을 따라 읽어 보세요.   12-2

① Anh _____ em làm việc này.

② Bây giờ là mấy _____ ?

③ Bây giờ là một _____ chiều.

* chiều 찌에우 오후

6 녹음을 잘 듣고 대답으로 알맞은 말에 V 표시하세요.   12-3

①

Chị không biết.

Dạ, được.

②

7 giờ rưỡi.

Sáng nay.

* sáng nay 쌍 나이 오늘 아침

7 다음 빈칸에 들어갈 알맞은 말을 써 보세요.

①

A _____?
지금은 몇 시야?

B Bây giờ là ba giờ rưỡi (rồi).
지금은 3시 반이에요.

②

A _____.
이것을 보내주길 부탁할게요.

B OK.
알았어.

③

A Chị nhờ em chút việc nhé!
네가 약간의 일을 좀 하길 부탁할게!

B _____.
조금만 기다려 주세요.

8 다음 단어를 올바르게 배열하여 문장을 만드세요.

① 네가 이것을 보내주기를 부탁할게.

nhờ / gửi / này / cái / mình / cậu

➡ _____ .

② 우리 오후 3시에 만나자.

chúng ta / nhau / gặp / giờ / ba / chiều / lúc

➡ _____ .

③ 지금 몇 시야?

rồi / giờ / mấy / bây giờ / là

➡ _____ ?

9 다음 빈칸에 들어갈 알맞은 단어를 <보기>에서 찾아 쓰세요.

보기

giờ   giúp   nhờ

① Bây giờ là mười hai (　　　　). 　　지금은 12시야.

② Anh (　　　　) em chút việc này. 　네가 이 업무 좀 해주길 부탁할게.

③ Khoảng 30 phút sau chị sẽ (　　　　) em. 　30분 정도 후에 도와 줄게.

10 다음 제시된 문장을 올바르게 고쳐 보세요.

① Chị ơi! Chị có không bận? 누나! 바빠요?

➡ _____?

② Giờ là bây giờ hai rưỡi. 지금은 2시 반이야.

➡ _____.

③ Em chút nhờ chị được không ạ? 좀 부탁해도 될까요?

➡ _____?

④ Em chút đợi nhé. 조금만 기다려 줘.

➡ _____.

⑤ Ừ, gấp không. 네, 급한 건 아니야.

➡ _____.

녹음 대본 및 정답

너 분짜 먹는 것 좋아해?

녹음 대본

1 ❶ rất   ❷ ngày mai   ❸ nhau   ❹ chắc chắn

1 ❶ 정말 / rất   ❷ 내일 / ngày mai   ❸ 서로, 함께 / nhau   ❹ 확실한 / chắc chắn
2 ❶ ⓑ   ❷ ⓐ   ❸ ⓒ
3 ❶ thích   ❷ ngày mai   ❸ thấy sao
4 ❶ sạch (sẽ)   ❷ tốc độ mạng   ❸ viết   ❹ nghe nhạc

녹음 대본

5 ❶ Bạn (có) thích quán này không?
   ❷ Mình rất thích.
   ❸ Ngày mai có thời gian không?

6 ❶ Bạn (có) thích bún chả không?
   ❷ Ngày mai chúng mình đi ăn cùng không?

5 ❶ thích   ❷ rất   ❸ Ngày mai
6 ❶ Mình không thích bún chả.   ❷ Đồng ý! Chúng ta đi ăn đi.
7 ❶ Em rất thích.   ❷ Chúng ta ăn bánh mì, bạn thấy sao?
   ❸ Bạn (có) thích uống trà sữa không?
8 ❶ Bạn (có) thích xem phim không?   ❷ Mình thích nghe nhạc.
   ❸ Chúng ta di xem phim, bạn thấy sao?
9 ❶ tốc độ   ❷ viết   ❸ thích
10 ❶ Bạn có thích mùa hè không?
   ❷ Chị ấy có thích nghe nhạc không?
   ❸ Chúng ta đi mua sắm, bạn thấy sao?
   ❹ Phở bò này ngon lắm, bạn thấy sao?
   ❺ Thành phố này sạch quá, bạn thấy sao?

DAY 8 너는 학생이야?

녹음 대본

1 ❶ học sinh   ❷ nhìn   ❸ trẻ   ❹ năm nay

1 ❶ 학생 / học sinh   ❷ 보다, 보이다/ nhìn   ❸ 젊은, 어린 / trẻ   ❹ 올해/ năm nay
2 ❶ ⓐ   ❷ ⓒ   ❸ ⓑ
3 ❶ thế à?   ❷ năm nay   ❸ nhìn
4 ❶ đúng   ❷ ra trường   ❸ ca sĩ   ❹ rồi

녹음 대본

5 ❶ Em đã ra trường rồi.
　❷ Năm nay em bao nhiêu tuổi?
　❸ Nhìn em trẻ quá!
6 ❶ Đường này có phải là đường "Lý Quốc Sư" không?
　❷ Năm nay em mấy tuổi rồi?

5 ❶ ra trường   ❷ bao nhiêu   ❸ trẻ
6 ❶ Phải.   ❷ Năm nay em 9 tuổi.
7 ❶ Em có phải là người Hàn Quốc không?   ❷ Năm nay cháu 7 tuổi.
　❸ Nhìn chị trẻ quá!
8 ❶ Đây có phải là sách tiếng Anh của em không?
　❷ Em có phải là học sinh không?   ❸ Năm nay em mấy tuổi?
9 ❶ ca sĩ   ❷ giám đốc   ❸ Năm nay
10 ❶ Em có phải là sinh viên không?
　❷ Năm nay anh 28 tuổi.
　❸ Em bao nhiêu tuổi rồi?
　❹ Em ra trường rồi.
　❺ Mình sinh năm 90.

DAY 9 네 생각에 123 치킨집 어때?

녹음 대본

1 ❶ đói ❷ con ❸ truyền thống ❹ nước ngọt

1 ❶ 배고픈 / đói ❷ 종별사(동물) / con ❸ 전통, 전통의 / truyền thống
   ❹ 음료수 / nước ngọt
2 ❶ ⓒ ❷ ⓑ ❸ ⓐ
3 ❶ thế nào? ❷ đãi ❸ gà rán
4 ❶ đãi ❷ bạn gái ❸ đó ❹ mới

녹음 대본

5 ❶ Tớ đói quá! Chúng ta gọi đồ ăn giao đến nhé!
   ❷ Em gọi bún chả nhé!
   ❸ Chị thấy quán áo (như) thế nào?

6 ❶ Cậu ăn trưa ở đâu?
   ❷ Cậu muốn ăn gà rán không?

5 ❶ đồ ăn ❷ gọi ❸ thấy
6 ❶ Mình sẽ ăn ở nhà. ❷ Mình muốn ăn gà rán.
7 ❶ đói quá! ❷ muốn ăn bánh mì. ❸ thấy giày này (như) thế nào?
8 ❶ Tớ muốn uống nước ngọt. ❷ Tớ thấy chị ấy xinh.
   ❸ Cậu thấy phim này như thế nào?
9 ❶ muốn ❷ thấy ❸ (như) thế nào
10 ❶ Em muốn ăn gà rán không?
   ❷ Em thấy họ đẹp đôi không?
   ❸ Tớ không muốn mua áo này.
   ❹ Em thấy tính cách như thế nào?
   ❺ Tớ muốn học tiếng Việt.

DAY 10 우리 택시 탈까, 아니면 오토바이 탈까?

녹음 대본

1 ❶ ngày mai　❷ thứ bảy　❸ trung tâm mua sắm　❹ đông

1 ❶ 내일 / ngày mai　❷ 토요일 / thứ bảy　❸ 쇼핑센터 / trung tâm mua sắm
　❹ 많은, 붐비는 / đông
2 ❶ ⓑ　　　　　　❷ ⓐ　　　　　　❸ ⓒ
3 ❶ xe máy　　❷ trung tâm mua sắm　❸ thứ bảy
4 ❶ hay (là)　❷ đông　❸ lắm　❹ thứ

녹음 대본

5 ❶ Chúng ta đi tắc xi hay (là) xe máy?
　❷ Cuối tuần đông xe lắm!
　❸ Chúng ta đi xe máy đi!
6 ❶ Cậu đi tắc xi hay (là) xe buýt?
　❷ Hôm nay là thứ mấy?

5 ❶ xe máy　　❷ đông　　❸ xe máy
6 ❶ Mình đi xe buýt.　❷ Hôm nay là thứ hai. Mình mệt quá!
7 ❶ Thứ bảy đông xe lắm.　❷ Ngày mai chúng ta đi trung tâm mua sắm đi!
　❸ ăn ở đây hay (là) mang đi ạ?
8 ❶ Ngày mai là chủ nhật.　❷ Hôm nay là thứ ba hay (là) thứ tư?
　❸ Bạn ăn phở hay (là) bún chả?
9 ❶ phim truyền hình　❷ Hôm nay　❸ mang đi
10 ❶ Hôm qua không phải là thứ sáu.
　❷ Em ăn phở hay (là) bánh mì?
　❸ Ngày mai là chủ nhật.
　❹ Em mua quần hay (là) váy?
　❺ Đi xe buýt đi.

DAY 11 반쌔오는 어떻게 먹어?

녹음 대본

1 ❶ lấy   ❷ cuốn   ❸ miếng   ❹ ngon

1 ❶ 잡다/ lấy   ❷ 말다, 감다/ cuốn   ❸ 조각/ miếng   ❹ 맛있는 / ngon
2 ❶ ⓒ   ❷ ⓐ   ❸ ⓑ
3 ❶ bánh xèo   ❷ bánh tráng   ❸ miếng
4 ❶ hạnh phúc   ❷ dễ thương   ❸ hàng ngày   ❹ ăn uống

녹음 대본

5 ❶ Nhìn em ấy tích cực.
  ❷ Hàng ngày bạn ăn uống thế nào?
  ❸ Rồi chấm nước mắm.

6 ❶ Món này ăn thế nào?
  ❷ Nhìn ngon quá!

5 ❶ Nhìn   ❷ thế nào   ❸ chấm
6 ❶ Chấm nước mắm rồi ăn.   ❷ Bạn ăn nhiều nhé!
7 ❶ Món này ăn thế nào?   ❷ Nhìn em ấy tích cực.
  ❸ Nhìn hai ông bà (có) khỏe không?
8 ❶ Nhìn anh ấy không vui.   ❷ Nhà của bạn đi thế nào?
  ❸ Hàng ngày bạn ăn uống thế nào?
9 ❶ dễ thương   ❷ ổn   ❸ bật
10 ❶ Dạo này nhìn chị ấy ổn không?
   ❷ Nhìn chị ấy dễ thương quá!
   ❸ Hàng ngày bạn ăn uống thế nào?
   ❹ Cái này uống thế nào?
   ❺ Chỗ này đi thế nào?

DAY 12 지금 1시야.

녹음 대본

1 ❶ chút   ❷ gấp   ❸ phút   ❹ sau

1 ❶ 조금, 약간 / chút   ❷ 급한, 긴급한 / gấp   ❸ 분/ phút   ❹ 나중에, 후에 / sau
2 ❶ ⓐ   ❷ ⓑ   ❸ ⓒ
3 ❶ bây giờ   ❷ gấp   ❸ sau
4 ❶ khoảng   ❷ chuyện   ❸ kém   ❹ giờ

녹음 대본

5 ❶ Anh giúp em làm việc này.
   ❷ Bây giờ là mấy giờ?
   ❸ Bây giờ là một giờ chiều.

6 ❶ Chị nhờ em mua món Hàn được không?
   ❷ Bây giờ là mấy giờ rồi?

5 ❶ giúp   ❷ giờ   ❸ giờ
6 ❶ Dạ, được.   ❷ 7 giờ rưỡi.
7 ❶ Bây giờ là mấy giờ (rồi)?   ❷ Em nhờ chị gửi cái này.
   ❸ Chị đợi chút nhé.
8 ❶ Mình nhờ cậu gửi cái này.   ❷ Chúng ta gặp nhau lúc ba giờ chiều.
   ❸ Bây giờ là mấy giờ rồi?
9 ❶ giờ   ❷ nhờ   ❸ giúp
10 ❶ Chị ơi! Chị có bận không?
   ❷ Bây giờ là hai giờ rưỡi.
   ❸ Em nhờ chị chút được không ạ?
   ❹ Em đợi chút nhé.
   ❺ Ừ, không gấp.

진짜학습지

베트남어
진짜학습지

기초편 워크북
3

베트남어 진짜학습지 기초편 워크북 **3**

초판 1쇄 발행 2023년 12월 29일

지은이 이정원
펴낸곳 (주)에스제이더블유인터내셔널
펴낸이 양홍걸 이시원

홈페이지 daily.siwonschool.com
주소 서울시 영등포구 국회대로74길 12 시원스쿨
교재 구입 문의 02)2014-8151
고객센터 02)6409-0878

ISBN 979-11-6150-803-0 13730
Number 1-420501-25250021-06

이 책은 저작권법에 따라 보호받는 저작물이므로 무단복제와 무단전재를 금합니다. 이 책 내용의 전부 또는 일부를 이용하려면 반드시 저작권자와 ㈜에스제이더블유인터내셔널의 서면 동의를 받아야 합니다.

학습 구성

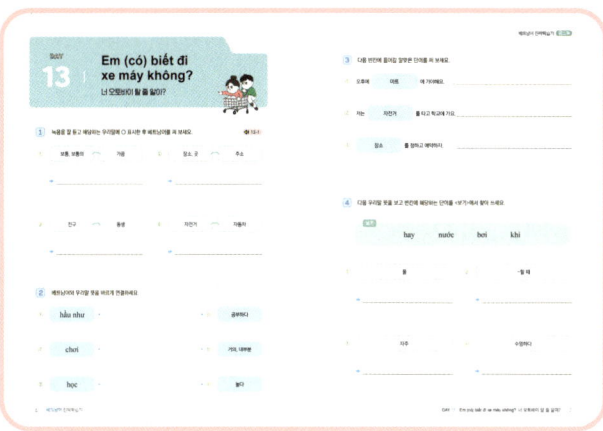

학습한 단어들을 제대로 숙지했는지 문제를 직접 풀어보며 자신의 실력을 점검해 봅니다.

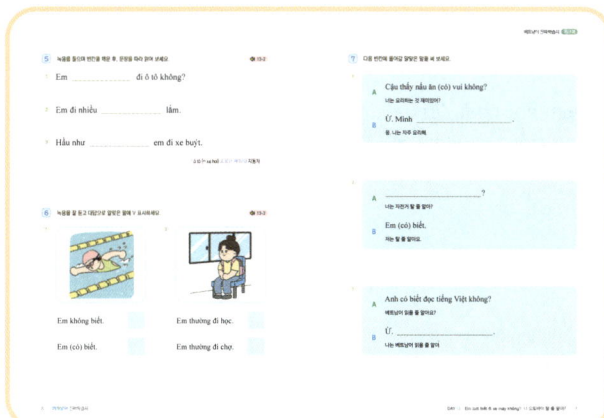

학습한 주요 내용을 떠올리며 문장을 직접 만들어 보고, 배운 내용을 얼마나 기억하고 있는지 확인해 봅니다.

문장 어순 배열 문제, 잘못된 문장 올바르게 고치기 등 다양한 형태의 문제를 풀어보며, 배운 내용을 완벽하게 복습합니다.

학습 플랜

🚩 주 3일 학습 플랜

★ 본서, 워크북 1일 1과 학습 구성(본서와 워크북을 하루에 함께 학습합니다.)

날짜			내용		학습 계획일	
1주	1일	본서	DAY 13	Em (có) biết đi xe máy không? 너 오토바이 탈 줄 알아?	월	일
		워크북				
	2일	본서	DAY 14	Khi nào chúng ta đi? 우리 언제 갈까?	월	일
		워크북				
	3일	본서	DAY 15	Em về nhà kho nào? 너 언제 집에 갔어?	월	일
		워크북				
2주	4일	본서	DAY 16	Sáu mươi nghìn thì hơi đắt! 60,000동이면 약간 비싸네요!	월	일
		워크북				
	5일	본서	DAY 17	Em (đã) đến Trung Quốc bao giờ chưa? 너는 중국에 가 본 적이 있어?	월	일
		워크북				
	6일	본서	DAY 18	Nên em không ăn gì cả. 그래서 아무것도 못 먹었어요.	월	일
		워크북				

🚩 주 6일 학습 플랜

★ 본서, 워크북 2일 1과 학습 구성(본서를 먼저 공부하고 그 다음날 워크북으로 복습합니다.)

날짜			내용		학습 계획일	
1주	1일	본서	DAY 13	Em (có) biết đi xe máy không? 너 오토바이 탈 줄 알아?	월	일
	2일	워크북				
	3일	본서	DAY 14	Khi nào chúng ta đi? 우리 언제 갈까?	월	일
	4일	워크북				
	5일	본서	DAY 15	Em về nhà khi nào? 너 언제 집에 갔어?	월	일
	6일	워크북				
2주	7일	본서	DAY 16	Sáu mươi nghìn thì hơi đắt! 60,000동이면 약간 비싸네요!	월	일
	8일	워크북				
	9일	본서	DAY 17	Em (đã) đến Trung Quốc bao giờ chưa? 너는 중국에 가 본 적이 있어?	월	일
	10일	워크북				
	11일	본서	DAY 18	Nên em không ăn gì cả. 그래서 아무것도 못 먹었어요.	월	일
	12일	워크북				

학습 목차

DAY 13	Em (có) biết đi xe máy không? 너 오토바이 탈 줄 알아?	06
DAY 14	Khi nào chúng ta đi? 우리 언제 갈까?	12
DAY 15	Em về nhà khi nào? 너 언제 집에 갔어?	18
DAY 16	Sáu mươi nghìn thì hơi đắt! 60,000동이면 약간 비싸네요!	24
DAY 17	Em (đã) đến Trung Quốc bao giờ chưa? 너는 중국에 가 본 적이 있어?	30
DAY 18	Nên em không ăn gì cả. 그래서 아무것도 못 먹었어요.	36

✅ 녹음 대본 및 정답 42

등장인물 소개

이수지/한국인   김민호/한국인

란(Lan)/베트남인   뚜언(Tuấn)/베트남인

DAY 13 | Em (có) biết đi xe máy không?
너 오토바이 탈 줄 알아?

1 녹음을 잘 듣고 해당하는 우리말에 O 표시한 후 베트남어를 써 보세요. 🔊 13-1

① 보통, 보통의 — 가끔
→ _____

② 장소, 곳 — 주소
→ _____

③ 친구 — 동생
→ _____

④ 자전거 — 자동차
→ _____

2 베트남어와 우리말 뜻을 바르게 연결하세요.

① hầu như •　　　　• ⓐ 공부하다

② chơi •　　　　• ⓑ 거의, 대부분

③ học •　　　　• ⓒ 놀다

3 다음 빈칸에 들어갈 알맞은 단어를 써 보세요.

① 오후에 마트 에 가야해요. _____

② 저는 자전거 를 타고 학교에 가요. _____

③ 장소 를 정하고 예약하자. _____

4 다음 우리말 뜻을 보고 빈칸에 해당하는 단어를 <보기>에서 찾아 쓰세요.

보기: hay   nước   bơi   khi

① 물
➡ _____

② ~할 때
➡ _____

③ 자주
➡ _____

④ 수영하다
➡ _____

5 녹음을 들으며 빈칸을 채운 후, 문장을 따라 읽어 보세요. 🔊 13-2

① Em _____ đi ô tô không?

② Em đi nhiều _____ lắm.

③ Hầu như em _____ đi xe buýt.

* ô tô (= xe hơi) 오 또 (= 쌔 허이) 자동차

6 녹음을 잘 듣고 대답으로 알맞은 말에 V 표시하세요. 🔊 13-3

Em không biết. ☐   Em thường đi học. ☐

Em (có) biết. ☐   Em thường đi chợ. ☐

7 다음 빈칸에 들어갈 알맞은 말을 써 보세요.

①
A Cậu thấy nấu ăn (có) vui không?
너는 요리하는 것 재미있어?

B Ừ. Mình _____.
응. 나는 자주 요리해.

②
A _____?
너는 자전거 탈 줄 알아?

B Em (có) biết.
저는 탈 줄 알아요.

③
A Anh có biết đọc tiếng Việt không?
베트남어 읽을 줄 알아요?

B Ừ. _____.
나는 베트남어 읽을 줄 알아.

8 다음 단어를 올바르게 배열하여 문장을 만드세요.

① 저는 베트남어 쓸 줄 알아요.
tiếng Việt / em / biết / viết

➡ _____.

② 그녀는 수영할 줄 몰라.
bơi / chị ấy / biết / không

➡ _____.

③ 너는 베트남 음식 먹을 줄 알아?
biết / ăn / Việt Nam / món ăn / có / không / bạn

➡ _____?

9 다음 빈칸에 들어갈 알맞은 단어를 <보기>에서 찾아 쓰세요.

> 보기
> biết   hay   thường

① Chị (　　　　) uống cà phê vào buổi sáng. 나는 아침에 자주 커피를 마셔.

② Em (　　　　) thức dậy lúc mấy giờ? 너는 보통 몇 시에 일어나?

③ Mình không (　　　　) lái xe. 나는 운전할 줄 몰라.

* thức dậy ⓗ 특 저이 ⓞ 특 여이 일어나다, 기상하다

10 다음 제시된 문장을 올바르게 고쳐 보세요.

① Chị ấy dạy biết tiếng Việt.   그녀는 베트남어를 가르칠 줄 알아.
   * dạy ㉠자이 ㉡야이 가르치다

➡ _____.

② Anh ấy biết không tiếng Việt.   그는 베트남어를 몰라.

➡ _____.

③ Em sử dụng thường xuyên tiếng Việt.   저는 베트남어를 자주 사용해요.
   * sử dụng (= dùng) ㉠쓰 줌 ㉡쓰 윰(㉠줌 ㉡윰) 사용하다

➡ _____.

④ Em có tiếng Hàn biết không?   너는 한국어를 할 줄 알아?

➡ _____?

⑤ Anh về thỉnh thoảng Hàn Quốc.   나는 한국에 가끔 가.

➡ _____.

DAY 14 | Khi nào chúng ta đi?
우리 언제 갈까?

1 녹음을 잘 듣고 해당하는 우리말에 ○ 표시한 후 베트남어를 써 보세요. 🔊 14-1

① 식당 — 커피숍

➡ _____

② 진실한 — 거짓된

➡ _____

③ 아래 — ~(위)에

➡ _____

④ 다음주 — 이번주

➡ _____

2 베트남어와 우리말 뜻을 바르게 연결하세요.

① rẻ • • ⓐ 저렴한

② nổi tiếng • • ⓑ 다음주

③ tuần sau • • ⓒ 유명한

3. 다음 빈칸에 들어갈 알맞은 단어를 써 보세요.

① 그 사람은 　진실한　 사람이에요. _____

② 　다음주　 에 갈까요? _____

③ 　언제　 장보러 갈래요? _____

4. 다음 우리말 뜻을 보고 빈칸에 해당하는 단어를 <보기>에서 찾아 쓰세요.

보기　　văn phòng　　thói quen　　bắt đầu　　đắt

① 시작하다
➡ _____

② 비싼
➡ _____

③ 습관
➡ _____

④ 사무실
➡ _____

5 녹음을 들으며 빈칸을 채운 후, 문장을 따라 읽어 보세요. 14-2

① _____ chúng ta đi siêu thị?

② Nhà hàng đó vừa ngon vừa _____.

③ Tuần sau em (có) _____.

6 녹음을 잘 듣고 대답으로 알맞은 말에 V 표시하세요. 14-3

①
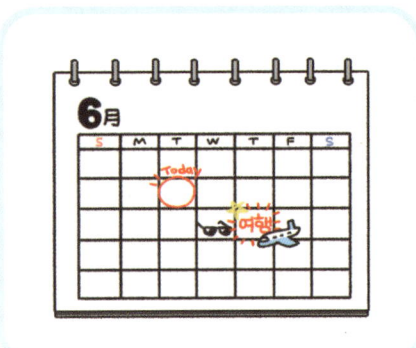

Thứ năm tuần sau.

Thứ năm tuần này.

②

Nhà hàng đó vừa dơ vừa đắt.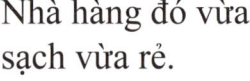

Nhà hàng đó vừa sạch vừa rẻ.

* dơ 저여 더러운

7 다음 빈칸에 들어갈 알맞은 말을 써 보세요.

①
A Đây là nhà hàng nổi tiếng ở trên mạng.
여기 인터넷에서 유명한 맛집이야.

B _____.
우리도 가서 한 번 먹어 보자.

②
A _____?
우리 언제 만날까?

B Chủ nhật tuần này mình (có) rảnh.
이번주 일요일에 나 시간 있어.

③
A _____!
그 식당은 깨끗하면서 맛있어!

B Khi nào chúng ta đi?
우리 언제 갈까?

DAY 14 Khi nào chúng ta đi? 우리 언제 갈까?   15

8 다음 단어를 올바르게 배열하여 문장을 만드세요.

① 너는 언제 수영하러 가?
bơi / đi / khi nào / em

➡ _____ ?

② 우리 언제 만날까?
nhau / gặp / chúng ta / bao giờ

➡ _____ ?

③ 이 커피는 맛있으면서 저렴해.
vừa / rẻ / ngon/ này / vừa / cà phê

➡ _____ .

9 다음 빈칸에 들어갈 알맞은 단어를 <보기>에서 찾아 쓰세요.

> **보기**
> xem phim   gặp   ăn cơm

① Bao giờ chúng ta (   ) nhau?   우리 언제 만날까?

② Khi nào chúng ta đi (   )?   우리 언제 영화 보러 가?

③ Anh ấy vừa (   ) vừa đọc sách.   그는 밥을 먹으면서 책을 읽어요.

10 다음 제시된 문장을 올바르게 고쳐 보세요.

① Khi nào cậu lớp học kết thúc?   너는 언제 수업이 끝나?
* kết thúc 껟 툭 끝나다, 마치다 | lớp học 럽 헙 수업

➡ _____ ?

② Bắt đầu học tiếng Việt em bao giờ?   베트남어 공부 언제 시작해?

➡ _____ ?

③ Bao giờ ăn trưa em?   너는 언제 점심을 먹어?

➡ _____ ?

④ Chị ấy vừa vừa đi làm uống cà phê.   그녀는 출근을 하면서 커피를 마셔요.

➡ _____ .

⑤ Vừa mới vừa sạch văn phòng đó.   그 사무실은 신식이면서 깨끗해요.

➡ _____ .

DAY 15 | Em về nhà khi nào?
너 언제 집에 갔어?

1 녹음을 잘 듣고 해당하는 우리말에 ○ 표시한 후 베트남어를 써 보세요. 🔊 15-1

① ~했다 (과거시제) — ~할 것이다 (미래시제)
➡ _____

② 이제 막, 방금 — 이따가
➡ _____

③ 이른, 일찍 — 늦은
➡ _____

④ 개인, 개인적인 — 단체의
➡ _____

2 베트남어와 우리말 뜻을 바르게 연결하세요.

① thế • 　　• ⓐ 단지 ~일 뿐이다

② dạ • 　　• ⓑ 네(대답하는 말)

③ chỉ ~ thôi • 　　• ⓒ 그럼, 그렇게

3 다음 빈칸에 들어갈 알맞은 단어를 써 보세요.

① 오늘은 일찍 퇴근합시다! _____

② 이제 막 끝났어요. _____

③ 오늘은 개인 일정이 있어요. _____

4 다음 우리말 뜻을 보고 빈칸에 해당하는 단어를 <보기>에서 찾아 쓰세요.

보기   A lô   về   việc   muộn

① 돌아오다, 돌아가다   ② 여보세요

➡ _____   ➡ _____

③ 늦은   ④ 일, 업무

➡ _____   ➡ _____

5 녹음을 들으며 빈칸을 채운 후, 문장을 따라 읽어 보세요. 🔊 15-2

① A lô. Em về nhà _____ ?

② Anh đã về _____ rồi.

③ Em có _____ gì không?

6 녹음을 잘 듣고 대답으로 알맞은 말에 V 표시하세요. 🔊 15-3

①

②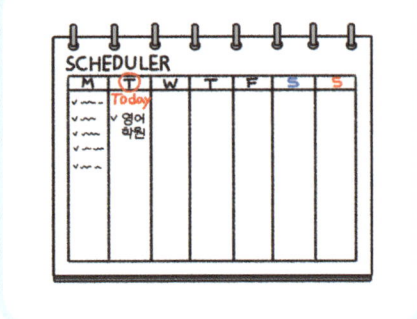

Chị đã về lúc nãy.   Em là nhân viên.

Chị ở công viên.   Em có việc cá nhân.

7 다음 빈칸에 들어갈 알맞은 말을 써 보세요.

①
A _____?
너는 언제 영화 봤어?

B Hôm qua mình (đã) xem phim.
나는 어제 영화 봤어.

②
A _____?
너는 언제 밥 먹었어?

B Mình (đã) ăn lúc nãy.
나 방금 먹었어.

③
A Ở đây có nhiều loại món ăn không?
여기에는 많은 종류의 음식이 있나요?

B _____.
여기에는 단지 분짜 밖에 없어요.

* loại 로아이 종류

8 다음 단어를 올바르게 배열하여 문장을 만드세요.

① 그는 언제 커피를 마셨어?
bao giờ / uống / anh ấy / cà phê

➡ _____ ?

② 이 식당에는 오직 베트남 음식만 있어요.
có / chỉ / này / Việt Nam / món ăn / thôi / nhà hàng

➡ _____ .

③ 너는 언제 하노이에 갔어?
đi / Hà Nội / bạn / bao giờ

➡ _____ ?

9 다음 빈칸에 들어갈 알맞은 단어를 <보기>에서 찾아 쓰세요.

| 보기 |
| bây giờ   chỉ   thôi |

① (　　　　) chỉ có nước cam thôi.　　지금은 오렌지주스만 있어요.

② Mình (　　　　) ăn sáng thôi.　　나는 단지 아침만 먹어요.

③ Em ấy ăn phở (　　　　).　　그 동생은 쌀국수만 먹어요.

10 다음 제시된 문장을 올바르게 고쳐 보세요.

① Bạn khi nào ăn cơm?   너는 언제 밥 먹었어?

➡ _____?

② Bạn đi bao giờ Hà Nội?   너는 하노이에 언제 갔어?

➡ _____?

③ Chị ấy chỉ cà phê đen uống thôi.   그녀는 블랙 커피만 마셔요.

➡ _____.

④ Chỉ bây giờ có bánh mì thôi.   지금은 반미만 있어요.

➡ _____.

⑤ Chỉ anh ấy áo sơ mi mặc.   그는 오직 셔츠만 입어요.

➡ _____.

DAY 16

Sáu mươi nghìn thì hơi đắt!
60,000동이면 약간 비싸네요!

1 녹음을 잘 듣고 해당하는 우리말에 ○ 표시한 후 베트남어를 써 보세요. 🔊 16-1

① 배 — 사과
➡ _____

② 많이 — 약간
➡ _____

③ 가격 — 비싼
➡ _____

④ 불합리한 — 합리적인
➡ _____

2 베트남어와 우리말 뜻을 바르게 연결하세요.

① đồng • • ⓐ 동(베트남 화폐 단위)

② hơi • • ⓑ 전혀 ~않다

③ không ~ đâu • • ⓒ 약간

3 다음 빈칸에 들어갈 알맞은 단어를 써 보세요.

① 2 kg 주세요. _____

② 사과 가 맛있어 보이네요. _____

③ 합리적인 가격이네요. _____

4 다음 우리말 뜻을 보고 빈칸에 해당하는 단어를 <보기>에서 찾아 쓰세요.

보기   ngọt   cay   nhỏ   dày

① 매운

➡ _____

② 두꺼운

➡ _____

③ (맛이) 단

➡ _____

④ 작은

➡ _____

5 녹음을 들으며 빈칸을 채운 후, 문장을 따라 읽어 보세요. 🔊 16-2

① Táo này _____ một cân ạ?

② Không _____ đâu.

③ Táo nhà anh giá _____ và ngon lắm.

6 녹음을 잘 듣고 대답으로 알맞은 말에 V 표시하세요. 🔊 16-3

①

②

Em không biết.   Năm mươi nghìn đồng ạ.

Táo này ngon lắm chị ạ.   Tám mươi nghìn đồng ạ.

7 다음 빈칸에 들어갈 알맞은 말을 써 보세요.

①
A Chúng ta đi quán cà phê ABC đi.
우리 ABC 커피숍 가자.

B _____.
ABC 커피숍은 약간 비싸.

②
A Thịt này bao nhiêu một cân ạ?
이 고기 1 kg에 얼마예요?

B _____.
1 kg에 80,000동이에요.

*thịt 틷 고기

③
A Sáu mươi nghìn thì hơi đắt!
60,000동이면 약간 비싸네요!

B _____.
전혀 비싸지 않아요.

8 다음 단어를 올바르게 배열하여 문장을 만드세요.

① 이 음식은 약간 매워.
món / này / cay / hơi

➡ _____.

② 이 커피는 약간 써.
này / đắng / cà phê / hơi

➡ _____.

③ 오늘 나는 약간 피곤해.
hôm nay / thấy / hơi / mình / mệt

➡ _____.

9 다음 빈칸에 들어갈 알맞은 단어를 <보기>에서 찾아 쓰세요.

> 보기
>
> đồng   hơi   nhỏ

① Túi xách này không (   ) đâu.   이 가방은 전혀 작지 않아요.

② Bây giờ anh ấy (   ) bận   지금 그는 약간 바빠.

③ Tất cả là một triệu rưỡi nghìn (   ).   모두 1,500,000동이에요.

10 다음 제시된 문장을 올바르게 고쳐 보세요.

① Hơi thì sáu mươi nghìn đắt! 60,000동이면 약간 비싸네요!

➡ _____!

② Này đắt điện thoại di động hơi. 이 핸드폰은 약간 비싸.

➡ _____.

③ Không món đó đâu rẻ. 그 음식은 전혀 저렴하지 않아.

➡ _____.

④ Này không áo sơ mi đẹp đâu. 이 셔츠는 전혀 예쁘지 않아.

➡ _____.

⑤ Ngọt đâu dưa hấu này không. 이 수박은 전혀 달지 않아.

➡ _____.

DAY 17 | Em (đã) đến Trung Quốc bao giờ chưa?
너는 중국에 가본 적이 있어?

1 녹음을 잘 듣고 해당하는 우리말에 ○ 표시한 후 베트남어를 써 보세요. 🔊 17-1

① 가다, 오다, 도착하다 — 하다

➡ _____

② 한국 — 중국

➡ _____

③ 어디 — 누구, 누가

➡ _____

④ 가족 — 친척

➡ _____

2 베트남어와 우리말 뜻을 바르게 연결하세요.

① (đã) ~ bao giờ chưa?   •   • ⓐ ~한 적이 있어요?

② lần   •   • ⓑ 누구, 누가

③ ai   •   • ⓒ 번, 회

3 다음 빈칸에 들어갈 알맞은 단어를 써 보세요.

① 나는 조금 뒤에 도착해 . _____

② 여기에 몇 번 째 방문이에요? _____

③ 우리 가족 모두가 당신을 좋아해요. _____

4 다음 우리말 뜻을 보고 빈칸에 해당하는 단어를 <보기>에서 찾아 쓰세요.

보기
chợ đêm   tập thể dục   xoài   bảo tàng

① 운동하다
➡ _____

② 야시장
➡ _____

③ 박물관
➡ _____

④ 망고
➡ _____

5 녹음을 들으며 빈칸을 채운 후, 문장을 따라 읽어 보세요. 🔊 17-2

① Anh (đã) đến Việt Nam _____?

② Em đã đi Shanghai một _____.

③ Em đã đi với _____?

6 녹음을 잘 듣고 대답으로 알맞은 말에 V 표시하세요. 🔊 17-3

Em đi nhà thờ.   Không ăn.

Em đi với bạn bè.   Có, Thái Lan đẹp lắm.

* Thái Lan 타이 란 태국[국가명]

7 다음 빈칸에 들어갈 알맞은 말을 써 보세요.

①
A _____?
너 이 커피 마셔 봤어?

B Chưa. Em chưa uống.
아직이요. 아직 안 마셔 봤어요.

②
A _____?
너는 그 남자 선생님을 만나본 적이 있어?

B Rồi. Mình đã gặp thầy giáo đó.
응. 나는 그 남자 선생님을 만나 본 적이 있어.

* thầy (giáo) ⓝ터이 (지아오) ⓢ터이 (이야오) 남자 선생님

③
A Em đi nhà hàng đó mấy lần (rồi)?
너는 그 식당에 몇 번 가 봤어?

B _____.
나는 그 식당에 다섯 번 가 봤어.

DAY 17 Em (đã) đến Trung Quốc bao giờ chưa? 너는 중국에 가 본 적이 있어?

8 다음 단어를 올바르게 배열하여 문장을 만드세요.

① 너는 망고스무디를 마셔 본 적이 있어?
bao giờ chưa / uống / sinh tố / xoài / bạn

➡ _____ ?

② 나는 베트남에 세 번 가봤어.
đến / rồi / anh / lần / đã / Việt Nam / ba

➡ _____ .

③ 너는 여기서 운동을 한 적이 있어?
đã / ở đây / tập thể dục / bao giờ chưa / bạn

➡ _____ ?

9 다음 빈칸에 들어갈 알맞은 단어를 <보기>에서 찾아 쓰세요.

> **보기**
> liên hệ   chơi   lần

① Em (đã) (　　　　) anh ấy mấy lần (rồi)?
　　　　　　　　　　　　　　너는 그에게 몇 번 연락해봤어?

② Em đã xem phim này ba (　　　　) (rồi). 저는 이 영화를 세 번 봤어요.

③ Bạn (　　　　) game điện thoại bao giờ chưa?
　　　　　　　　　　　　　　너는 모바일 게임 해 본 적이 있어?

10 다음 제시된 문장을 올바르게 고쳐 보세요.

① Bạn đã Phú Quốc bao giờ đi du lịch chưa? 너는 푸꾸옥으로 여행 가봤어?

* Phú Quốc 푸 꾸옥 푸꾸옥[지역명]

➡ _____ ?

② Mình đã ca sĩ xem clip đó ba lần rồi.   나는 그 가수의 영상을 세 번 봤어.

➡ _____ .

③ Bạn đã anh ấy gặp bao giờ chưa?   너는 그를 만나봤어?

➡ _____ ?

④ Em đã anh ấy hai lần nói rồi.   저는 그에게 두 번 말했어요.

➡ _____ .

⑤ Em ăn đã một lần bún chả.   저는 분짜를 한 번 먹어봤어요.

➡ _____ .

DAY 18 | Nên em không ăn gì cả.
그래서 아무것도 못 먹었어요.

1 녹음을 잘 듣고 해당하는 우리말에 ○ 표시한 후 베트남어를 써 보세요. 🔊 18-1

① 그러나 — 그런데, 그리고
→ _____

② 그래서 — 왜냐면
→ _____

③ 쌀국수 — 게살수프
→ _____

④ ~하도록 두다 — ~하지 않다
→ _____

2 베트남어와 우리말 뜻을 바르게 연결하세요.

① vội • • ⓐ 무엇도 ~하지 않다

② không ~ gì cả • • ⓑ (마음이) 급한, 서두르다

③ súp cua • • ⓒ 게살수프

3 다음 빈칸에 들어갈 알맞은 단어를 써 보세요.

① 그는 항상 마음이 급하다 . _____

② 오늘 비 예보가 있어 서(그래서) 우산을 챙겨야 해요. _____

③ 우리 오늘 점심 게살수프 먹자! _____

4 다음 우리말 뜻을 보고 빈칸에 해당하는 단어를 <보기>에서 찾아 쓰세요.

보기: còn   nên   không ~ gì cả   để

① 무엇도 ~하지 않다

➡ _____

② 그래서

➡ _____

③ ~하도록 두다

➡ _____

④ 그런데, 그리고

➡ _____

5 녹음을 들으며 빈칸을 채운 후, 문장을 따라 읽어 보세요. 🔊 18-2

① Anh (đã) ăn _____ rồi.

② Sáng nay _____ quá.

③ Để anh _____ súp cua.

6 녹음을 잘 듣고 대답으로 알맞은 말에 V 표시하세요. 🔊 18-3

①

②

Có. Cảm ơn anh.

Em ăn bánh Pizza nhé!

Em sẽ đi ngân hàng.

Có chuyện gì không?

7 다음 빈칸에 들어갈 알맞은 말을 써 보세요.

①
A **Em (đã) hiểu chưa?**
너 이해했어?

B _____.
저는 하나도 이해를 못 하겠어요.

②
A **Trong tủ áo em luôn thiếu áo.**
제 옷장에는 항상 옷이 부족해요.

B _____.
부족하지 않아.

* tủ áo 뚜 아오 옷장

③
A **Em không ăn gì cả.**
저 아무것도 못 먹었어요.

B _____.
내가 게살수프 사도록 해줘(= 내가 게살수프 사줄게).

8 다음 단어를 올바르게 배열하여 문장을 만드세요.

① 그는 아무것도 먹지 않아.
gì / không / ăn / anh ấy / cả

➡ _____.

② 나는 하나도 의심하지 않아.
gì cả / không / nghi ngờ / mình

➡ _____.

③ 무엇도 부족한 것이 없어.
thiếu / gì / không / cả

➡ _____.

9 다음 빈칸에 들어갈 알맞은 단어를 <보기>에서 찾아 쓰세요.

> **보기**
> để   suy nghĩ   không

① Tớ (   ) hiểu gì cả.   나는 하나도 이해를 못 하겠어.

② (   ) em xem thực đơn.   제가 메뉴 보도록 해주세요
(= 제가 메뉴 좀 볼게요).

③ Để anh (   ) lại.   내가 다시 생각하게 둬
(= 내가 다시 생각 좀 할게).

10 다음 제시된 문장을 올바르게 고쳐 보세요.

① **Vui tớ gì cả không.**   나는 하나도 즐겁지 않아.

➡ _____ .

② **Gì cả tớ không hiểu.**   나는 하나도 이해를 못 하겠어.

➡ _____ .

③ **Gửi để em cái này.**   제가 이것을 보내도록 해주세요(= 제가 이것을 보낼게요).

➡ _____ .

④ **Trong chị để nghỉ 3 ngày.**   내가 3일 동안 쉬게 둬(= 나 3일 동안 쉴게).

➡ _____ .

⑤ **Em để trong ngủ 1 tiếng.**   제가 한 시간 동안 자도록 두세요
 (= 저 한 시간 동안 잘게요).

➡ _____ .

녹음 대본 및 정답

DAY 13 너 오토바이 탈 줄 알아?

녹음 대본

1 ❶ thường   ❷ nơi   ❸ bạn bè   ❹ xe đạp

1 ❶ 보통, 보통의 / thường   ❷ 장소, 곳 / nơi   ❸ 친구 / bạn bè
   ❹ 자전거 / xe đạp
2 ❶ ⓑ   ❷ ⓒ   ❸ ⓐ
3 ❶ siêu thị   ❷ xe đạp   ❸ nơi
4 ❶ nước   ❷ khi   ❸ hay   ❹ bơi

녹음 대본

5 ❶ Em hay đi ô tô không?
   ❷ Em đi nhiều nơi lắm.
   ❸ Hầu như em luôn luôn đi xe buýt.

6 ❶ Em (có) biết bơi không?
   ❷ Em thường đi xe buýt đi đâu?

5 ❶ hay   ❷ nơi   ❸ luôn luôn
6 ❶ Em (có) biết   ❷ Em thường đi học.
7 ❶ hay nấu ăn.   ❷ Em (có) biết đi xe đạp không?
   ❸ Anh (có) biết đọc tiếng Việt.
8 ❶ Em biết viết tiếng Việt.   ❷ Chị ấy không biết bơi.
   ❸ Bạn có biết ăn món ăn Việt Nam không?
9 ❶ hay   ❷ thường   ❸ biết
10 ❶ Chị ấy biết dạy tiếng Việt.
   ❷ Anh ấy không biết tiếng Việt.
   ❸ Em thường xuyên sử dụng tiếng Việt.
   ❹ Em có biết tiếng Hàn không?
   ❺ Anh thỉnh thoảng về Hàn Quốc.

DAY 14 우리 언제 갈까?

녹음 대본

1 ❶ nhà hàng   ❷ thật   ❸ trên   ❹ tuần sau

1 ❶ 식당 / nhà hàng ❷ 진실한 / thật ❸ ~(위)에/ trên ❹ 다음주 / tuần sau
2 ❶ ⓐ   ❷ ⓒ   ❸ ⓑ
3 ❶ thật   ❷ tuần sau   ❸ khi nào
4 ❶ bắt đầu   ❷ đắt   ❸ thói quen   ❹ văn phòng

녹음 대본

5 ❶ Khi nào chúng ta đi siêu thị?
   ❷ Nhà hàng đó vừa ngon vừa rẻ.
   ❸ Tuần sau em (có) rảnh.

6 ❶ Khi nào anh đi du lịch?
   ❷ Nhà hàng đó thế nào?

5 ❶ Khi nào   ❷ rẻ   ❸ rảnh
6 ❶ Thứ năm tuần sau.   ❷ Nhà hàng đó vừa sạch vừa rẻ.
7 ❶ Chúng ta đi ăn thử đi.   ❷ Khi nào (= Bao giờ) chúng ta gặp nhau?
   ❸ Nhà hàng đó vừa sạch vừa ngon!
8 ❶ Khi nào em đi bơi?   ❷ Bao giờ chúng ta gặp nhau?
   ❸ Cà phê này vừa ngon vừa rẻ.
9 ❶ gặp   ❷ xem phim   ❸ ăn cơm
10 ❶ Khi nào cậu kết thúc lớp học?
   ❷ Bao giờ em bắt đầu học tiếng Việt?
   ❸ Bao giờ em ăn trưa?
   ❹ Chị ấy vừa đi làm vừa uống cà phê.
   ❺ Văn phòng đó vừa mới vừa sạch.

DAY 15 너 언제 집에 갔어?

녹음 대본

1 ❶ đã   ❷ lúc nãy   ❸ sớm   ❹ cá nhân

1 ❶ ~했다(과거시제) / đã   ❷ 이제 막, 방금 / lúc nãy
   ❸ 이른, 일찍 / sớm   ❹ 개인, 개인적인 / cá nhân
2 ❶ ⓒ   ❷ ⓑ   ❸ ⓐ
3 ❶ sớm   ❷ lúc nãy   ❸ cá nhân
4 ❶ về   ❷ A lô   ❸ muộn   ❹ việc

녹음 대본

5 ❶ A lô. Em về nhà khi nào?
   ❷ Anh đã về lúc nãy rồi.
   ❸ Em có chuyện gì không?

6 ❶ Chị về nhà khi nào?
   ❷ Hôm nay em về sớm thế!

5 ❶ khi nào   ❷ lúc nãy   ❸ chuyện
6 ❶ Chị đã về lúc nãy.   ❷ Em có việc cá nhân.
7 ❶ Em xem phim khi nào? = Em xem phim bao giờ?
   ❷ Em ăn cơm bao giờ? = Em ăn cơm khi nào?
   ❸ Ở đây chỉ có bún chả thôi.
8 ❶ Anh ấy uống cà phê bao giờ?   ❷ Nhà hàng này chỉ có món ăn Việt Nam thôi.
   ❸ Bạn đi Hà Nội bao giờ?
9 ❶ Bây giờ   ❷ chỉ   ❸ thôi
10 ❶ Bạn ăn cơm khi nào?
   ❷ Bạn đi Hà Nội bao giờ?
   ❸ Chị ấy chỉ uống cà phê đen thôi.
   ❹ Bây giờ chỉ có bánh mì thôi.
   ❺ Anh ấy chỉ mặc áo sơ mi.

60,000동이면 약간 비싸네요!

녹음 대본

1 ❶ táo   ❷ hơi   ❸ giá   ❹ hợp lý

1 ❶ 사과 / táo   ❷ 약간 / hơi   ❸ 가격 / giá   ❹ 합리적인 / hợp lý
2 ❶ ⓐ   ❷ ⓒ   ❸ ⓑ
3 ❶ cân(= kí)   ❷ táo   ❸ hợp lý
4 ❶ cay   ❷ dày   ❸ ngọt   ❹ nhỏ

녹음 대본

5 ❶ Táo này bao nhiêu một cân ạ?
   ❷ Không đắt đâu.
   ❸ Táo nhà anh giá hợp lý và ngon lắm

6 ❶ Táo này ngon không anh?
   ❷ Xoài này bao nhiêu một cân ạ?

5 ❶ bao nhiêu   ❷ đắt   ❸ hợp lý
6 ❶ Táo này ngon lắm chị ạ.   ❷ Năm mươi nghìn đồng ạ.
7 ❶ Quán cà phê ABC hơi đắt.   ❷ Một cân là tám mươi nghìn đồng.
   ❸ Không đắt đâu.
8 ❶ Món này hơi cay.   ❷ Cà phê này hơi đắng.
   ❸ Hôm nay mình thấy hơi mệt.
9 ❶ nhỏ   ❷ hơi   ❸ đồng
10 ❶ Sáu mươi nghìn thì hơi đắt!
   ❷ Điện thoại di động này hơi đắt.
   ❸ Món đó không rẻ đâu.
   ❹ Áo sơ mi này không đẹp đâu.
   ❺ Dưa hấu này không ngọt đâu.

DAY 17 너는 중국에 가 본 적이 있어?

녹음 대본

1 ❶ đến   ❷ Trung Quốc   ❸ ai   ❹ gia đình

1 ❶ 가다, 오다, 도착하다 / đến   ❷ 중국 / Trung Quốc
   ❸ 누구, 누가 / ai   ❹ 가족 / gia đình
2 ❶ ⓐ   ❷ ⓒ   ❸ ⓑ
3 ❶ đến   ❷ lần   ❸ gia đình
4 ❶ tập thể dục   ❷ chợ đêm   ❸ bảo tàng   ❹ xoài

녹음 대본

5 ❶ Anh (đã) đến Việt Nam bao giờ chưa?
   ❷ Em đã đi Shanghai một lần.
   ❸ Em đã đi với ai?

6 ❶ Em đã đi Shanghai với ai?
   ❷ Em (đã) đi Thái Lan bao giờ chưa?

5 ❶ bao giờ chưa   ❷ lần   ❸ ai
6 ❶ Em đi với bạn bè.   ❷ Có, Thái Lan đẹp lắm.
7 ❶ Em (đã) uống cà phê này bao giờ chưa? ❷ Bạn (đã) gặp thầy ấy bao giờ chưa?
   ❸ Em đi nhà hàng đó năm lần (rồi).
8 ❶ Bạn uống sinh tố xoài bao giờ chưa?   ❷ Anh đã đến Việt Nam ba lần rồi.
   ❸ Bạn đã tập thể dục ở đây bao giờ chưa?
9 ❶ liên hệ   ❷ lần   ❸ chơi
10 ❶ Bạn đã đi du lịch Phú Quốc bao giờ chưa?
   ❷ Mình đã xem clip ca sĩ đó ba lần rồi.
   ❸ Bạn đã gặp anh ấy bao giờ chưa?
   ❹ Em đã nói anh ấy hai lần rồi.
   ❺ Em đã ăn bún chả một lần.

DAY 18 그래서 아무것도 못 먹었어요.

녹음 대본

1 ❶ còn ❷ nên ❸ súp cua ❹ để

1 ❶ 그런데, 그리고 / còn ❷ 그래서 / nên
   ❸ 게살수프 / súp cua ❹ ~하도록 두다 / để
2 ❶ ⓑ ❷ ⓐ ❸ ⓒ
3 ❶ vội ❷ nên ❸ súp cua
4 ❶ không ~ gì cả ❷ nên ❸ để ❹ còn

녹음 대본

5 ❶ Anh (đã) ăn trưa rồi.
   ❷ Sáng nay vội quá.
   ❸ Để anh mua súp cua.

6 ❶ Em (có) ăn súp cua không? Để anh mua súp cua.
   ❷ Tớ không muốn ăn gì cả.

5 ❶ trưa ❷ vội ❸ mua
6 ❶ Có. Cảm ơn anh. ❷ Có chuyện gì không?
7 ❶ Em không hiểu gì cả. ❷ Không thiếu gì cả.
   ❸ Để anh mua súp cua.
8 ❶ Anh ấy không ăn gì cả. ❷ Mình không nghi ngờ gì cả.
   ❸ Không thiếu gì cả.
9 ❶ không ❷ Để ❸ suy nghĩ
10 ❶ Tớ không vui gì cả.
   ❷ Tớ không hiểu gì cả.
   ❸ Để em gửi cái này.
   ❹ Để chị nghỉ trong 3 ngày.
   ❺ Để em ngủ trong 1 tiếng.

진짜학습지

베트남어
진짜학습지

기초편
4

베트남어 진짜학습지 기초편 **4**

초판 1쇄 발행 2023년 12월 29일

지은이 이정원
펴낸곳 (주)에스제이더블유인터내셔널
펴낸이 양홍걸 이시원

홈페이지 daily.siwonschool.com
주소 서울시 영등포구 국회대로74길 12 시원스쿨
교재 구입 문의 02)2014-8151
고객센터 02)6409-0878

ISBN 979-11-6150-803-0 13730
Number 1-420501-25250021-06

이 책은 저작권법에 따라 보호받는 저작물이므로 무단복제와 무단전재를 금합니다. 이 책 내용의 전부 또는 일부를 이용하려면 반드시 저작권자와 ㈜에스제이더블유인터내셔널의 서면 동의를 받아야 합니다.

베트남어 진짜학습지 학습 가이드

🔖 베트남어 진짜학습지란?

『베트남어 진짜 학습지 기초편』은 베트남어 기초 학습자들이 쉽고 재미있게 배울 수 있도록 시원스쿨어학연구소에서 연구 개발한 교재입니다. 본 교재는 각 과의 핵심 단어를 학습하고 ➡ 다양한 주제로 이루어진 회화문으로 말하기 연습을 하며 ➡ 핵심 문법 설명으로 학습자의 이해를 돕고 ➡ 핵심 표현으로 베트남어의 구조를 저절로 습득할 수 있도록 구성하였습니다. 듣기, 읽기, 쓰기, 말하기의 반복 학습을 통해 베트남어의 기본기를 확실히 다질 수 있습니다.

🔖 베트남어 진짜학습지의 학습 목표는?

목표1 베트남어의 기본 문법을 학습할 수 있습니다.

목표2 다양한 주제로 구성된 회화문을 통해 실용적인 베트남어 표현을 배울 수 있습니다.

목표3 듣기, 읽기, 쓰기, 말하기 모든 영역을 다양하게 학습하여 베트남어의 기본기를 확실하게 다질 수 있습니다.

🔖 베트남어 진짜학습지 로드맵은?

STEP 1 강의를 보며 <오늘의 단어>, <오늘의 회화>, <오늘의 표현>으로 구성된 본서를 학습합니다.

STEP 2 본서에서 배운 내용을 바탕으로 워크북을 풀어보며 학습한 내용을 복습합니다.

STEP 3 말하기 트레이닝 영상을 보며 틈틈이 베트남어를 연습합니다.

학습 구성

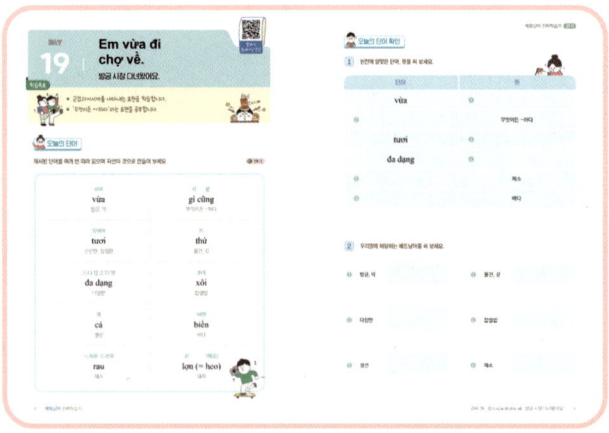

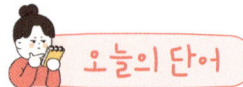

<오늘의 단어>는 학습자들이 따로 단어를 찾아볼 필요 없이 각 과의 핵심 단어를 한눈에 보기 쉽게 정리하였습니다. 앞에서 학습한 단어를 <오늘의 단어 확인> 문제를 풀어보며 베트남어의 단어와 뜻을 기억할 수 있도록 복습 장치를 마련하였습니다.

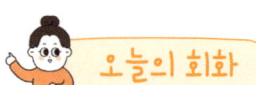

<오늘의 회화>는 뻔한 표현이 아닌 재미와 실용성에 초점을 맞춘 대화문으로 구성하였습니다. <오늘의 회화 확인>에서는 듣기, 읽기, 쓰기, 말하기 관련 연습 문제를 풀어보며 본문의 내용을 완전히 숙지할 수 있습니다.

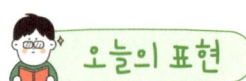

<오늘의 표현>에서는 복잡하고 어려운 설명 대신 누구나 쉽게 이해할 수 있도록 각 과에서 가장 핵심이 되는 문법을 체계적으로 정리하였으며, 활용도 높은 예문을 제시하여 학습자의 이해도를 높였습니다. <오늘의 표현 확인>에는 앞에서 배운 문법과 관련된 문장을 제시하여 베트남어 말하기 연습까지 가능하도록 구성하였습니다.

특별 부록 구성

무료 콘텐츠 구성

✓ 쓰기 노트
매 과에서 학습한 단어와 문장을 직접 쓰며 연습할 수 있습니다.

✓ 말하기 트레이닝 영상
스마트 폰으로 책 속의 QR 코드를 스캔하면 언제, 어디서든 영상을 보며 말하기 연습을 할 수 있습니다.

✓ 원어민 MP3 음원
원어민 MP3 음원을 들으며 베트남어 연습을 할 수 있습니다. 시원스쿨 진짜학습지 홈페이지(daily.siwonschool.com) 접속 ➡ 학습지원 ➡ 공부 자료실에서 MP3 파일을 다운로드 받으실 수 있습니다.

유료 콘텐츠 구성

* 유료 콘텐츠는 daily.siwonschool.com에서 확인하실 수 있습니다.

✓ 동영상 강의
교재와 강의를 함께 학습하면 보다 쉽게 내용을 이해할 수 있어 학습 효과를 극대화할 수 있습니다.

✓ 성취도 평가
성취도 평가를 통해 자신의 진짜 베트남어 실력을 파악할 수 있습니다.

학습 플랜

🚩 주 3일 학습 플랜

★ 본서, 워크북 1일 1과 학습 구성(본서와 워크북을 하루에 함께 학습합니다.)

날짜			내용		학습 계획일	
1주	1일	본서	DAY 19	Em vừa đi chợ về. 방금 시장 다녀왔어요.	월	일
		워크북				
	2일	본서	DAY 20	Em đang đợi xe ôm. 저 쎄옴 기다리고 있어요.	월	일
		워크북				
	3일	본서	DAY 21	Sắp đến Tết rồi. 곧 설날이야.	월	일
		워크북				
2주	4일	본서	DAY 22	Tối nay tớ định đi chơi với em ấy. 오늘 저녁에 같이 놀러 가려고 해.	월	일
		워크북				
	5일	본서	DAY 23	Em bị đau bụng từ tối hôm qua. 어제 저녁부터 배가 아파요.	월	일
		워크북				
	6일	본서	DAY 24	Hôm nay nóng hơn hôm qua. 오늘이 어제보다 더 더워요.	월	일
		워크북				

🚩 주 6일 학습 플랜

★ 본서, 워크북 2일 1과 학습 구성(본서를 먼저 공부하고 그 다음날 워크북으로 복습합니다.)

날짜			내용		학습 계획일	
1주	1일	본서	DAY 19	Em vừa đi chợ về. 방금 시장 다녀왔어요.	월	일
	2일	워크북				
	3일	본서	DAY 20	Em đang đợi xe ôm. 저 쎄옴 기다리고 있어요.	월	일
	4일	워크북				
	5일	본서	DAY 21	Sắp đến Tết rồi. 곧 설날이야.	월	일
	6일	워크북				
2주	7일	본서	DAY 22	Tối nay tớ định đi chơi với em ấy. 오늘 저녁에 같이 놀러 가려고 해.	월	일
	8일	워크북				
	9일	본서	DAY 23	Em bị đau bụng từ tối hôm qua. 어제 저녁부터 배가 아파요.	월	일
	10일	워크북				
	11일	본서	DAY 24	Hôm nay nóng hơn hôm qua. 오늘이 어제보다 더 더워요.	월	일
	12일	워크북				

학습 목차

DAY 19 — Em vừa đi chợ về.
방금 시장 다녀왔어요. — 08

DAY 20 — Em đang đợi xe ôm.
저 쎄옴 기다리고 있어요. — 14

DAY 21 — Sắp đến Tết rồi.
곧 설날이야. — 20

DAY 22 — Tối nay tớ định đi chơi với em ấy.
오늘 저녁에 같이 놀러 가려고 해. — 26

DAY 23 — Em bị đau bụng từ tối hôm qua.
어제 저녁부터 배가 아파요. — 32

DAY 24 — Hôm nay nóng hơn hôm qua.
오늘이 어제보다 더 더워요. — 38

☑ 녹음 대본 및 정답 — 44

등장인물 소개

- 이수지
- 김민호
- 란(Lan)
- 뚜언(Tuấn)

DAY 19

Em vừa đi chợ về.
방금 시장 다녀왔어요.

학습목표
- 근접과거시제를 나타내는 표현을 학습합니다.
- '무엇이든 ~하다'라는 표현을 공부합니다.

오늘의 단어

제시된 단어를 여러 번 따라 읽으며 자신의 것으로 만들어 보세요.

🔊 19-1

브어 **vừa** 방금, 막	지 꿈 **gì cũng** 무엇이든 ~하다
뜨어이 **tươi** 신선한, 싱싱한	트 **thứ** 물건, 것
ⓗ다 장 ⓢ다 양 **đa dạng** 다양한	쏘이 **xôi** 찹쌀밥
까 **cá** 생선	비엔 **biển** 바다
ⓗ자우 ⓢ라우 **rau** 채소	런 (해오) **lợn (= heo)** 돼지

오늘의 단어 확인

1 빈칸에 알맞은 단어, 뜻을 써 보세요.

단어	뜻
vừa	①
②	무엇이든 ~하다
tươi	③
đa dạng	④
⑤	채소
⑥	바다

2 우리말에 해당하는 베트남어를 써 보세요.

① 방금, 막   ② 물건, 것

③ 다양한   ④ 찹쌀밥

⑤ 생선   ⑥ 채소

DAY 19   Em vừa đi chợ về. 방금 시장 다녀왔어요.

 오늘의 회화

오늘의 회화를 학습합니다.

🔊 19-2

 김민호

앰 디 더우 베 더이
Em đi đâu về đấy?
너 어디 다녀오는 거야?

 란

앰 브어 디 쩌 베 홈 나이 까이 지 꿈 뜨어이 바 니에우 트
Em vừa đi chợ về. Hôm nay cái gì cũng tươi và nhiều thứ
다 장 람
đa dạng lắm.
저 방금 시장 다녀왔어요. 오늘은 뭐든지 다 싱싱하고 정말 다양한 물건들이 있었어요.

 김민호

앰 무어 지
Em mua gì?
너 뭐 샀어?

 란

앰 무어 쏘이 까 비엔 자우 팉 런 니에우 트 람
Em mua xôi, cá biển, rau, thịt lợn. Nhiều thứ lắm.
저는 찹쌀밥, 바다 생선, 채소, 돼지 고기를 샀어요. 정말 많아요.

'đấy'는 문장 끝에 붙는 조사로, 특별한 의미를 가지지는 않습니다. 베트남인이 말할 때의 습관입니다.

1 녹음을 잘 듣고 그림과 일치하면 O, 일치하지 않으면 X표 하세요. 🔊 19-3

2 앞에 제시된 회화문을 읽고, 문장의 옳고 그름을 판단하세요.

① Lan vừa đi chợ về.   O   X

② Lan đã mua nhiều thứ lắm.   O   X

3 한국어를 보고 빈칸을 채운 후 완성된 문장을 읽어 보세요.

① Hôm nay cái gì cũng tươi và nhiều thứ   lắm.

오늘 뭐든지 싱싱하고 다양한 것들이 있어요.

② Em   xôi, cá biển, rau, thịt lợn.

저는 찹쌀밥, 바다 생선, 채소, 돼지 고기를 샀어요.

 **오늘의 표현**

1 근접과거시제: vừa / mới / vừa mới

> 앰 브어 디 쩌 베
> **Em vừa đi chợ về.**
> 저 방금 시장 다녀왔어요.

'vừa / mới / vừa mới'는 근접 과거 시제를 나타내는 단어로 동사 앞에 위치하여 ' 방금 ~했다, 막 ~했다' 라는 의미입니다. 'vừa' 또는 'mới' 하나만 사용해도 되고, 'vừa mới' 모두 사용해도 됩니다.

아잉 브어 안 쌍
Anh vừa ăn sáng.　　나 방금 아침 먹었어.

찌 머이 우옹 까 페
Chị mới uống cà phê.　　나 방금 커피 마셨어.

앰 브어 머이 특 저이
Em vừa mới thức dậy.　　저는 방금 일어났어요.

2 무엇이든 ~하다: gì cũng

> 홈 나이 까이 지 꿈 뜨어이 바 니에우 트 다 장 람
> **Hôm nay cái gì cũng tươi và nhiều thứ đa dạng lắm.**
> 오늘은 뭐든지 다 싱싱하고 정말 다양한 물건들이 있었어요.

'무엇이든 다 ~하다' 라는 의미로, 'gì cũng' 형태 또는 'gì ~ cũng' 형태로 표현합니다.

어 더이 바이 지 꿈 댑
Ở đây, váy gì cũng đẹp.　　여기는 무슨 치마든 다 예뻐.

까이 지 앰 꿈 틱
Cái gì em cũng thích.　　무엇이든 저는 다 좋아요.

오늘의 표현 확인

🔊 19-4

표현 연습

앰 브어 디 람 베
① **Em vừa đi làm về.**   저는 방금 일하고 돌아왔어요.

앰 머이 무어 아오 머이
② **Em mới mua áo mới.**   저는 방금 새로운 옷을 샀어요.

찌 브어 머이 베 느억
③ **Chị vừa mới về nước.**   나는 방금 귀국했어.

* về nước 베 느억 귀국하다

표현 연습

먼 지 꿈 응온
① **Món gì cũng ngon.**   무슨 음식이든 다 맛있다.

비엑 지 찌 어이 꿈 비엘
② **Việc gì chị ấy cũng biết.**   무슨 일이든 그녀는 다 알아.

아오 지 꿈 헙 버이 아잉 어이
③ **Áo gì cũng hợp với anh ấy.**   무슨 옷이든 그에게 잘 어울려요.

* hợp 헙 어울리다 | với 버이 ~에게

DAY 19 Em vừa đi chợ về. 방금 시장 다녀왔어요.

DAY 20

Em đang đợi xe ôm.
저 쎄옴 기다리고 있어요.

학습목표
- 현재진행시제를 학습합니다.
- '~하기 위해서'를 나타내는 표현을 학습합니다.

오늘의 단어

제시된 단어를 여러 번 따라 읽으며 자신의 것으로 만들어 보세요.

🔊 20-1

쌔 옴 **xe ôm** 쎄옴(베트남의 오토바이 택시)	호 **hồ** 호수
호안 끼엠 **Hoàn Kiếm** 호안끼엠[호수명]	데 **để** ~하기 위해서
ⓗ탐 즈 ⓗ탐 이으 **tham dự** 참가하다, 참여하다	띠엑 **tiệc** 파티, 잔치
씽 녓 **sinh nhật** 생일	

 오늘의 단어 확인

1 빈칸에 알맞은 단어, 뜻을 써 보세요.

단어	뜻
①	쎄옴(베트남의 오토바이 택시)
②	호수
③	~하기 위해서
tham dự	④
tiệc	⑤
⑥	생일

2 우리말에 해당하는 베트남어를 써 보세요.

① 오토바이 택시

② 호안끼엠 [호수명]

③ ~하기 위해서

④ 참가하다, 참여하다

⑤ 파티, 잔치

⑥ 생일

 **오늘의 회화**

오늘의 회화를 학습합니다.   🔊 20-2

 김민호

앰 당 람 지 더이
Em đang làm gì đấy?
너 뭐하고 있어?

 란

앰 당 더이 쌔 옴
Em đang đợi xe ôm.
저 쎄옴 기다리고 있어요.

 김민호

앰 디 더우
Em đi đâu?
너 어디 가는데?

 란

앰 디 호 호안 끼엠 데 탐 즈 띠엑 씽 년 꾸어 반
Em đi hồ Hoàn Kiếm để tham dự tiệc sinh nhật của bạn.
저는 친구 생일 파티에 참석하기 위해서 호안끼엠 호수에 가요.

1 녹음을 잘 듣고 그림과 일치하면 O, 일치하지 않으면 X표 하세요. 🔊 20-3

①

②

2 앞에 제시된 회화문을 읽고, 문장의 옳고 그름을 판단하세요.

① Min Ho đang đợi xe buýt.   O   X

② Lan sẽ tham dự tiệc sinh nhật của bạn.   O   X

3 한국어를 보고 빈칸을 채운 후 완성된 문장을 읽어 보세요.

① Em _____ đợi xe ôm.

저 쎄옴 기다리고 있어요.

② Em đi hồ Hoàn Kiếm để _____ tiệc sinh nhật của bạn.

저는 친구 생일 파티에 참석하기 위해서 호안끼엠 호수에 가요.

 **오늘의 표현**

1 현재진행시제: đang

앰 당 더이 쌔 옴
Em đang đợi xe ôm.
저 쎄옴 기다리고 있어요.

'đang'은 현재진행시제를 나타내는 표현으로 동사 앞에 위치하여 '~하고 있다, ~하는 중이다'라는 의미입니다.

앰 당 안 껌 어 냐 항
Em đang ăn cơm ở nhà hàng. 저 식당에서 밥 먹고 있어요.

찌 어이 당 응애 디엔 토아이
Chị ấy đang nghe điện thoại. 그녀는 통화 중이에요.

* nghe điện thoại 응애 디엔 토아이 통화하다

2 ~하기 위해서: để

앰 디 호 호안 끼엠 데 탐 즈 띠엑 씽 녇 꾸어 반
Em đi hồ Hoàn Kiếm để tham dự tiệc sinh nhật của bạn.
저는 친구 생일 파티에 참석하기 위해서 호안끼엠 호수에 가요.

'để'가 전치사로 사용되면 '~하기 위해서' 라는 의미로 목적을 나타내는 표현입니다.

앰 디 쭘 떰 무어 쌈 데 무어 아오
Em đi trung tâm mua sắm để mua áo. 저는 옷을 사기 위해 쇼핑 센터에 가요.

쌍 나이 앰 특 저이 썸 데 디 버이
Sáng nay em thức dậy sớm để đi bơi. 저는 수영하러 가기 위해서 오늘 아침 일찍 일어났어요.

 **오늘의 표현 확인**

🔊 20-4

표현 연습

앰   당   너우 껌
① Em đang nấu cơm.   저 밥 하고 있어요.

* nấu cơm 너우 껌 밥을 하다, 요리하다

찌 어이 당   다잉 꺼우 롬
② Chị ấy đang đánh cầu lông.   그녀는 배드민턴을 치고 있어요.

* đánh 다잉 (손으로 하는) 운동, 운동하다 * cầu lông 꺼우 롬 배드민턴

찌 어이 당   쩐   꾸언 아오
③ Chị ấy đang chọn quần áo.   그녀는 옷을 고르고 있어요.

* chọn 쩐 선택하다, 고르다

표현 연습

앰 디 무어 쌈 데 싸 스뜨렛
① Em đi mua sắm để xả stress.   저는 스트레스를 풀기위해 쇼핑하러 가요.

* xả stress 싸 스뜨렛 스트레스를 풀다

아잉 어이 떱 테 죽 데 지암 껀
② Anh ấy tập thể dục để giảm cân.   그는 체중 감량을 위해서 운동을 해요.

* giảm ㉠지암 ㉡이암 줄이다, 감소하다

앰   덥 바오 비엣 남 데 헙 띠엥 비엣
③ Em đọc báo Việt Nam để học tiếng Việt.

저는 베트남어 공부를 위해서 베트남 신문을 읽어요.

* báo 바오 신문

DAY 21 | Sắp đến Tết rồi.
곧 설날이야.

학습목표
- 미래완료시제를 표현할 수 있습니다.
- '시간을 쪼개어 ~하다'의 표현을 학습합니다.

오늘의 단어

제시된 단어를 여러 번 따라 읽으며 자신의 것으로 만들어 보세요.

🔊 21-1

ⓗ쌉 조이 ⓢ쌉 로이 **sắp ~ rồi** 곧 ~하다	뗃 **Tết** 설날
께 호아익 **kế hoạch** 계획	탐 **thăm** 방문하다
ⓗ집 ⓢ입 **dịp** 기회	짜잉 투 **tranh thủ** 시간을 내어 ~하다, 틈틈히 ~하다
꾸에 **quê** 고향	

오늘의 단어 확인

1 빈칸에 알맞은 단어, 뜻을 써 보세요.

단어	뜻
sắp ~ rồi	①
②	설날
kế hoạch	③
thăm	④
⑤	시간을 내어 ~하다, 틈틈이 ~하다
⑥	고향

2 우리말에 해당하는 베트남어를 써 보세요.

① 곧 ~하다　　　　　　　　② 설날

③ 계획　　　　　　　　　　④ 방문하다

⑤ 기회　　　　　　　　　　⑥ 고향

오늘의 회화

오늘의 회화를 학습합니다.

짜오 앰 쌉 덴 뗏 조이 앰 꺼 께 호악 지 콤
Chào em. Sắp đến Tết rồi. Em có kế hoạch gì không?
안녕. 곧 설날이야. 무슨 계획이 있어?

러우 꾸아 콤 탐 보 매 넨 집 뗏 나이 짜잉 투
Lâu quá không thăm bố mẹ nên dịp Tết này tranh thủ
베 꾸에
về quê.
오랫동안 부모님을 못 봬서 이번 설에 시간 내서 고향에 다녀오려고 해요.

키 나오 앰 베
Khi nào em về?
언제 가?

뚜언 싸우 앰 쌔 베
Tuần sau em sẽ về.
저 다음주에 갈 거예요.

1 녹음을 잘 듣고 그림과 일치하면 O, 일치하지 않으면 X표 하세요.   🔊 21-3

①
②

2 앞에 제시된 회화문을 읽고, 문장의 옳고 그름을 판단하세요.

① Sắp đến Trung thu rồi.   O   X

② Vào dịp Tết này Lan về quê.   O   X

* Trung thu 쯤 투 추석

3 한국어를 보고 빈칸을 채운 후 완성된 문장을 읽어 보세요.

① Em có _____ gì không?

곧 설날인데, 무슨 계획이 있어?

② Lâu quá không thăm bố mẹ nên dịp Tết này về quê.

오랫동안 부모님을 못 봬서 이번 설에 시간 내서 고향에 다녀오려고 해요.

 **오늘의 표현**

1 미래완료시제: sắp ~ rồi

쌉 덴 뗏 조이
Sắp đến Tết rồi.
곧 설날이야.

'sắp ~ rồi'는 근접미래를 나타내는 'sắp'과 완료를 나타내는 'rồi'가 결합하여, 가까운 미래에 곧 완료되는 것에 대해 말할 때 사용하는 미래완료시제입니다.

밍 쌉 덴 조이
Mình sắp đến rồi. 나는 곧 도착해.

꼼 비엑 꾸어 앰 쌉 썸 조이
Công việc của em sắp xong rồi. 제 업무는 곧 끝나요.

* công việc 꼼 비엑 업무, 일 | xong 썸 끝나다, 마치다

2 시간을 쪼개어 ~하다, 틈내어 ~하다: tranh thủ + 동사

러우 꾸아 콤 탐 보 매 넨 집 뗏 나이 짜잉 투 베 꾸에
Lâu quá không thăm bố mẹ nên dịp Tết này tranh thủ về quê.
오랫동안 부모님을 못 봬서 이번 설에 시간 내서 고향에 다녀오려고 해요.

'tranh thủ + 동사'는 '시간을 내어 ~하다, 틈틈이 ~하다'의 의미로 시간이 없지만 바쁜 시간을 쪼개어 동사를 하겠다는 의지를 표현할 때 사용합니다.

앰 파이 짜잉 투 안 버이 지어
Em phải tranh thủ ăn bây giờ. 저는 지금 시간을 내서 밥을 먹어야 해요.

모이 응아이 아잉 어이 다 짜잉 투 덥 싸익
Mỗi ngày anh ấy đã tranh thủ đọc sách.
매일 그는 틈틈이 책을 읽었어요.

 오늘의 표현 확인

🔊 21-4

표현 연습

쩌이 쌉 므어 조이
① **Trời sắp mưa rồi.** 곧 비가 와.

* trời 쩌이 날씨, 하늘

아잉 쌉 베 느억 조이
② **Anh sắp về nước rồi.** 나는 곧 귀국해.

찌 쌉 안 썸 조이
③ **Chị sắp ăn xong rồi.** 나 곧 다 먹어.

표현 연습

짜잉 투 너우 껌 쩌 매
① **Tranh thủ nấu cơm cho mẹ.** 어머니를 위해 시간을 내서 요리를 해요.

* cho 쩌 ~을(를) 위해, ~에게

랃 느어 아잉 짜잉 투 응애 디엔 토아이 지웁 앰
② **Lát nữa anh tranh thủ nghe điện thoại giúp em.**
이따가 시간 좀 내서 전화 받아주세요.

모이 응아이 아잉 어이 짜잉 투 헙 띠엥 아잉 데 탕 띠엔
③ **Mỗi ngày anh ấy tranh thủ học tiếng Anh để thăng tiến.**
매일 그는 승진을 하기 위해 시간을 내서 영어 공부를 해요.

* thăng tiến 탕 띠엔 승진하다, 진급하다

DAY 22

Tối nay tớ định đi chơi với em ấy.
오늘 저녁에 같이 놀러 가려고 해.

학습목표

- ★ '사실은 ~하다' 표현을 학습하고 화자가 전달하는 실제 의미를 알 수 있습니다.
- ★ '~하려고 하다'라는 미래에 대한 계획을 말할 수 있습니다.

오늘의 단어

제시된 단어를 여러 번 따라 읽으며 자신의 것으로 만들어 보세요.

🔊 22-1

부이 배	투 텃
vui vẻ	**thú thật**
즐거운, 기쁜	사실은, 솔직히 말하자면

또이 나이	딩
tối nay	**định**
오늘 저녁	~하려고 하다, ~할 예정이다

쭙 믕	또이
chúc mừng	**tối**
축하하다	저녁

㉠디 자오 ㉡디 야오	포 꼬
đi dạo	**phố cổ**
산책하다	호안끼엠(구시가지)[지명], 옛거리

 **오늘의 단어 확인**

1 빈칸에 알맞은 단어, 뜻을 써 보세요.

단어	뜻
vui vẻ	①
②	사실은, 솔직히 말하자면
tối nay	③
định	④
⑤	축하하다
⑥	산책하다

2 우리말에 해당하는 베트남어를 써 보세요.

① 즐거운, 기쁜

② 오늘 저녁

③ ~하려고 하다, ~할 예정이다

④ 축하하다

⑤ 저녁

⑥ 산책하다

DAY 22 Tối nay tớ định đi chơi với em ấy. 오늘 저녁에 같이 놀러 가려고 해.

 **오늘의 회화**

오늘의 회화를 학습합니다. 🔊 22-2

 이수지

꺼우 막 아오 댑 테   닌   꺼 지 머이 머이 부이 배
Cậu mặc áo đẹp thế! Nhìn có gì mới mới, vui vẻ.
꺼 지 콤
Có gì không?
너 예쁜 옷 입었네! 뭔가 새로운 게 있는 것 같고, 즐거워 보여. 뭐 있지?

 뚜언

투   텃   떠 머이 꺼 반 가이 또이 나이 떠 딩 디 쩌이
Thú thật… Tớ mới có bạn gái. Tối nay tớ định đi chơi
버이 앰 어이
với em ấy.
사실은… 나 최근에 여자친구 생겼어. 오늘 저녁에 같이 놀러 가려고 해.

 이수지

쭙   믕   꺼우   또이 나이 하이 응으어이 딩 디 더우
Chúc mừng cậu! Tối nay hai người định đi đâu?
축하해! 오늘 저녁에 둘이 어디 가려고?

 뚜언

쭘   떠 쌔 디 안 또이 디 쌤   핌   디 자오 어 포 꼬
Chúng tớ sẽ đi ăn tối, đi xem phim, đi dạo ở phố cổ.
우리는 저녁 먹고, 영화 보고, 구시가지(호안끼엠)에서 산책 할거야.

오늘의 회화 확인

1 녹음을 잘 듣고 그림과 일치하면 O, 일치하지 않으면 X표 하세요. 🔊 22-3

①

②

2 앞에 제시된 회화문을 읽고, 문장의 옳고 그름을 판단하세요.

① Tuấn mới có bạn gái.   O   X

② Tối nay Tuấn định đi phố cổ.   O   X

3 한국어를 보고 빈칸을 채운 후 완성된 문장을 읽어 보세요.

① _____ cậu!

축하해!

② Chúng tớ sẽ đi ăn tối, đi xem phim, _____ ở phố cổ.

우리는 저녁 먹고, 영화 보고, 구시가지(호안끼엠)에서 산책 할거야.

 **오늘의 표현**

1 사실은, 솔직히 말하자면: thú thật

투 털 떠 머이 꺼 반 가이
Thú thật… Tớ mới có bạn gái.
사실은… 나 최근에 여자친구 생겼어.

'thú thật'은 주로 화자가 현재 하고 있는 행동이나 말이 원래의 사실과는 다를 때 사용합니다. 화자의 생각, 마음, 실제 상황에서 사실과 다른 경우일 때 사용하는 표현입니다.

투 털 앰 콤 싸이
Thú thật em không sai.   솔직히 저는 잘못하지 않았어요.

투 털 아잉 어이 싸이 조이
Thú thật anh ấy say rồi.   솔직히 그는 취했어요.

* sai 싸이 잘못하다, 틀리다 | say 싸이 술에 취하다

2 ~하려고 하다, ~할 예정이다: định

또이 나이 떠 딩 디 쩌이 버이 앰 어이
Tối nay tớ **định** đi chơi với em ấy.
오늘 저녁에 같이 놀러 가려고 해.

'định + 동사'는 '~하려고 하다, ~할 예정이다'라는 의미로 미래의 계획에 대해 말할 때 사용합니다.

아잉 딩 안 미
Anh **định** ăn mì.   나는 라면 먹으려고 해.

앰 딩 디 버이
Em **định** đi bơi.   저는 수영 가려고 해요.

* mì 미 라면

오늘의 표현 확인

🔊 22-4

표현 연습

투 털 밍 안 껌 조이
① **Thú thật** mình ăn cơm rồi.   솔직히 말하면 나는 밥 먹었어.

투 털 버이 아잉 앰 응이 람 조이
② **Thú thật** với anh, em nghỉ làm rồi.
당신에게 솔직히 말하면 저 일 그만 뒀어요.

투 털 반 까이 나이 앰 콤 꺼 러이
③ **Thú thật** bán cái này em không có lời.
솔직히 말하면 이거 팔아도 저는 이윤이 없어요.

* bán 반 팔다 | lời 러이 이윤

표현 연습

찌 딩 디 깓 떱
① Chị **định** đi cắt tóc.   나는 머리 하러 가려고 해.

* cắt 깓 자르다 | tóc 떱 머리카락

밍 딩 라이 쌔 디 씨에우 티
② Mình **định** lái xe đi siêu thị.   나는 운전해서 마트에 가려고 해.

응아이 마이 앰 딩 디 쌤 핌 비엗 남
③ Ngày mai em **định** đi xem phim Việt Nam.
내일 저는 베트남 영화 보러 갈 예정이에요.

DAY 23

Em bị đau bụng từ tối hôm qua.

어제 저녁부터 배가 아파요.

학습목표

* 부정의 수동태 표현을 학습합니다.
* '바로 ~하다'를 나타내는 표현을 학습합니다.

제시된 단어를 여러 번 따라 읽으며 자신의 것으로 만들어 보세요.

🔊 23-1

비 **bị** 당하다 (부정의 수동태)	싸오 **sao** 왜
다우 **đau** 아프다	붐 **bụng** 배(신체)
뜨 **từ** ~부터	투옥 **thuốc** 약
캄 **khám** 진료하다, 진찰하다	띠 느어 **tí nữa** 조금 이따가
박 씨 **bác sĩ** 의사	응아이 (루온) **ngay (= luôn)** 바로, 즉시

오늘의 단어 확인

1 빈칸에 알맞은 단어, 뜻을 써 보세요.

단어	뜻
①	당하다(부정의 수동태)
②	아프다
③	배(신체)
từ	④
⑤	진료하다, 진찰하다
⑥	바로, 즉시

2 우리말에 해당하는 베트남어를 써 보세요.

① 왜

② 약

③ 진료하다, 진찰하다

④ 조금 이따가

⑤ 의사

⑥ 바로, 즉시

DAY 23 Em bị đau bụng từ tối hôm qua. 어제 저녁부터 배가 아파요.

 **오늘의 회화**

오늘의 회화를 학습합니다.

 김민호

앰 비 싸오 더이
Em bị sao đấy?
너 왜 그래?

 란

앰 콤 히에우 싸오 앰 비 다우 붐 뜨 또이 홈 꾸아
Em không hiểu sao, em bị đau bụng từ tối hôm qua.
저도 왜 그런지 모르겠는데, 어제 저녁부터 배가 아파요.

 김민호

쩌이 어이 앰 우옹 투옥 하이 디 캄 쯔어
Trời ơi. Em uống thuốc hay đi khám chưa?
세상에. 너 약 먹거나 병원은 가 봤어?

 란

띠 느어 람 비엑 썸 앰 쌔 디 캄 박 씨 응아이
Tí nữa làm việc xong, em sẽ đi khám bác sĩ ngay.
조금 이따가 일 끝나고, 저는 바로 진찰받으러 갈 거예요.

1) 'uống'은 '마시다'의 의미이지만 'thuốc: 약'과 함께 쓰일 때에는 '약을 먹다'의 의미로 이해합니다.
2) 'tí nữa' 자체로는 '조금 있다가, 잠시'의 의미이지만 'tí nữa' + 동사'로 표현하면 '조금 (더) 이따가 ~ 하려고 하다'의 의미로도 사용합니다.

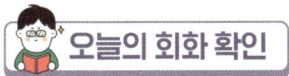

오늘의 회화 확인

1 녹음을 잘 듣고 그림과 일치하면 O, 일치하지 않으면 X표 하세요. 🔊 23-3

①

②

* đầu 더우 머리

2 앞에 제시된 회화문을 읽고, 문장의 옳고 그름을 판단하세요.

① Lan không hiểu sao, bị đau bụng từ tối hôm qua.   O   X

② Tí nữa làm việc xong, Lan sẽ đi khám bác sĩ ngay.   O   X

3 한국어를 보고 빈칸을 채운 후 완성된 문장을 읽어 보세요.

① Bạn _____ sao đấy?

너 왜 그래?

② Tí nữa làm việc xong, em sẽ đi _____ bác sĩ ngay.

조금 이따가 일 끝나고, 저는 바로 병원에 갈 거예요.

 **오늘의 표현**

1 부정의 수동태: bị

앰   비 다우   붐   뜨 또이   홈   꾸아
Em bị đau bụng từ tối hôm qua.
저는 어제 저녁부터 배가 아파요.

1) 'bị + 동사'는 부정의 의미를 나타내는 수동태로 '(재난, 사고를) 당하다 / 겪다'라는 의미로 사용합니다.
2) 반대로, 'được + 동사'는 긍정의 수동태 표현으로 '~하게 되다, 얻게 되다'라는 의미로 사용합니다.

홈   꾸아 아잉 어이 비 따이   난 지아오   톰
Hôm qua anh ấy bị tai nạn giao thông. 어제 그는 교통사고를 당했어.

홈   나이 찌 드억   머이 디 안 또이
Hôm nay chị được mời đi ăn tối.   오늘 나는 저녁 식사에 초대받았어.

* tai nạn 따이 난 사고, 재난 | giao thông 지아오 톰 교통 | mời 머이 초대하다, 청하다

2 바로 ~하다, 즉시 ~하다: 동사+ngay / 동사+luôn

앰 쌔 디 캄   박 씨   응아이
Em sẽ đi khám bác sĩ ngay.
저는 바로 병원에 갈 거예요.

'동사 + ngay' 또는 '동사 + luôn'은 '바로 ~하다, 즉시 ~하다'라는 의미로 지금 바로 일어나는 행동에 대해 표현할 때 사용합니다.

앰 베 냐 응아이
Em về nhà ngay.   저는 바로 집에 가요.

아잉 디 버이 루온
Anh đi bơi luôn.   나는 바로 수영하러 가.

오늘의 표현 확인

🔊 23-4

표현 연습

앰 비 매 망
① **Em bị mẹ mắng.**   저는 어머니께 혼났어요.
* mắng 망 혼내다, 꾸짖다

아잉 어이 비 까잉 쌑 팥
② **Anh ấy bị cảnh sát phạt.**   그는 경찰로부터 벌금을 부과받게 되었어요.
* cảnh sát 까잉 쌑 경찰 | phạt 팥 벌금을 부과하다, 벌하다

헙 씽 틱 드억 캔
③ **Học sinh thích được khen.**   학생들은 칭찬받는 것을 좋아해요.
* khen 캔 칭찬하다

표현 연습

앰 렌 반 펌 응아이
① **Em lên văn phòng ngay.**   저는 사무실에 바로 가요.
* lên 렌 (건물 등으로) 가다, (차, 계단 등으로) 타다

아잉 베 느억 루온
② **Anh về nước luôn.**   나 바로 귀국해.

밍 디 안 껌 루온
③ **Mình đi ăn cơm luôn.**   나 바로 밥 먹으로 가.

DAY 24 | **Hôm nay nóng hơn hôm qua.**

오늘이 어제보다 더 더워요.

학습목표
* 비교급을 표현하는 hơn을 학습합니다.
* '~라고 듣다, 듣기로는'의 표현을 익힙니다.

오늘의 단어

제시된 단어를 여러 번 따라 읽으며 자신의 것으로 만들어 보세요.

🔊 24-1

넘
nóng
더운, 뜨거운

도
độ
도(열, 위도 등)

헌
hơn
~보다, 더 ~한

칻
khát
목마른, 갈증나는

느억 미어
nước mía
사탕수수주스

응애 너이
nghe nói
~라고 듣다, 듣기로는

오늘의 단어 확인

1 빈칸에 알맞은 단어, 뜻을 써 보세요.

단어	뜻
nóng	①
②	도(열, 위도 등)
hơn	③
khát	④
nước mía	⑤
⑥	~라고 듣다, 듣기로는

2 우리말에 해당하는 베트남어를 써 보세요.

① 더운, 뜨거운

② 도(열, 위도 등)

③ ~보다, 더~한

④ 목마른, 갈증나는

⑤ 사탕수수 주스

⑥ ~라고 듣다, 듣기로는

DAY 24　Hôm nay nóng hơn hôm qua.　오늘이 어제보다 더 더워요.

 **오늘의 회화**

오늘의 회화를 학습합니다.   🔊 24-2

김민호

넘 꾸아 홈 나이 라 바므어이땀 도 조이
Nóng quá! Hôm nay là 38 độ rồi!
엄청 덥다! 오늘 38도래!

란

둠 조이 홈 나이 넘 헌 홈 꾸아
Đúng rồi. Hôm nay nóng hơn hôm qua.
맞아요. 오늘이 어제보다 더 더워요.

김민호

아잉 당 캇 꾸아 앰 무온 디 우옹 느억 미어 콤
Anh đang khát quá. Em muốn đi uống nước mía không?
나 너무 목말라. 사탕수수주스 마시러 갈래?

란

자 꺼 응애 너이 꾸안 아베쎄 브어 응언 브어 재
Dạ, có. Nghe nói quán ABC vừa ngon vừa rẻ.
앰 깜 언 아잉
Em cảm ơn anh!
네, 가요. ABC 가게가 저렴하기도 하고 맛있다고 들었어요. 감사합니다!

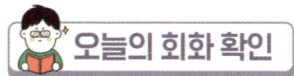

1 녹음을 잘 듣고 그림과 일치하면 O, 일치하지 않으면 X표 하세요. 🔊 24-3

①

②

2 앞에 제시된 회화문을 읽고, 문장의 옳고 그름을 판단하세요.

① Hôm nay nóng hơn hôm qua.　　　　　　O　X

② Min Ho và Lan sẽ đi uống cà phê.　　　　O　X

3 한국어를 보고 빈칸을 채운 후 완성된 문장을 읽어 보세요.

① Hôm nay nóng _____ hôm qua.

오늘이 어제보다 더 더워요.

② _____ quán ABC vừa ngon vừa rẻ.

ABC 가게가 저렴하기도 하고 맛있다고 들었어요.

DAY 24　Hôm nay nóng hơn hôm qua. 오늘이 어제보다 더 더워요.

 **오늘의 표현**

1 비교급 hơn

> 홈 나이 넝 헌 홈 꾸아
> **Hôm nay nóng hơn hôm qua.**
> 오늘이 어제보다 더 더워요.

'hơn'은 '~보다, 더 ~한'이라는 의미로 비교급을 나타내는 표현입니다.

아오 나이 댑 헌 아오 더
Áo này đẹp hơn áo đó. 이 옷이 그 옷보다 더 예뻐요.

분 짜 응언 헌 퍼
Bún chả ngon hơn phở. 분짜가 쌀국수보다 더 맛있어요.

2 ~라고 듣다, 듣기로는: nghe nói

> 응애 너이 꾸안 아베쎄 브아 응언 브아 재
> **Nghe nói quán ABC vừa ngon vừa rẻ.**
> ABC 가게가 저렴하기도 하고 맛있다고 들었어요.

'nghe nói'는 '~라고 듣다, 듣기로는'이라는 의미로, 제3자에게 들은 내용을 말할 때 사용하는 표현입니다.

응애 너이 싸익 더 하이 람
Nghe nói sách đó hay lắm. 듣기로는 그 책이 정말 재미있대요.

응애 너이 핌 나이 젙 랑 만
Nghe nói phim này rất lãng mạn. 듣기로는 이 영화가 정말 낭만적이래요.

* lãng mạn 랑 만 낭만적인

오늘의 표현 확인

🔊 24-4

표현 연습

① **Nhà hàng này đông người hơn nhà hàng đó.**
냐 항 나이 돔 응으어이 헌 냐 항 더
이 식당이 그 식당보다 사람이 많아요.

② **Tháng một lạnh hơn tháng hai.**
탕 몯 라잉 헌 탕 하이
1월이 2월보다 더 추워.
* tháng 탕 달, 월 | lạnh 라잉 추운

③ **Xe này nhanh hơn xe đó.**
쌔 나이 냐잉 헌 쌔 더
이 차가 그 차보다 빨라요.
* nhanh 냐잉 빠른

표현 연습

① **Nghe nói anh ấy về nước vào tháng này.**
응애 너이 아잉 어이 베 느억 바오 탕 나이
그가 이번 달에 귀국한다고 들었어요.

② **Nghe nói chị ấy chuyển nhà.**
응애 너이 찌 어이 쭈이엔 냐
듣기로는 그녀가 이사간대요.
* chuyển 쭈이엔 옮기다

③ **Nghe nói chị ấy đi du lịch Việt Nam vào tháng ba.**
응애 너이 찌 어이 디 주 릭 비엗 남 바오 탕 바
그녀가 3월에 베트남 여행 간다고 들었어요.

녹음 대본 및 정답

방금 시장 다녀왔어요.

오늘의 단어 확인

1. ❶ 방금, 막   ❷ gì cũng   ❸ 신선한, 싱싱한
   ❹ 다양한   ❺ rau   ❻ biển

2. ❶ vừa   ❷ thứ   ❸ đa dạng
   ❹ xôi   ❺ cá   ❻ rau

오늘의 회화 확인

녹음 대본

1. ❶ nam: Em đi đâu về đấy?   너 어디 다녀오는 거야?
     nữ: Em vừa đi chợ về.   저 방금 시장 다녀왔어요.

   ❷ nam: Em mua gì?   너 뭐 샀어?
     nữ: Em chỉ mua rau thôi.   저는 단지 채소만 샀어요.

1. ❶ O   ❷ X
2. ❶ O   ❷ O
3. ❶ đa dạng   ❷ mua

저 쎄옴 기다리고 있어요.

오늘의 단어 확인

1. ❶ xe ôm   ❷ hồ   ❸ để
   ❹ 참가하다, 참여하다   ❺ 파티, 잔치   ❻ sinh nhật

2. ❶ xe ôm   ❷ Hoàn Kiếm   ❸ để
   ❹ tham dự   ❺ tiệc   ❻ sinh nhật

[오늘의 회화 확인]

녹음 대본

1 ❶ nam: Em đang làm gì đấy? 너 뭐하고 있어?
   nữ: Em đang đợi xe buýt. 저 버스 기다리고 있어요.

  ❷ nam: Em đi đâu? 너 어디 가는데?
   nữ: Em đi tham dự tiệc sinh nhật của bạn. 저는 친구 생일 파티 참석하러 가요.

1 ❶ X ❷ O
2 ❶ X ❷ O
3 ❶ đang ❷ tham dự

DAY 21 곧 설날이야.

[오늘의 단어 확인]

1 ❶ 곧 ~하다 ❷ Tết ❸ 계획
  ❹ 방문하다 ❺ tranh thủ ❻ quê

2 ❶ sắp ~ rồi ❷ Tết ❸ kế hoạch
  ❹ thăm ❺ dịp ❻ quê

[오늘의 회화 확인]

녹음 대본

1 ❶ nam: Vào dịp Tết này em có kế hoạch gì không? 이번 설에 무슨 계획이 있어?
   nữ: Em sẽ thăm bố mẹ. 부모님 뵈러 갈 거예요.

  ❷ nam: Khi nào em về? 언제 가?
   nữ: Tuần nay em sẽ về. 저 이번주에 가요.

1 ❶ O ❷ X
2 ❶ X ❷ O
3 ❶ kế hoạch ❷ tranh thủ

DAY 22 오늘 저녁에 같이 놀러 가려고 해.

오늘의 단어 확인

1. ❶ 즐거운, 기쁜 ❷ thú thật ❸ 오늘 저녁
   ❹ ~하려고 하다, ~할 예정이다 ❺ chúc mừng ❻ đi dạo

2. ❶ vui vẻ ❷ tối nay ❸ định
   ❹ chúc mừng ❺ tối ❻ đi dạo

오늘의 회화 확인

> **녹음 대본**
>
> 1. ❶ nữ: Nhìn có gì mới mới, vui vẻ. Có gì không?
>   뭔가 새로운 게 있는 것 같고, 즐거워 보여. 뭐 있지?
>   nam: Tớ mới có bạn gái.
>   나 최근에 여자친구 생겼어.
>
>   ❷ nữ: Tối nay em định đi đâu?
>   오늘 저녁에 너 어디 갈 예정이야?
>   nam: Tối nay em định đi xem phim.
>   오늘 저녁에 저는 영화 보려고요.

1. ❶ O ❷ O
2. ❶ O ❷ O
3. ❶ Chúc mừng ❷ đi dạo

DAY 23 어제 저녁부터 배가 아파요.

오늘의 단어 확인

1. ❶ bị ❷ đau ❸ bụng
   ❹ ~부터 ❺ khám ❻ ngay (= luôn)

2. ❶ sao ❷ thuốc ❸ khám
   ❹ tí nữa ❺ bác sĩ ❻ ngay (= luôn)

오늘의 회화 확인

녹음 대본

1 ❶ nam: Bạn bị sao đấy? 너 왜 그래?
   nữ: Mình bị đau đầu từ tối hôm qua. 나 어제 저녁부터 머리가 아파.

  ❷ nam: Bạn uống thuốc hay đi khám chưa? 너 약 먹거나 병원은 가 봤어?
   nữ: Mình sẽ uống thuốc thôi. 나 약만 먹을거야.

1 ❶ O ❷ X
2 ❶ O ❷ O
3 ❶ bị ❷ khám

DAY 24 오늘이 어제보다 더 더워요.

오늘의 단어 확인

1 ❶ 더운, 뜨거운 ❷ 도 ❸ ~보다, 더 ~한
  ❹ 목마른, 갈증나는 ❺ 사탕수수주스 ❻ nghe nói

2 ❶ nóng ❷ độ ❸ hơn
  ❹ khát ❺ nước mía ❻ nghe nói

오늘의 회화 확인

녹음 대본

1 ❶ nam: Nóng quá! Hôm nay là 38 độ rồi! 엄청 덥다! 오늘 38도래!
   nữ: Đúng rồi. Hôm nay nóng hơn hôm qua. 맞아요. 오늘이 어제보다 더 더워요.

  ❷ nam: Anh đang khát quá. 나 너무 목말라.
   nữ: Anh có đi uống gì không? 뭐 마시러 갈래요?

1 ❶ O ❷ X
2 ❶ O ❷ X
3 ❶ hơn ❷ Nghe nói

진짜학습지

베트남어
진짜학습지

기초편 워크북

베트남어 진짜학습지 기초편 워크북 **4**

초판 1쇄 발행 2023년 12월 29일

지은이 이정원
펴낸곳 (주)에스제이더블유인터내셔널
펴낸이 양홍걸 이시원

홈페이지 daily.siwonschool.com
주소 서울시 영등포구 국회대로74길 12 시원스쿨
교재 구입 문의 02)2014-8151
고객센터 02)6409-0878

ISBN 979-11-6150-803-0 13730
Number 1-420501-25250021-06

이 책은 저작권법에 따라 보호받는 저작물이므로 무단복제와 무단전재를 금합니다. 이 책 내용의 전부 또는 일부를 이용하려면 반드시 저작권자와 ㈜에스제이더블유인터내셔널의 서면 동의를 받아야 합니다.

학습 구성

학습한 단어들을 제대로 숙지했는지 문제를 직접 풀어보며 자신의 실력을 점검해 봅니다.

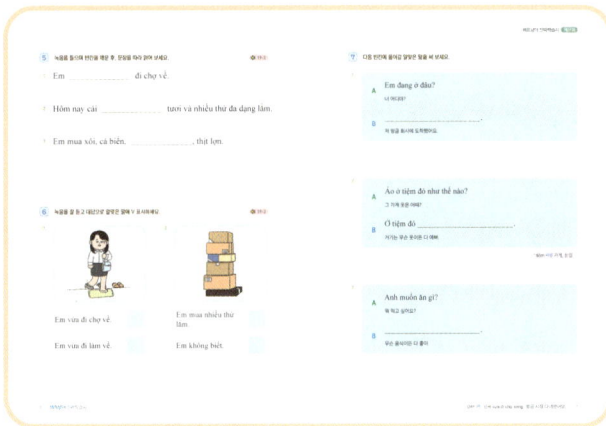

학습한 주요 내용을 떠올리며 문장을 직접 만들어 보고, 배운 내용을 얼마나 기억하고 있는지 확인해 봅니다.

문장 어순 배열 문제, 잘못된 문장 올바르게 고치기 등 다양한 형태의 문제를 풀어보며, 배운 내용을 완벽하게 복습합니다.

학습 플랜

🚩 주 3일 학습 플랜

★ 본서, 워크북 1일 1과 학습 구성(본서와 워크북을 하루에 함께 학습합니다.)

날짜			내용		학습 계획일	
1주	1일	본서	DAY 19	Em vừa đi chợ về. 방금 시장 다녀왔어요.	월	일
		워크북				
	2일	본서	DAY 20	Em đang đợi xe ôm. 저 쎄옴 기다리고 있어요.	월	일
		워크북				
	3일	본서	DAY 21	Sắp đến Tết rồi. 곧 설날이야	월	일
		워크북				
2주	4일	본서	DAY 22	Tối nay tớ định đi chơi với em ấy. 오늘 저녁에 같이 놀러 가려고 해.	월	일
		워크북				
	5일	본서	DAY 23	Em bị đau bụng từ tối hôm qua. 어제 저녁부터 배가 아파요.	월	일
		워크북				
	6일	본서	DAY 24	Hôm nay nóng hơn hôm qua. 오늘이 어제보다 더 더워요.	월	일
		워크북				

🚩 주 6일 학습 플랜

★ 본서, 워크북 2일 1과 학습 구성(본서를 먼저 공부하고 그 다음날 워크북으로 복습합니다.)

날짜			내용		학습 계획일	
1주	1일	본서	DAY 19	Em vừa đi chợ về. 방금 시장 다녀왔어요.	월	일
	2일	워크북				
	3일	본서	DAY 20	Em đang đợi xe ôm. 저 쎄옴 기다리고 있어요.	월	일
	4일	워크북				
	5일	본서	DAY 21	Sắp đến Tết rồi. 곧 설날이야.	월	일
	6일	워크북				
2주	7일	본서	DAY 22	Tối nay tớ định đi chơi với em ấy. 오늘 저녁에 같이 놀러 가려고 해.	월	일
	8일	워크북				
	9일	본서	DAY 23	Em bị đau bụng từ tối hôm qua. 어제 저녁부터 배가 아파요.	월	일
	10일	워크북				
	11일	본서	DAY 24	Hôm nay nóng hơn hôm qua. 오늘이 어제보다 더 더워요.	월	일
	12일	워크북				

학습 목차

DAY 19 — Em vừa đi chợ về.
방금 시장 다녀왔어요. — 06

DAY 20 — Em đang đợi xe ôm.
저 쎄옴 기다리고 있어요. — 12

DAY 21 — Sắp đến Tết rồi.
곧 설날이야. — 18

DAY 22 — Tối nay tớ định đi chơi với em ấy.
오늘 저녁에 같이 놀러 가려고 해. — 24

DAY 23 — Em bị đau bụng từ tối hôm qua.
어제 저녁부터 배가 아파요. — 30

DAY 24 — Hôm nay nóng hơn hôm qua.
오늘이 어제보다 더 더워요. — 36

☑ 녹음 대본 및 정답 — 42

DAY 19 | Em vừa đi chợ xong.
방금 시장 다녀왔어요.

1 녹음을 잘 듣고 해당하는 우리말에 ○ 표시한 후 베트남어를 써 보세요. 🔊 19-1

① 방금, 막 — 지금

→ _____

② 오래된 — 신선한, 싱싱한

→ _____

③ 생선 — 고기

→ _____

④ 바다 — 강

→ _____

2 베트남어와 우리말 뜻을 바르게 연결하세요.

① xôi •   • ⓐ 돼지

② rau •   • ⓑ 채소

③ lợn •   • ⓒ 찹쌀밥

3 다음 빈칸에 들어갈 알맞은 단어를 써 보세요.

① 여기에는 다양한 물건들이 많이 있어. _____

② 이 생선 얼마예요? _____

③ 채소 를 많이 먹어야 소화가 잘 돼요. _____

4 다음 우리말 뜻을 보고 빈칸에 해당하는 단어를 <보기>에서 찾아 쓰세요.

보기 thứ   về nước   hợp   gì cũng

① 무엇이든 ~하다
→ _____

② 어울리다
→ _____

③ 귀국하다
→ _____

④ 물건, 것
→ _____

5 녹음을 들으며 빈칸을 채운 후, 문장을 따라 읽어 보세요.   🔊 19-2

① Em _____ đi chợ về.

② Hôm nay cái _____ tươi và nhiều thứ đa dạng lắm.

③ Em mua xôi, cá biển, _____, thịt lợn.

6 녹음을 잘 듣고 대답으로 알맞은 말에 V 표시하세요.   🔊 19-3

①

②

Em vừa đi chợ về.

Em mua nhiều thứ lắm.

Em vừa đi làm về.

Em không biết.

7 다음 빈칸에 들어갈 알맞은 말을 써 보세요.

①
A Em đang ở đâu?
너 어디야?

B _____.
저 방금 회사에 도착했어요.

②
A Áo ở tiệm đó như thế nào?
그 가게 옷은 어때?

B Ở tiệm đó _____.
거기는 무슨 옷이든 다 예뻐.

* tiệm 띠엠 가게, 상점

③
A Anh muốn ăn gì?
뭐 먹고 싶어요?

B _____.
무슨 음식이든 다 좋아.

8 다음 단어를 올바르게 배열하여 문장을 만드세요.

① 저는 방금 학교에 왔어요.
trường / vừa / đến / em

➡ _____.

② 나는 방금 아침 먹었어.
vừa / sáng / chị / ăn

➡ _____.

③ 저는 무엇이든 다 좋아요.
cũng / thích / cái / gì / em

➡ _____.

9 다음 빈칸에 들어갈 알맞은 단어를 <보기>에서 찾아 쓰세요.

> 보기
>
> sách   món   mới

① Anh (   ) thức dậy.   나는 방금 일어났어.

② Quyển (   ) gì cũng thích.   무슨 책이든 다 좋아.

③ (   ) gì cũng ngon.   무슨 음식이든 다 맛있다.

* quyển 꾸이엔 (책, 사전 등을 뜻하는 종별사) 권

10 다음 제시된 문장을 올바르게 고쳐 보세요.

① Cà phê mới chị uống.　나 방금 커피 마셨어.

➡ _____.

② Vừa mới mua em giày mới.　저는 방금 새 신발을 샀어요.

➡ _____.

③ Biết chị ấy việc gì cũng.　무슨 일이든 그녀는 다 알아.

➡ _____.

④ Cũng cái gì em thích.　무엇이든 저는 다 좋아요.

➡ _____.

⑤ Chị ấy hợp váy gì cũng.　무슨 치마든 그녀는 다 잘 어울려요.

➡ _____.

DAY 20

Em đang đợi xe ôm.
저 쎄옴 기다리고 있어요.

1 녹음을 잘 듣고 해당하는 우리말에 ○ 표시한 후 베트남어를 써 보세요.   🔊 20-1

① 쎄옴(베트남의 오토바이 택시) — 버스

➡ _____

② 바다 — 호수

➡ _____

③ ~했다 — ~하기 위해서

➡ _____

④ 생일 — 주소

➡ _____

2 베트남어와 우리말 뜻을 바르게 연결하세요.

① để •   • ⓐ 파티, 잔치

② tham dự •   • ⓑ 참가하다, 참여하다

③ tiệc •   • ⓒ ~하기 위해서

3 다음 빈칸에 들어갈 알맞은 단어를 써 보세요.

① 오늘 저녁에 호안끼엠 호수 에서 만나. _____

② 그는 회의에 참석 했어요. _____

③ 이번주 수요일이 제 생일 이에요. _____

4 다음 우리말 뜻을 보고 빈칸에 해당하는 단어를 <보기>에서 찾아 쓰세요.

보기
nghe điện thoại   nấu cơm   chọn   giảm

① 밥을 하다, 요리하다
➡ _____

② 줄이다, 감소하다
➡ _____

③ 선택하다, 고르다
➡ _____

④ 통화하다
➡ _____

5 녹음을 들으며 빈칸을 채운 후, 문장을 따라 읽어 보세요. 🔊 20-2

① Em _____ làm gì đấy?

② Em đang _____ xe ôm.

③ Em đi hồ Hoàn Kiếm _____ tham dự tiệc sinh nhật của bạn.

6 녹음을 잘 듣고 대답으로 알맞은 말에 V 표시하세요. 🔊 20-3

①

②

Em đang đợi tắc xi. ☐

Hôm nay sinh nhật của em. ☐

Em đang ăn cơm. ☐

Em đi dự tiệc sinh nhật của bạn. ☐

7 다음 빈칸에 들어갈 알맞은 말을 써 보세요.

①
A Chị ấy đang làm gì?
그녀는 뭐 해?

B _____.
그녀는 통화 중이에요.

②
A Cậu đang ở đâu đấy?
너 지금 어디야?

B _____.
나 식당에서 밥 먹고 있어.

③
A Vào cuối tuần nay em sẽ làm gì?
이번 주말에 너 뭐해?

B _____.
저는 옷을 사기 위해 쇼핑센터에 가요.

8 다음 단어를 올바르게 배열하여 문장을 만드세요.

① 저는 운동하러 가기 위해서 오늘 아침 일찍 일어났어요.
tập thể dục / đi / em / thức dậy / sớm / để / sáng nay

➡ _____.

② 그녀는 밥 하고 있어요.
chị ấy / nấu cơm / đang

➡ _____.

③ 저는 스트레스를 풀기 위해 쇼핑하러 가요.
em / đi / xả stress / để / mua sắm

➡ _____.

9 다음 빈칸에 들어갈 알맞은 단어를 <보기>에서 찾아 쓰세요.

보기		
chọn	đánh	mua

① Chị ấy đang (　　　　) quần áo.   그녀는 옷을 고르고 있어요.

② Anh ấy đang (　　　　) đồ ăn.   그는 음식을 사고 있어요.

③ Chị ấy đang (　　　　) cầu lông.   그는 배드민턴을 치고 있어요.

10 다음 제시된 문장을 올바르게 고쳐 보세요.

① Xe ôm em đang đợi.   저 쎄옴 기다리고 있어요.

➡ _____ .

② Em uống đang cà phê.   저 커피 마시고 있어요.

➡ _____ .

③ Thức dậy sáng nay bơi em sớm để đi.   저는 수영하러 가기 위해서 오늘 아침 일찍 일어났어요.

➡ _____ .

④ Sách chị ấy đang chọn.   그녀는 책을 고르고 있어요.

➡ _____ .

⑤ Em Việt Nam tiếng Việt xem phim học để.   저는 베트남어 공부를 위해서 베트남 영화를 봐요.

➡ _____ .

DAY 21 | Sắp đến Tết rồi.
곧 설날이야.

1 녹음을 잘 듣고 해당하는 우리말에 ○ 표시한 후 베트남어를 써 보세요.　🔊 21-1

① 곧 ~하다 — 막 ~했다
➡ _____

② 추석 — 설날
➡ _____

③ 계획 — 무계획
➡ _____

④ 고향 — 도시
➡ _____

2 베트남어와 우리말 뜻을 바르게 연결하세요.

① sắp ~ rồi　•　　　•　ⓐ 기회

② thăm　•　　　•　ⓑ 곧 ~하다

③ dịp　•　　　•　ⓒ 방문하다

3 다음 빈칸에 들어갈 알맞은 단어를 써 보세요.

① 이번　　설날　　에 저는 한국에 갈 거예요.　_____

② 이번　　기회　　로 고향에 갈 수 있게 되었어요.　_____

③ 시간이 될 때　방문하세요　.　_____

4 다음 우리말 뜻을 보고 빈칸에 해당하는 단어를 <보기>에서 찾아 쓰세요.

보기　　xong　　kế hoạch　　trời　　thăng tiến

① 계획
➡ _____

② 승진하다, 진급하다
➡ _____

③ 끝나다, 마치다
➡ _____

④ 날씨, 하늘
➡ _____

DAY 21　Sắp đến Tết rồi. 곧 설날이야.

5 녹음을 들으며 빈칸을 채운 후, 문장을 따라 읽어 보세요. 🔊 21-2

① Em có _____ gì không?

② Tết này anh _____ về quê.

③ Lâu quá không _____ gia đình.

6 녹음을 잘 듣고 대답으로 알맞은 말에 V 표시하세요. 🔊 21-3

①

Ngày mai em đi xem phim.

Ngày mai em ở nhà.

②

Em về quê thăm bố mẹ của em.

Em về để đi chơi với bạn.

7 다음 빈칸에 들어갈 알맞은 말을 써 보세요.

①
A Bạn đang ở đâu?
너 어디야?

B _____.
나 곧 도착해.

②
A Anh (đã) làm xong chưa?
일 다 끝났어요?

B _____.
곧 끝나.

③
A Em ăn từ từ đi.
천천히 먹어.

B Em bận lắm. _____.
저 너무 바빠요. 저는 지금 시간을 내서 밥을 먹어야 해요.

* từ từ 뜨 뜨 천천히, 느긋하게

8 다음 단어를 올바르게 배열하여 문장을 만드세요.

① 곧 비가 와.
mưa / sắp / rồi / trời

➡ _____.

② 나 곧 귀국해.
sắp / rồi / anh / về nước

➡ _____.

③ 매일 그는 틈틈히 책을 읽었어요.
đã / mỗi ngày / đọc sách / tranh thủ / anh ấy

➡ _____.

9 다음 빈칸에 들어갈 알맞은 단어를 <보기>에서 찾아 쓰세요.

> **보기**
> sắp   dịp   tranh thủ

① Ngày lễ này là ( ) để nghỉ ngơi.   이번 휴일은 쉴 수 있는 기회예요.

② ( ) đến giờ ăn cơm rồi.   밥 먹을 시간이 다 되었어.

③ Em sẽ ( ) về quê.   저는 시간을 내서 고향에 다녀올 기예요.

* ngày lễ 응아이 레 휴일 | nghỉ ngơi 응이 응어이 쉬다, 휴식하다

10 다음 제시된 문장을 올바르게 고쳐 보세요.

① Sắp Tết đến rồi.   곧 설날이야.

→ _____.

② Em của sắp xong công việc rồi.   제 업무는 곧 끝나요.

→ _____.

③ Báo mỗi ngày đã tranh thủ đọc chị ấy.
   매일 그녀는 틈틈히 신문을 읽었어요.

→ _____.

④ Nấu cơm tranh thủ cho mẹ.   어머니를 위해 시간을 내서 요리를 해요.

→ _____.

⑤ Tranh thủ nói chuyện lát nữa chị với em.
   조금 이따가 당신은 시간 내서 저랑 이야기 해요.
   * nói chuyện 너이 쭈이엔 이야기하다

→ _____.

DAY 22 | Tối nay tớ định đi chơi với em ấy.
오늘 저녁에 같이 놀러 가려고 해.

1 녹음을 잘 듣고 해당하는 우리말에 ○ 표시한 후 베트남어를 써 보세요. 🔊 22-1

① 즐거운, 기쁜 — 슬픈
→ _____

② 오늘 아침 — 오늘 저녁
→ _____

③ 짜증내다 — 축하하다
→ _____

④ 뛰다 — 산책하다
→ _____

2 베트남어와 우리말 뜻을 바르게 연결하세요.

① vui vẻ •   • ⓐ 저녁

② chúc mừng •   • ⓑ 축하하다

③ tối •   • ⓒ 즐거운, 기쁜

3 다음 빈칸에 들어갈 알맞은 단어를 써 보세요.

① 오늘 놀러갈 예정이야 . _____

② 사실은 그 빵 내가 먹었어. _____

③ 오늘 너의 생일을 축하해 . _____

4 다음 우리말 뜻을 보고 빈칸에 해당하는 단어를 <보기>에서 찾아 쓰세요.

보기
vui vẻ   tối nay   mì   bán

① 팔다
➡ _____

② 라면
➡ _____

③ 오늘 저녁
➡ _____

④ 즐거운, 기쁜
➡ _____

DAY 22 Tối nay tớ định đi chơi với em ấy. 오늘 저녁에 같이 놀러 가려고 해.

5 녹음을 들으며 빈칸을 채운 후, 문장을 따라 읽어 보세요.   🔊 22-2

① Nhìn có gì mới mới, _____ .

② Tối nay tớ _____ đi chơi với em ấy.

③ _____ cậu!

6 녹음을 잘 듣고 대답으로 알맞은 말에 V 표시하세요.   🔊 22-3

①

Tớ chia tay với bạn gái.

Tớ mới có bạn gái.

②

Cảm ơn em!

Em định đi chơi với bạn.

7 다음 빈칸에 들어갈 알맞은 말을 써 보세요.

①

A Chúng mình đi chơi không?
우리 놀러갈까?

B _____.
솔직히 나는 놀러가고 싶지 않아.

②

A Anh thấy món ăn này như thế nào?
당신은 이 음식 어떻게 생각해요?

B _____.
솔직히 나는 먹고 싶지 않아.

③

A _____.
저는 라면 먹으려고 해요.

B Em ăn mì loại nào?
너 어떤 종류 라면 먹을건데?

8 다음 단어를 올바르게 배열하여 문장을 만드세요.

① 저는 수영 가려고 해요.
em / bơi / định / đi

➡ _____.

② 나는 운전해서 마트에 가려고 해.
siêu thị / xe / lái / đi / định / mình

➡ _____.

③ 당신에게 솔직히 말하면 저 일 그만 뒀어요.
nghỉ / rồi / làm / với / thú thật / anh / em

➡ _____.

9 다음 빈칸에 들어갈 알맞은 단어를 <보기>에서 찾아 쓰세요.

보기

định   sạch sẽ   thú thật

① Anh (   ) đi tập thể dục.   나는 운동을 갈 예정이야.

② (   ) mình không muốn xem phim này.
솔직히 말하면 나 이 영화 보고 싶지 않아.

③ Thú thật nhà hàng này không (   ).
솔직히 말하면 이 식당은 깨끗하지 않아.

10 다음 제시된 문장을 올바르게 고쳐 보세요.

① Mình đi chơi thú thật với bạn.　　솔직히 말하면 친구랑 놀러 가.

➡ _____ .

② Chị đi định sơn móng tay.　　나는 손톱 네일을 하러 갈 계획이야.

* sơn 썬 칠하다 | móng tay 멈 따이 손톱

➡ _____ .

③ Mình đi định chợ.　　나는 시장에 가려고 해.

➡ _____ .

④ Việt Nam đi mình định du lịch.　　나 베트남 여행 갈 예정이야.

➡ _____ .

⑤ Thú thật muốn mình ở nhà.　　솔직히 나는 집에 있고 싶어.

➡ _____ .

DAY 22　Tối nay tớ định đi chơi với em ấy. 오늘 저녁에 같이 놀러 가려고 해.

DAY 23 | Em bị đau bụng từ tối hôm qua.

어제 저녁부터 배가 아파요.

1 녹음을 잘 듣고 해당하는 우리말에 ○ 표시한 후 베트남어를 써 보세요. 🔊 23-1

① 아프다 — 건강하다
➡ _____

② 눈(신체) — 배(신체)
➡ _____

③ ~부터 — ~까지
➡ _____

④ 바로, 즉시 — 나중에
➡ _____

2 베트남어와 우리말 뜻을 바르게 연결하세요.

① khám •   • ⓐ 약

② thuốc •   • ⓑ 진료하다, 진찰하다

③ bác sĩ •   • ⓒ 의사

3 다음 빈칸에 들어갈 알맞은 단어를 써 보세요.

① 그는 어제 저녁에 오토바이 사고를 당했다. _____

② 많이 아프시면 진료 받으러 가보세요. _____

③ 조금 이따가 저도 출발하면 될까요? _____

4 다음 우리말 뜻을 보고 빈칸에 해당하는 단어를 <보기>에서 찾아 쓰세요.

보기   từ   bác sĩ   tai nạn   mắng

① 혼내다, 꾸짖다
➡ _____

② ~부터
➡ _____

③ 의사
➡ _____

④ 사고, 재난
➡ _____

5 녹음을 들으며 빈칸을 채운 후, 문장을 따라 읽어 보세요. 🔊 23-2

① Bạn _____ sao đấy?

② Bạn uống thuốc hay đi _____ chưa?

③ Em sẽ đi khám bác sĩ _____ .

6 녹음을 잘 듣고 대답으로 알맞은 말에 V 표시하세요. 🔊 23-3

①

②

Mình ở đây!

Mình đã uống cà phê.

Mình bị đau đầu từ tối hôm qua.

Lát nữa, mình sẽ đi khám luôn.

7 다음 빈칸에 들어갈 알맞은 말을 써 보세요.

①
A _____?
너 왜 그래?

B Em bị chảy nước mũi.
저 콧물이 나요.

* chảy 짜이 흐르다 | nước mũi 느억 무이 콧물

②
A Em bị đau như thế nào?
어떻게 아파?

B _____.
저 오늘 아침부터 목이 아파요.

* họng 헝 목구멍

③
A Chị mặc áo đẹp đi đâu đấy?
예쁘게 입고 어디가요?

B Ừ. _____.
응. 오늘 나는 저녁 식사에 초대받았어.

DAY 23 Em bị đau bụng từ tối hôm qua. 어제 저녁부터 배가 아파요.

8 다음 단어를 올바르게 배열하여 문장을 만드세요.

① 저는 바로 집에 가요.
ngay / nhà / em / về

→ _____.

② 나는 바로 수영하러 가.
bơi / anh / luôn / đi

→ _____.

③ 저는 어머니께 혼났어요.
em / mẹ / mắng / bị

→ _____.

9 다음 빈칸에 들어갈 알맞은 단어를 <보기>에서 찾아 쓰세요.

보기

được   luôn   văn phòng

① Anh về nước (　　　).   나 바로 귀국해.

② Em lên (　　　) ngay.   저는 사무실에 바로 가요.

③ Học sinh thích (　　　) khen.   학생들은 칭찬받는 것을 좋아해요.

10 다음 제시된 문장을 올바르게 고쳐 보세요.

① Hôm qua bị giao thông anh ấy tai nạn.   어제 그는 교통사고를 당했어.

➡ _____.

② mắng em bị mẹ.   저는 어머니께 혼났어요.

➡ _____.

③ Hôm nay ăn tối được chị mời đi.   오늘 나는 저녁 식사에 초대받았어.

➡ _____.

④ Ăn cơm mình luôn đi.   나 바로 밥 먹으로 가.

➡ _____.

⑤ Em khám bác sĩ sẽ đi ngay.   저는 바로 진찰받으러 갈 거예요.

➡ _____.

DAY 24

Hôm nay nóng hơn hôm qua.
오늘이 어제보다 더 더워요.

1 녹음을 잘 듣고 해당하는 우리말에 ○ 표시한 후 베트남어를 써 보세요. 🔊 24-1

① 추운 — 더운, 뜨거운
➡ _____

② 도(열, 위도 등) — 도시
➡ _____

③ 적은 — ~보다, 더 ~한
➡ _____

④ 사탕수수주스 — 오렌지주스
➡ _____

2 베트남어와 우리말 뜻을 바르게 연결하세요.

① hơn •   • ⓐ ~보다, 더 ~한

② khát •   • ⓑ ~라고 듣다, 듣기로는

③ nghe nói •   • ⓒ 목마른, 갈증나는

3 다음 빈칸에 들어갈 알맞은 단어를 써 보세요.

① 그녀는 고양이 　보다　 강아지를 좋아해. _____

② 오늘 날씨가 너무 덥다! 너무 　목말라　. _____

③ 시원하게 　사탕수수주스　 먹자! _____

4 다음 우리말 뜻을 보고 빈칸에 해당하는 단어를 <보기>에서 찾아 쓰세요.

보기　　nóng　　lãng mạn　　tháng　　nhanh

① 낭만적인

➡ _____

② 달, 월

➡ _____

③ 빠른

➡ _____

④ 더운, 뜨거운

➡ _____

DAY 24　Hôm nay nóng hơn hôm qua. 오늘이 어제보다 더 더워요.

5 녹음을 들으며 빈칸을 채운 후, 문장을 따라 읽어 보세요.   24-2

① Hôm nay là 38 _____ rồi!

② Hôm nay nóng _____ hôm qua.

③ Em có đi uống _____ không?

6 녹음을 잘 듣고 대답으로 알맞은 말에 V 표시하세요.   24-3

①

②

Hôm nay lạnh quá!   Ừ, đi đi! Khát quá!

Hôm nay nóng quá!   Mình không biết.

7 다음 빈칸에 들어갈 알맞은 말을 써 보세요.

①
A Em thấy áo đó như thế nào?
너가 볼 때 그 옷은 어때?

B _____.
이 옷이 그 옷보다 더 예뻐요.

②
A Theo em, món nào ngon hơn?
네 생각에 따르면, 어떤 음식이 더 맛있어?

B _____.
분짜가 쌀국수보다 더 맛있어요.

* theo 태오 ~에 따르면

③
A _____.
듣기로는 이 식당이 정말 유명하대.

B Chúng ta đi đi!
우리 가자!

8 다음 단어를 올바르게 배열하여 문장을 만드세요.

① 오늘이 어제보다 더 추워.

lạnh / hôm nay / hôm qua / hơn

➡ _____.

② 이 커피가 그 커피보다 더 써.

này / cà phê / đắng / cà phê / đó / hơn

➡ _____.

③ 듣기로는 이 영화 정말 재미있대.

lắm / nghe nói / phim / hay / này

➡ _____.

9 다음 빈칸에 들어갈 알맞은 단어를 <보기>에서 찾아 쓰세요.

> 보기
>
> hơn   lạnh   độ

① Theo dự báo thời tiết, ngày mai là 36 (   ).

일기예보에 따르면, 내일은 36도야.

② Xe ôm nhanh (   ) xe máy.

쌔옴이 오토바이 보다 빨라.

③ Hôm nay (   ) quá!

오늘 너무 춥다!

*dự báo ㉠즈 바오 ㉡이으 바오 예보, 예측

10 다음 제시된 문장을 올바르게 고쳐 보세요.

① Em hơn cao của bố em.   제가 제 아버지보다 키가 커요.

*cao 까오 키가 큰

→ _____.

② Chị nghe nói giỏi tiếng Việt anh ấy.

내가 듣기로는 그는 베트남어를 잘한대.

→ _____.

③ Rẻ siêu thị này hơn siêu thị đó.   이 마트가 그 마트보다 저렴해요.

→ _____.

④ Nghe nói chị ấy sinh nhật ngày mai là của.

듣기로는 내일이 그녀의 생일이래.

→ _____.

⑤ Ca sĩ nghe nói hay lắm này hát và nhảy.

이 가수가 노래도 잘하고 춤도 정말 잘 춘다고 들었어.

*ca sĩ 까 씨 가수 | hát 핟 노래하다 | nhảy 냐이 춤추다

→ _____.

녹음 대본 및 정답

방금 시장 다녀왔어요.

녹음 대본

1 ❶ vừa mới   ❷ tươi   ❸ cá   ❹ biển

1 ❶ 방금, 막 / vừa mới   ❷ 신선한, 싱싱한 / tươi
   ❸ 생선 / cá   ❹ 바다 / biển
2 ❶ ⓒ   ❷ ⓑ   ❸ ⓐ
3 ❶ đa dạng ❷ cá   ❸ rau
4 ❶ gì cũng ❷ hợp   ❸ về nước   ❹ thứ

녹음 대본

5 ❶ Em vừa đi chợ về.
   ❷ Hôm nay cái gì cũng tươi và nhiều thứ đa dạng lắm.
   ❸ Em mua xôi, cá biển, rau, thịt lợn.
6 ❶ Em đi đâu về đấy?
   ❷ Em mua gì?

5 ❶ vừa   ❷ gì cũng   ❸ rau
6 ❶ Em vừa đi làm về.   ❷ Em mua nhiều thứ lắm.
7 ❶ Em vừa đến công ty.   ❷ áo gì cũng đẹp.
   ❸ Món gì anh cũng thích.
8 ❶ Em vừa đến trường.   ❷ Chị vừa ăn sáng.
   ❸ Cái gì em cũng thích.
9 ❶ mới   ❷ sách   ❸ Món
10 ❶ Chị mới uống cà phê.
   ❷ Em vừa mới mua giày mới.
   ❸ Việc gì chị ấy cũng biết.
   ❹ Cái gì em cũng thích.
   ❺ Váy gì chị ấy cũng hợp.

저 쎄옴 기다리고 있어요.

녹음 대본

1 ❶ xe ôm   ❷ hồ   ❸ để   ❹ sinh nhật

1 ❶ 쎄옴(베트남의 오토바이 택시) / xe ôm   ❷ 호수 / hồ
   ❸ ~하기 위해서 / để   ❹ 생일 / sinh nhật
2 ❶ ⓒ   ❷ ⓑ   ❸ ⓐ
3 ❶ hồ   ❷ tham dự   ❸ sinh nhật
4 ❶ nấu cơm   ❷ giảm   ❸ chọn   ❹ nghe điện thoại

녹음 대본

5 ❶ Em đang làm gì đấy?
   ❷ Em đang đợi xe ôm.
   ❸ Em đi hồ Hoàn Kiếm để tham dự tiệc sinh nhật của bạn.

6 ❶ Em đang làm gì đấy?
   ❷ Em đi đâu?

5 ❶ đang   ❷ đợi   ❸ để
6 ❶ Em đang đợi tắc xi.   ❷ Em đi dự tiệc sinh nhật của bạn.
7 ❶ Chị ấy đang nghe điện thoại.   ❷ Em đang ăn cơm ở nhà hàng.
   ❸ Em đi trung tâm mua sắm để mua áo.
8 ❶ Sáng nay em thức dậy sớm để đi tập thể dục.
   ❷ Chị ấy đang nấu cơm.   ❸ Em đi mua sắm để xả stress.
9 ❶ chọn   ❷ mua   ❸ đánh
10 ❶ Em đang đợi xe ôm.
   ❷ Em đang uống cà phê.
   ❸ Sáng nay em thức dậy sớm để đi bơi.
   ❹ Chị ấy đang chọn sách.
   ❺ Em xem phim Việt Nam để học tiếng Việt.

DAY 21 곧 설날이야.

녹음 대본

1 ❶ sắp ~ rồi   ❷ Tết   ❸ kế hoạch   ❹ quê

1 ❶ 곧 ~하다 / sắp ~ rồi   ❷ 설날/ Tết   ❸ 계획 / kế hoạch
  ❹ 고향 / quê
2 ❶ ⓑ   ❷ ⓒ   ❸ ⓐ
3 ❶ Tết   ❷ dịp   ❸ thăm
4 ❶ kế hoạch   ❷ thăng tiến   ❸ xong   ❹ trời

녹음 대본

5 ❶ Em có kế hoạch gì không?
  ❷ Tết này anh tranh thủ về quê.
  ❸ Lâu quá không thăm gia đình.

6 ❶ Ngày mai em có kế hoạch gì không?
  ❷ Em về quê để làm gì?

5 ❶ kế hoạch   ❷ tranh thủ   ❸ thăm
6 ❶ Ngày mai em ở nhà.   ❷ Em về quê thăm bố mẹ của em.
7 ❶ Mình sắp đến rồi.   ❷ Sắp xong rồi.
  ❸ Em phải tranh thủ ăn bây giờ.
8 ❶ Trời sắp mưa rồi.   ❷ Anh sắp về nước rồi.
  ❸ Mỗi ngày anh ấy đã tranh thủ đọc sách.
9 ❶ dịp   ❷ Sắp   ❸ tranh thủ
10 ❶ Sắp đến Tết rồi.
  ❷ Công việc của em sắp xong rồi.
  ❸ Mỗi ngày chị ấy đã tranh thủ đọc báo.
  ❹ Tranh thủ nấu cơm cho mẹ.
  ❺ Lát nữa chị tranh thủ nói chuyện với em.

오늘 저녁에 같이 놀러 가려고 해.

녹음 대본

1 ❶ vui vẻ   ❷ tối nay   ❸ chúc mừng   ❹ đi dạo

1 ❶ 즐거운, 기쁜 / vui vẻ   ❷ 오늘 저녁 / tối nay
   ❸ 축하하다 / chúc mừng   ❹ 산책하다 / đi dạo
2 ❶ ⓒ   ❷ ⓑ   ❸ ⓐ
3 ❶ định   ❷ thú thật   ❸ chúc mừng
4 ❶ bán   ❷ mì   ❸ tối nay   ❹ vui vẻ

녹음 대본

5 ❶ Nhìn có gì mới mới, vui vẻ.
   ❷ Tối nay tớ định đi chơi với em ấy.
   ❸ Chúc mừng cậu!
6 ❶ Nhìn có gì mới mới, vui vẻ. Có gì không?
   ❷ Tối nay em định làm gì?

5 ❶ vui vẻ   ❷ định   ❸ Chúc mừng
6 ❶ Tớ mới có bạn gái.   ❷ Em định đi chơi với bạn.
7 ❶ Thú thật mình không muốn đi chơi. ❷ Thú thật anh không muốn ăn.
   ❸ Em định ăn mì.
8 ❶ Em định đi bơi.   ❷ Mình định lái xe đi siêu thị.
   ❸ Thú thật với anh, em nghỉ làm rồi.
9 ❶ định   ❷ Thú thật   ❸ sạch sẽ
10 ❶ Thú thật mình đi chơi với bạn.
   ❷ Chị định đi sơn móng tay.
   ❸ Mình định đi chợ.
   ❹ Mình định đi du lịch Việt Nam.
   ❺ Thú thật mình muốn ở nhà.

DAY 23 어제 저녁부터 배가 아파요.

녹음 대본

1 ❶ đau   ❷ bụng   ❸ từ   ❹ ngay

1 ❶ 아프다 / đau   ❷ 배(신체) / bụng   ❸ ~부터/ từ   ❹ 바로, 즉시 / ngay
2 ❶ ⓑ   ❷ ⓐ   ❸ ⓒ
3 ❶ bị   ❷ khám   ❸ tí nữa
4 ❶ mắng   ❷ từ   ❸ bác sĩ   ❹ tai nạn

녹음 대본

5 ❶ Bạn bị sao đấy?
   ❷ Bạn uống thuốc hay đi khám chưa?
   ❸ Em sẽ đi khám bác sĩ ngay.

6 ❶ Bạn bị sao đấy?
   ❷ Trời ơi. Bạn uống thuốc chưa?

5 ❶ bị   ❷ khám   ❸ ngay
6 ❶ Mình bị đau đâu từ tối hôm qua.   ❷ Lát nữa, mình sẽ đi khám luôn.
7 ❶ Em bị sao đấy?   ❷ Em bị đau họng từ sáng nay.
   ❸ Hôm nay chị được mời đi ăn tối.
8 ❶ Em về nhà ngay. ❷ Anh đi bơi luôn. ❸ Em bị mẹ mắng.
9 ❶ luôn   ❷ văn phòng   ❸ được
10 ❶ Hôm qua anh ấy bị tai nạn giao thông.
   ❷ Em bị mẹ mắng.
   ❸ Hôm nay chị được mời đi ăn tối.
   ❹ Mình đi ăn cơm luôn.
   ❺ Em sẽ đi khám bác sĩ ngay.

오늘이 어제보다 더 더워요.

녹음 대본

1 ❶ nóng   ❷ độ   ❸ hơn   ❹ nước mía

1 ❶ 더운, 뜨거운 / nóng   ❷ 도(열, 위도 등) / độ
   ❸ ~보다, 더~한 / hơn   ❹ 사탕수수주스 / nước mía
2 ❶ ⓐ   ❷ ⓒ   ❸ ⓑ
3 ❶ hơn   ❷ khát   ❸ nước mía
4 ❶ lãng mạn   ❷ tháng   ❸ nhanh   ❹ nóng

녹음 대본

5 ❶ Hôm nay là 38 độ rồi!
   ❷ Hôm nay nóng hơn hôm qua.
   ❸ Em có đi uống nước mía không?

6 ❶ Hôm nay là 38 độ rồi!
   ❷ Cậu có đi uống nước không?

5 ❶ độ   ❷ hơn   ❸ nước mía
6 ❶ Hôm nay nóng quá!   ❷ Ừ, đi đi! Khát quá!
7 ❶ Áo này đẹp hơn áo đó.   ❷ Bún chả ngon hơn phở.
   ❸ Nghe nói quán ăn này rất nổi tiếng.
8 ❶ Hôm nay lạnh hơn hôm qua.   ❷ Cà phê này đắng hơn cà phê đó.
   ❸ Nghe nói phim này hay lắm.
9 ❶ độ   ❷ hơn   ❸ lạnh
10 ❶ Em cao hơn bố của em.
   ❷ Chị nghe nói anh ấy giỏi tiếng Việt.
   ❸ Siêu thị này rẻ hơn siêu thị đó.
   ❹ Nghe nói ngày mai là sinh nhật của chị ấy.
   ❺ Nghe nói ca sĩ này hát và nhảy hay lắm.

진짜학습지

베트남어

진짜학습지

발음편 워크북

베트남어 진짜학습지 발음편 워크북

초판 1쇄 발행 2023년 12월 29일

지은이 이정원
펴낸곳 (주)에스제이더블유인터내셔널
펴낸이 양홍걸 이시원

홈페이지 daily.siwonschool.com
주소 서울시 영등포구 국회대로74길 12 시원스쿨
교재 구입 문의 02)2014-8151
고객센터 02)6409-0878

ISBN 979-11-6150-803-0 13730
Number 1-420501-25250021-06

이 책은 저작권법에 따라 보호받는 저작물이므로 무단복제와 무단전재를 금합니다. 이 책 내용의 전부 또는 일부를 이용하려면 반드시 저작권자와 ㈜에스제이더블유인터내셔널의 서면 동의를 받아야 합니다.

학습 구성

학습한 단어들을 제대로 숙지했는지 문제를 직접 풀어보며 자신의 실력을 점검해 봅니다.

학습한 주요 내용을 떠올리며 문장을 직접 만들어 보고, 배운 내용을 얼마나 기억하고 있는지 확인해 봅니다.

문장 어순 배열 문제, 잘못된 문장 올바르게 고치기 등 다양한 형태의 문제를 풀어보며, 배운 내용을 완벽하게 복습합니다.

학습 플랜

🚩 주 3일 학습 플랜

★ 본서, 워크북 1일 1과 학습 구성(본서와 워크북을 하루에 함께 학습합니다.)

날짜			내용	학습 계획일	
1주	1일	본서	DAY 01 베트남어의 성조	월	일
		워크북			
	2일	본서	DAY 02 베트남어의 단모음	월	일
		워크북			
	3일	본서	DAY 03 베트남어의 복모음	월	일
		워크북			
2주	4일	본서	DAY 04 베트남어의 자음 ① - 단자음	월	일
		워크북			
	5일	본서	DAY 05 베트남어의 자음 ② - 복자음	월	일
		워크북			
	6일	본서	DAY 06 베트남어의 받침 체계	월	일
		워크북			

🚩 주 6일 학습 플랜

★ 본서, 워크북 2일 1과 학습 구성(본서를 먼저 공부하고 그 다음날 워크북으로 복습합니다.)

날짜			내용	학습 계획일	
1주	1일	본서	DAY 01 베트남어의 성조	월	일
	2일	워크북			
	3일	본서	DAY 02 베트남어의 단모음	월	일
	4일	워크북			
	5일	본서	DAY 03 베트남어의 복모음	월	일
	6일	워크북			
2주	7일	본서	DAY 04 베트남어의 자음 ① - 단자음	월	일
	8일	워크북			
	9일	본서	DAY 05 베트남어의 자음 ② - 복자음	월	일
	10일	워크북			
	11일	본서	DAY 06 베트남어의 받침 체계	월	일
	12일	워크북			

학습 목차

DAY 01	베트남어의 성조	10
DAY 02	베트남어의 단모음	16
DAY 03	베트남어의 복모음	22
DAY 04	베트남어의 자음 ① - 단자음	28
DAY 05	베트남어의 자음 ② - 복자음	34
DAY 06	베트남어의 받침 체계	40

DAY 1 | 베트남어의 성조

1 녹음을 듣고 해당하는 성조를 고르세요. 🔊 01-1

① ＼ ☐   ~ ☐

② . ☐   ʔ ☐

③ / ☐   . ☐

④ ʔ ☐   . ☐

2 녹음을 듣고 알맞은 성조를 고르세요. 🔊 01-2

① khat •   • ⓐ •

② người •   • ⓑ

③ nga •   • ⓒ

④ chât •   • ⓓ

3 녹음을 듣고 알맞은 발음을 고르세요. 🔊 01-3

① quà ········ quá   ② già ········ giá

③ ngủ ········ ngu   ④ lỗi ········ lói

4 녹음을 듣고 알맞은 성조가 표기된 문자를 써보세요. 🔊 01-4

보기   ố   ờ   ẫ   á   ặ   a

① th ☐ p   ② u ☐ ng

③ cư ☐ i   ④ m ☐ u

⑤ t ☐ y   ⑥ n ☐ ng

5 자음과 모음을 결합하여 하나의 단어로 써보세요.

① m + ẹ =

② l + ỗ + i =

③ ch + ổ + i =

④ ng + ử + i =

6 녹음을 듣고 알맞은 발음을 고른 후 다시 한번 써보세요. 🔊 01-5

① tay   ly   ổi

② phá   già   ngã

③ uống   cười   chổi

④ chanh   cười   chật

베트남어 진짜학습지 **워크북**

7 녹음을 듣고 알맞은 성조를 선택하세요. 🔊 01-6

① ba + ´ / `

② gia + ´ / .

③ ve + ~ / ´

④ Phât + . / ´

8 녹음을 듣고 해당하는 단어를 고르세요. 🔊 01-7

① chanh ······ chành

② lý ······ ly

③ uống ······ uộng

④ phá ······ phà

⑤ quà ······ qua

⑥ tay ······ tày

DAY 1 베트남어의 성조

9 녹음을 듣고 맞는 발음을 써넣으세요. 🔊 01-8

① b [　　　]   ② [　　　] i

③ v [　　　]   ④ m [　　　]

10 녹음을 듣고 성조를 바르게 표기하세요. 🔊 01-9

①
khat

②
qua

③
năng

④
chât

11 녹음을 듣고 알맞은 단어를 빈칸에 써보세요. 🔊 01-10

①

②

③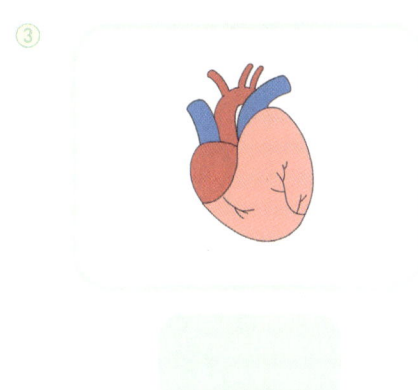

④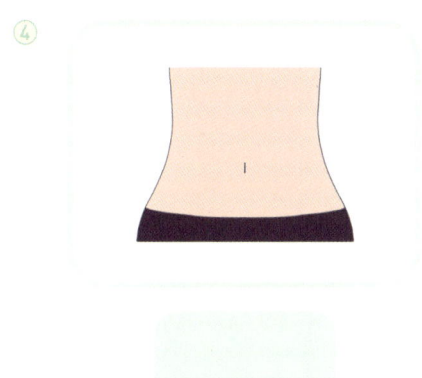

12 다음 제시된 문자를 바르게 나열하세요.

①

➡ _____

②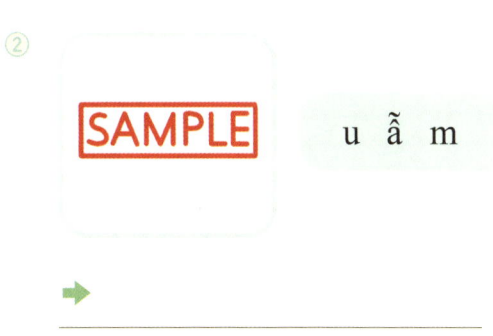

➡ _____

DAY 2 | 베트남어의 단모음

1 녹음을 듣고 해당하는 발음을 고르세요. 　　　　　　　　　　　🔊 02-1

① a ☐　　　â ☐　　　ă ☐

② q ☐　　　p ☐　　　e ☐

③ s ☐　　　ô ☐　　　r ☐

④ o ☐　　　ơ ☐　　　u ☐

2 녹음을 듣고 알맞은 문자끼리 조합하여 하나의 단어를 완성시키세요. 　🔊 02-2

① th　•　　　　　　　•　ⓐ　a

② m　•　　　　　　　•　ⓑ　ẹ

③ ă　•　　　　　　　•　ⓒ　n

④ b　•　　　　　　　•　ⓓ　u

3 녹음을 듣고 해당하는 단어를 고르세요.　　　　　　　　　　　　🔊 02-3

① năm …… ăn　　　　② chân …… quần

③ mẹ …… mê　　　　④ thở …… nơi

4 녹음을 듣고 알맞은 단모음을 빈칸에 써보세요.　　　　　　　　　🔊 02-4

보기　　ă　　â　　ê　　ô　　ũ　　ư

① t [　　]　　　　　② m [　　]

③ l [　　] ng　　　④ m [　　] i

⑤ ch [　　] n　　　⑥ n [　　] m

5 자음과 모음을 결합하여 하나의 단어로 써보세요.

① b + a =

② th + ẻ =

③ m + ì =

④ c + ũ =

6 녹음을 듣고 알맞은 발음을 고른 후 다시 한번 써보세요.   🔊 02-5

① tai   lịch   tim

② cơm   thở   cổ

③ to   tô   thu

④ lưng   hư   mưa

7 녹음을 듣고 알맞은 발음을 선택하세요.   🔊 02-6

① b + ố / ò

② c + á / ũ

③ h + ọ / ư

④ m + ê / ẹ

8 녹음을 듣고 해당하는 단어를 고르세요.   🔊 02-7

① thu ······ thở

② cổ ······ cũ

③ quần ······ tất

④ ký ······ ly

⑤ bò ······ to

⑥ mưa ······ hư

9 녹음을 듣고 알맞은 단모음을 써보세요. 🔊 02-8

① đ [　　]   ② [　　] n

③ Vi [　　] t Nam   ④ m [　　] a

10 녹음을 듣고 성조를 바르게 표기하세요. 🔊 02-9

① the

② mêm

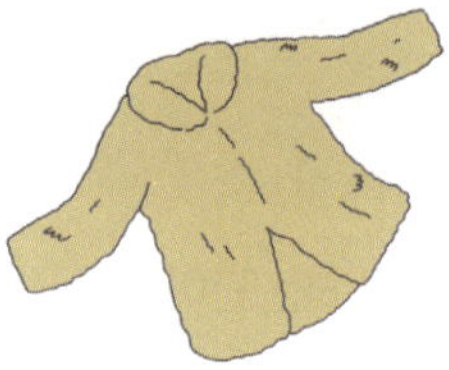

③ ki

④ lich

11 녹음을 듣고 알맞은 단어를 빈칸에 써보세요. 🔊 02-10

①

②

③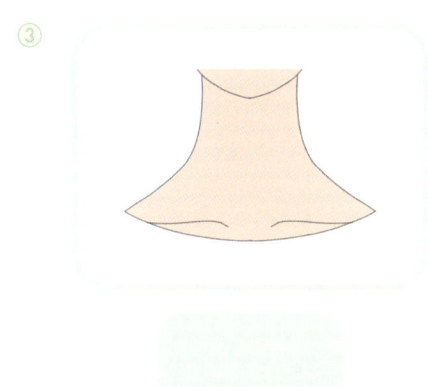

④

12 다음 제시된 문자를 바르게 나열하세요.

①　　　　　　　　　　h　t　u

➡ _____

②　　　　　　　　　　ơ　c　m

➡ _____

DAY 3 | 베트남어의 복모음

1 녹음을 듣고 해당하는 발음을 고르세요. 03-1

① ia ☐   ai ☐
② oa ☐   oe ☐
③ ua ☐   uô ☐
④ uy ☐   ưa ☐

2 녹음을 듣고 알맞은 문자끼리 조합하여 하나의 단어를 완성시키세요. 03-2

① h •   • ⓐ òe
② k •   • ⓑ oa
③ c •   • ⓒ ia
④ l •   • ⓓ ua

3 녹음을 듣고 해당하는 단어를 고르세요. 🔊 03-3

① hai ······ chai   ② hiền ······ riêng

③ người ······ lười   ④ muối ······ muỗi

4 녹음을 듣고 알맞은 복모음을 빈칸에 써보세요. 🔊 03-4

보기
iê   ỏe   uồ   iếu   oại   uyể

① l ⬜   ② b ⬜ n

③ kh ⬜   ④ th ⬜

⑤ ch ⬜ n   ⑥ t ⬜ n

5 자음과 모음을 결합하여 하나의 단어로 써보세요.

① th + ìa =

② t + òa =

③ ch + ua =

④ s + ửa =

6 녹음을 듣고 알맞은 발음을 고른 후 다시 한번 써보세요. 🔊 03-5

① ai　　hai　　chai

② cua　　của　　chua

③ mưa　　nửa　　sửa

④ lười　　người　　tươi

7 녹음을 듣고 알맞은 발음을 선택하세요. 🔊 03-6

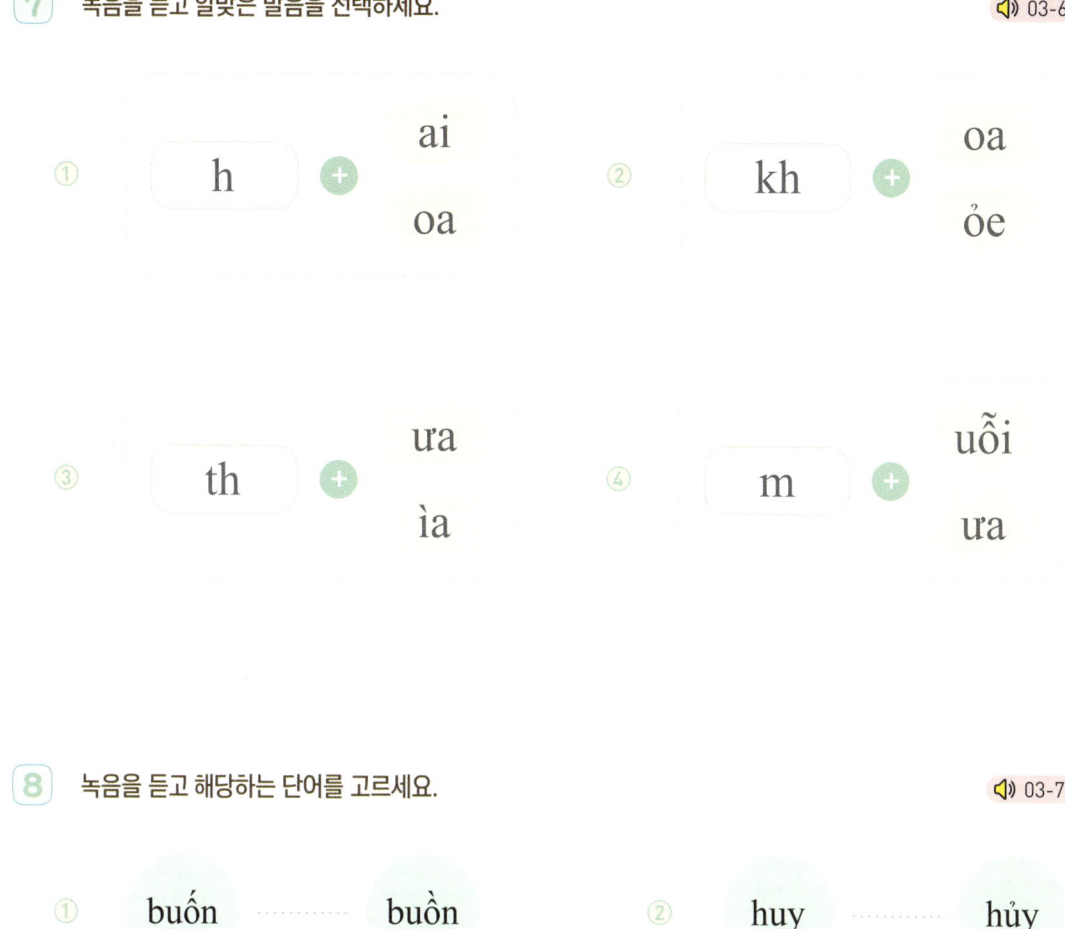

8 녹음을 듣고 해당하는 단어를 고르세요. 🔊 03-7

① buốn ······ buồn   ② huy ······ hủy

③ nựa ······ nửa   ④ thiếu ······ thiều

9 녹음을 듣고 알맞은 복모음을 써보세요. 🔊 03-8

① ch [　　] ② m [　　]

③ t [　　] ④ củ kh [　　]

10 녹음을 듣고 성조를 바르게 표기하세요. 🔊 03-9

①
thia

②
uông

③
chiêu

④
muôi

11 녹음을 듣고 알맞은 단어를 빈칸에 써보세요. 🔊 03-10

①

②

③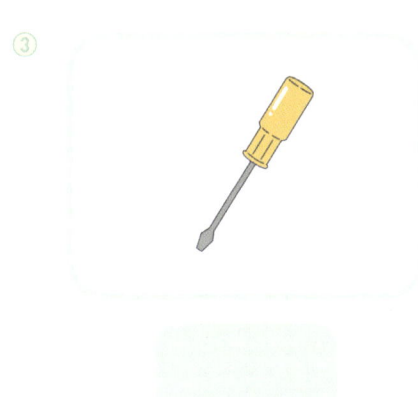

④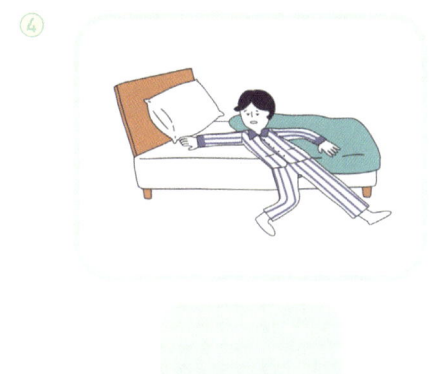

12 다음 제시된 문자를 바르게 나열하세요.

①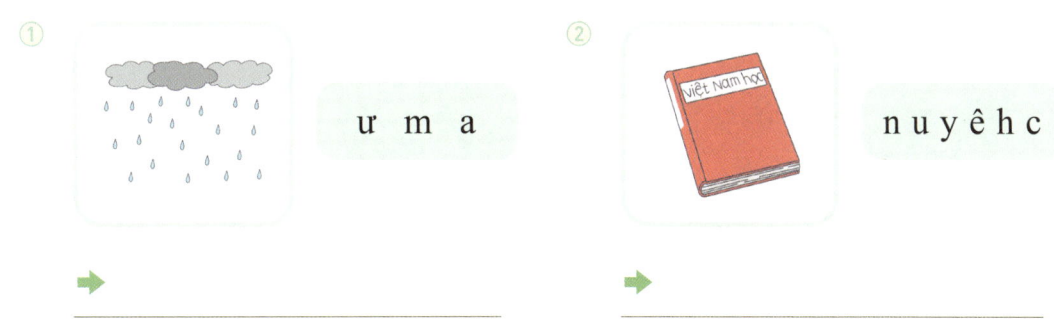

➡ _____

②

➡ _____

DAY 4 | 베트남어의 자음 ① - 단자음

1 녹음을 듣고 해당하는 발음을 고르세요. 🔊 04-1

① b   c

② l   n

③ đ □   x

④ g □   h

2 녹음을 듣고 알맞은 문자끼리 조합하여 하나의 단어를 완성시키세요. 🔊 04-2

① b •   • ⓐ ăng

② g •   • ⓑ ính

③ k •   • ⓒ án

④ r •   • ⓓ ối

③ 녹음을 듣고 해당하는 단어를 고르세요. 🔊 04-3

① mở ······ nở ② lạnh ······ nạnh

③ ho ······ lo ④ đá ······ dá

④ 녹음을 듣고 알맞은 단자음을 빈칸에 써보세요. 🔊 04-4

보기   c   d   m   r   s   t

① ☐ au ② ☐ a

③ ☐ ai ④ ☐ ận

⑤ ☐ ạnh ⑥ ☐ ai

5 자음과 모음을 결합하여 하나의 단어로 써보세요.

① đ + ánh =

② h + è =

③ n + uôi =

④ x + a =

6 녹음을 듣고 알맞은 발음을 고른 후 다시 한번 써보세요.   🔊 04-5

① gỗ   hỗ   mở

② đi   kí   ly

③ rau   quá   sau

④ dán   lạnh rắn

7 녹음을 듣고 알맞은 발음을 선택하세요. 🔊 04-6

① h / g ＋ ối

② k / g ＋ im

③ n / t ＋ óng

④ d / g ＋ a

8 녹음을 듣고 해당하는 단어를 고르세요. 🔊 04-7

① tay …… kay

② về …… dè

③ té …… xé

④ pin …… kin

9 녹음을 듣고 알맞은 단자음을 써보세요. 🔊 04-8

① ☐ i ② ☐ im

③ ☐ uôi ④ ☐ ổ

10 녹음을 듣고 성조를 바르게 표기하세요. 🔊 04-9

①

ban

②

bo

③

đa

④

vơ

11 녹음을 듣고 알맞은 단어를 빈칸에 써보세요. 🔊 04-10

①

②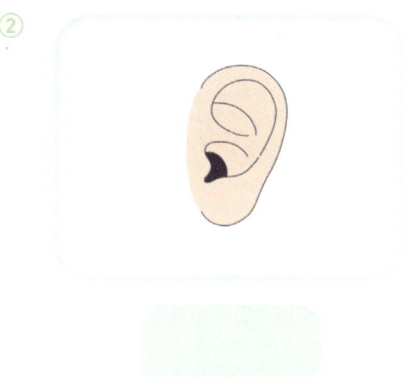

③

④

12 다음 제시된 문자를 바르게 나열하세요.

① 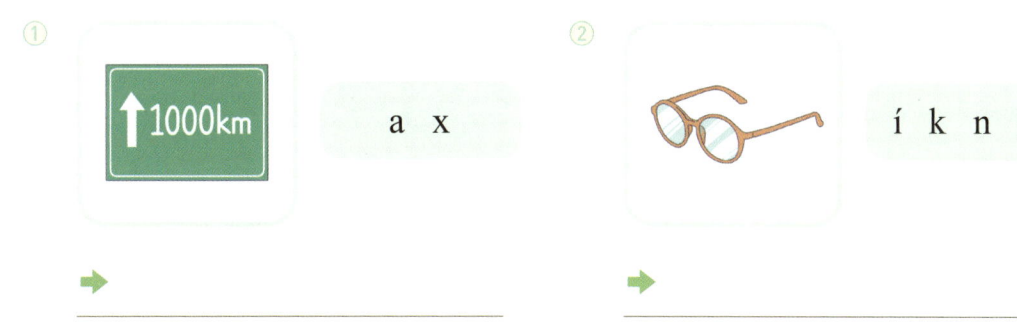   a x

② 　　　　　　　　　　　í k n h

➡ _____   ➡ _____

DAY 5 | 베트남어의 자음 ② - 복자음

1 녹음을 듣고 알맞은 복자음을 고르세요. 🔊 05-1

① ch ☐   gi ☐

② gh ☐   kh ☐

③ ng ☐   ph ☐

④ th ☐   nh ☐

2 녹음을 듣고 알맞은 문자끼리 조합하여 하나의 단어를 완성시키세요. 🔊 05-2

① gh •   • ⓐ o

② ng •   • ⓑ ang

③ nh •   • ⓒ ong

④ tr •   • ⓓ ét

3 녹음을 듣고 해당하는 단어를 고르세요. 🔊 05-3

① phở ⋯⋯ thở   ② trắng ⋯⋯ nhắn

③ như ⋯⋯ chư   ④ nghỉ ⋯⋯ nhỉ

4 녹음을 듣고 알맞은 복자음을 빈칸에 써보세요. 🔊 05-4

> 보기
>
> gh   kh   ngh   ph   th   tr

① ☐ ĩ   ② ☐ im

③ ☐ ế   ④ ☐ ắng

⑤ ☐ ôi   ⑥ ☐ á

5 자음과 모음을 결합하여 하나의 단어로 써보세요.

① ch + ua =

② gi + ống =

③ ngh + ĩ =

④ ph + a =

6 녹음을 듣고 알맞은 발음을 고른 후 다시 한번 써보세요. 🔊 05-5

① cha   ghi   giá

② khi   nghỉ   phim

③ như   nhau   thuê

④ khá   phở   pha

7 녹음을 듣고 알맞은 발음을 선택하세요. 🔊 05-6

① ch / gi + a   ② gi / tr + ong

③ nh / ph + o   ④ th / kh + i

8 녹음을 듣고 해당하는 단어를 고르세요. 🔊 05-7

① cha ······ giá   ② như ······ nho

③ trống ······ giống   ④ nghỉ ······ chỉ

⑤ phim ······ chim   ⑥ thôi ······ trôi

9 녹음을 듣고 알맞은 복자음을 써보세요. 🔊 05-8

① [　　] au　　② [　　] ưa

③ [　　] im　　④ [　　] ày

10 녹음을 듣고 성조를 바르게 표기하세요. 🔊 05-9

① gia　　② thôi

③ khac　　④ ngheo

11 녹음을 듣고 알맞은 단어를 빈칸에 써보세요. 🔊 05-10

①

②

③

④

12 다음 제시된 문자를 바르게 나열하세요.

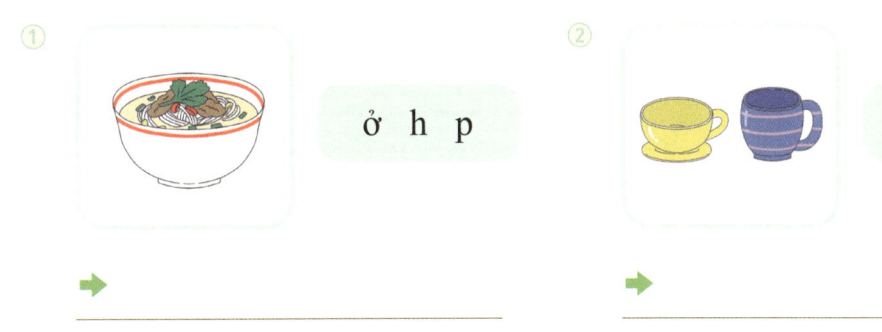

① ở h p

→ _____

② h c á k

→ _____

DAY 6 | 베트남어의 받침 체계

1 녹음을 듣고 해당하는 단어의 알맞은 받침을 고르세요. 🔊 06-1

① c ☐   t ☐

② m ☐   n ☐

③ p ☐   t ☐

④ ng ☐   nh ☐

2 녹음을 듣고 알맞은 문자끼리 조합하여 하나의 단어를 완성시키세요. 🔊 06-2

① buồ •   • ⓐ p

② họ •   • ⓑ ng

③ dù •   • ⓒ n

④ mì •   • ⓓ nh

3 녹음을 듣고 해당하는 단어를 고르세요. 🔊 06-3

① các ········ cát   ② ném ········ tin

③ lớp ········ bát   ④ nghịch ········ ngừng

4 녹음을 듣고 알맞은 단모음을 빈칸에 써보세요. 🔊 06-4

보기

m   p   t   ch   ng   nh

① mâ ☐   ② thí ☐

③ bá ☐   ④ dù ☐

⑤ ngà ☐   ⑥ bó ☐

5 자음과 모음을 결합하여 하나의 단어로 써보세요.

① r + á + c =

② t + i + n =

③ c + á + t =

④ k + ị + ch =

6 녹음을 듣고 알맞은 발음을 고른 후 다시 한번 써보세요. 🔊 06-5

① ném   ăn   mình

② khác   bóp   ướt

③ nghịch   ngừng   ngành

④ mình   mang   mạnh

7 녹음을 듣고 알맞은 발음을 선택하세요. 🔊 06-6

① cá + t / c

② né + m / n

③ bó + c / p

④ ma + ng / nh

8 녹음을 듣고 해당하는 단어를 고르세요. 🔊 06-7

① buồn ······ buồm

② khác ······ khát

③ lớp ······ lót

④ ướt ······ ước

⑤ nghịch ······ nghịnh

⑥ thích ······ thính

9. 녹음을 듣고 알맞은 발음을 써보세요. 🔊 06-8

① bá [　　　]　　② dù [　　　]

③ mì [　　　]　　④ họ [　　　]

10. 녹음을 듣고 성조를 바르게 표기하세요. 🔊 06-9

① lơp

② rac

③ buôn

④ manh

11 녹음을 듣고 알맞은 단어를 빈칸에 써보세요. 🔊 06-10

①

②

③

④

12 다음 제시된 문자를 바르게 나열하세요.

①    ọ p h

➡ _____

②    g h à n n

➡ _____

녹음 대본 및 정답

베트남어의 성조

녹음 대본

1 ① mã   ② mạ   ③ má   ④ mả
2 ① khát   ② người ③ ngã   ④ chật
3 ① quá   ② già   ③ ngủ   ④ lỗi
4 ① tháp   ② uống   ③ cười   ④ mẫu   ⑤ tay   ⑥ nặng

1 ① ~   ② .   ③ ´   ④ ̉
2 ① ⓑ   ② ⓒ   ③ ⓓ   ④ ⓐ
3 ① quá   ② già   ③ ngủ   ④ lỗi
4 ① á   ② ố   ③ ờ   ④ ã   ⑤ a   ⑥ ặ
5 ① mẹ   ② lỗi   ③ chổi   ④ ngửi

녹음 대본

6   ① ly   ② phá   ③ cười   ④ chật
7   ① bà   ② già   ③ vẽ   ④ Phật
8   ① chanh ② ly   ③ uống   ④ phá   ⑤ quà   ⑥ tay
9   ① ba   ② ổi   ③ vẽ   ④ mẹ
10 ① khát   ② quà   ③ nặng   ④ chật
11 ① năm   ② xem   ③ tim   ④ lưng

6   ① ly   ② phá   ③ cười   ④ chật
7   ① ´   ② `   ③ ~   ④ .
8   ① chanh ② ly   ③ uống   ④ phá   ⑤ quà   ⑥ tay
9   ① a   ② ổ   ③ ẽ   ④ ẹ
10 ① á   ② à   ③ ă   ④ ậ
11 ① năm   ② xem   ③ tim   ④ lưng
12 ① chanh ② mẫu

DAY 2 베트남어의 단모음

녹음 대본

1. ❶ â ❷ e ❸ ô ❹ u
2. ❶ thu ❷ mẹ ❸ ăn ❹ ba
3. ❶ năm ❷ quần ❸ mẹ ❹ nơi
4. ❶ tô ❷ mê ❸ lưng ❹ mũi ❺ chân ❻ năm

1. ❶ â ❷ e ❸ ô ❹ u
2. ❶ ⓓ ❷ ⓑ ❸ ⓒ ❹ ⓐ
3. ❶ năm ❷ quần ❸ mẹ ❹ nơi
4. ❶ ô ❷ ê ❸ ư ❹ ũ ❺ â ❻ ă
5. ❶ ba ❷ thẻ ❸ mì ❹ cũ

녹음 대본

6. ❶ tim ❷ cổ ❸ tô ❹ hư
7. ❶ bò ❷ cá ❸ hư ❹ mẹ
8. ❶ thu ❷ cổ ❸ tất ❹ ly ❺ to ❻ mưa
9. ❶ đá ❷ ăn ❸ Việt Nam ❹ mưa
10. ❶ thẻ ❷ mềm ❸ kí ❹ lịch
11. ❶ cá ❷ tắm ❸ cổ ❹ thở

6. ❶ tim ❷ cổ ❸ tô ❹ hư
7. ❶ ò ❷ á ❸ ư ❹ ẹ
8. ❶ thu ❷ cổ ❸ tất ❹ ly ❺ to ❻ mưa
9. ❶ á ❷ ă ❸ ệ ❹ ư
10. ❶ ẻ ❷ è ❸ í ❹ ị
11. ❶ cá ❷ tắm ❸ cổ ❹ thở
12. ❶ thu ❷ cơm

DAY 3 베트남어의 복모음

녹음 대본

1. ① ai ② oe ③ ua ④ ưa
2. ① hoa ② kia ③ cua ④ lòe
3. ① chai ② riêng ③ lười ④ muối
4. ① loại ② buồn ③ khỏe ④ thiếu ⑤ chiên ⑥ tuyển

1. ① ai ② oe ③ ua ④ ưa
2. ① ⓑ ② ⓒ ③ ⓓ ④ ⓐ
3. ① chai ② riêng ③ lười ④ muối
4. ① oại ② uồ ③ òe ④ iếu ⑤ iê ⑥ uyể
5. ① thìa ② tòa ③ chua ④ sửa

녹음 대본

6. ① ai ② của ③ mưa ④ tươi
7. ① hoa ② khỏe ③ thìa ④ muỗi
8. ① buồn ② hủy ③ nửa ④ thiếu
9. ① chiếu ② muỗi ③ tuổi ④ củ khoai
10. ① thìa ② uống ③ chiều ④ muối
11. ① chiên ② cua ③ sửa ④ lười

6. ① ai ② của ③ mưa ④ tươi
7. ① oa ② òe ③ ia ④ uỗi
8. ① buồn ② hủy ③ nửa ④ thiếu
9. ① iếu ② uỗi ③ uổi ④ oai
10. ① ì ② ố ③ è ④ ố
11. ① chiên ② cua ③ sửa ④ lười
12. ① mưa ② chuyên

DAY 4 베트남어의 자음 ① - 단자음

녹음 대본

1 ❶ ca   ❷ la   ❸ đa   ❹ ga
2 ❶ bán   ❷ gối   ❸ kính   ❹ răng
3 ❶ mở   ❷ lạnh   ❸ lo   ❹ đá
4 ❶ rau   ❷ da   ❸ sai   ❹ cận   ❺ mạnh   ❻ tai

1 ❶ c   ❷ l   ❸ đ   ❹ g
2 ❶ ⓒ   ❷ ⓓ   ❸ ⓑ   ❹ ⓐ
3 ❶ mở   ❷ lạnh   ❸ lo   ❹ đá
4 ❶ r   ❷ d   ❸ s   ❹ c   ❺ m   ❻ t
5 ❶ đánh   ❷ hè   ❸ nuôi   ❹ xa

녹음 대본

6 ❶ gỗ   ❷ đi   ❸ sau   ❹ lạnh
7 ❶ gối   ❷ kim   ❸ nóng   ❹ ga
8 ❶ tay   ❷ về   ❸ xé   ❹ pin
9 ❶ đi   ❷ kim   ❸ nuôi   ❹ hổ
10 ❶ bán   ❷ bò   ❸ đá   ❹ vở
11 ❶ da   ❷ tai   ❸ hổ   ❹ rắn

6 ❶ gỗ   ❷ đi   ❸ sau   ❹ lạnh
7 ❶ g   ❷ k   ❸ n   ❹ g
8 ❶ tay   ❷ về   ❸ xé   ❹ pin
9 ❶ đ   ❷ k   ❸ n   ❹ h
10 ❶ á   ❷ ò   ❸ á   ❹ ở
11 ❶ da   ❷ tai   ❸ hổ   ❹ rắn
12 ❶ xa   ❷ kính

DAY 5 베트남어의 자음 ② - 복자음

녹음 대본

1. ❶ cha ❷ kha ❸ nga ❹ tha
2. ❶ ghét ❷ ngang ❸ nho ❹ trong
3. ❶ phở ❷ trắng ❸ như ❹ nghỉ
4. ❶ nghĩ ❷ phim ❸ ghế ❹ trắng ❺ thôi ❻ khá

1. ❶ ch ❷ kh ❸ ng ❹ th
2. ❶ ⓓ ❷ ⓑ ❸ ⓐ ❹ ⓒ
3. ❶ phở ❷ trắng ❸ như ❹ nghỉ
4. ❶ ngh ❷ ph ❸ gh ❹ tr ❺ th ❻ kh
5. ❶ chua ❷ giống ❸ nghĩ ❹ pha

녹음 대본

6. ❶ giá ❷ khi ❸ thuê ❹ pha
7. ❶ cha ❷ trong ❸ nho ❹ khi
8. ❶ giá ❷ như ❸ giống ❹ nghỉ ❺ phim ❻ thôi
9. ❶ nhau ❷ trưa ❸ phim ❹ ngày
10. ❶ giá ❷ thổi ❸ khác ❹ nghèo
11. ❶ phim ❷ chanh ❸ nghĩ ❹ trắng

6. ❶ giá ❷ khi ❸ thuê ❹ pha
7. ❶ ch ❷ tr ❸ nh ❹ kh
8. ❶ giá ❷ như ❸ giống ❹ nghỉ ❺ phim ❻ thôi
9. ❶ nh ❷ tr ❸ ph ❹ ng
10. ❶ á ❷ ổ ❸ á ❹ è
11. ❶ phim ❷ chanh ❸ nghĩ ❹ trắng
12. ❶ phở ❷ khác

DAY 6 베트남어의 받침 체계

녹음 대본

1 ① rác   ② làm   ③ bóp   ④ ngành
2 ① buồn   ② họp   ③ dùng   ④ mình
3 ① các   ② tin   ③ bát   ④ ngừng
4 ① mâm   ② thích   ③ bát   ④ dùng   ⑤ ngành   ⑥ bóp

1 ① c   ② m   ③ p   ④ nh
2 ① ⓒ   ② ⓐ   ③ ⓑ   ④ ⓓ
3 ① các   ② tin   ③ bát   ④ ngừng
4 ① m   ② ch   ③ t   ④ ng   ⑤ nh   ⑥ p
5 ① rác   ② tin   ③ cát   ④ kịch

녹음 대본

6 ① ăn   ② ướt   ③ nghịch   ④ mang
7 ① cát   ② ném   ③ bóp   ④ mang
8 ① buồn   ② khác   ③ lớp   ④ ướt   ⑤ nghịch   ⑥ thích
9 ① bát   ② dùng   ③ mình   ④ họp
10 ① lớp   ② rác   ③ buồn   ④ mạnh
11 ① ngừng   ② cát   ③ ném   ④ kịch

6 ① ăn   ② ướt   ③ nghịch   ④ mang
7 ① t   ② m   ③ p   ④ ng
8 ① buồn   ② khác   ③ lớp   ④ ướt   ⑤ nghịch   ⑥ thích
9 ① t   ② ng   ③ nh   ④ p
10 ① ớ   ② á   ③ ồ   ④ ạ
11 ① ngừng   ② cát   ③ ném   ④ kịch
12 ① họp   ② ngành

진짜학습지

베트남어

진짜학습지

쓰기 노트

베트남어 진짜학습지 쓰기 노트

초판 1쇄 발행 2023년 12월 29일

지은이 이정원
펴낸곳 (주)에스제이더블유인터내셔널
펴낸이 양홍걸 이시원

홈페이지 daily.siwonschool.com
주소 서울시 영등포구 국회대로74길 12 시원스쿨
교재 구입 문의 02)2014-8151
고객센터 02)6409-0878

ISBN 979-11-6150-803-0 13730
Number 1-420501-25250021-06

이 책은 저작권법에 따라 보호받는 저작물이므로 무단복제와 무단전재를 금합니다. 이 책 내용의 전부 또는 일부를 이용하려면 반드시 저작권자와 ㈜에스제이더블유인터내셔널의 서면 동의를 받아야 합니다.

학습 목차

01 나는 잘 지내.   6
　　핵심 문법 　평서문(형용사)

02 너 커피 마실래?   8
　　핵심 문법 　의문문(동사)

03 제 이름은 란이에요.   10
　　핵심 문법 　이름 묻고 답하기

04 너 잘로 계정 있어?   12
　　핵심 문법 　의문문(명사)

05 너 어디 가?   14
　　핵심 문법 　의문사 đâu

06 너 어디에서 먹을 거야?   16
　　핵심 문법 　어디에서 ~해요?: 주어 + 동사 + ở đâu

07 너 분짜 먹는 것 좋아해?   18
　　핵심 문법 　동사하는 것을 좋아해요?: 주어 + (có) + thích + 동사 + không?

08 너는 학생이야?   20
　　핵심 문법 　~예요?: 주어 + có phải là + 명사 + không?

3

09 네 생각에 123 치킨집 어때? 22
  핵심 문법 ~이(가) 어때요?: thấy + 명사 + (như) thế nào?

10 우리 택시 탈까, 아니면 오토바이 탈까? 24
  핵심 문법 요일 표현

11 반쌔오는 어떻게 먹어? 26
  핵심 문법 어떻게 동사해요?: 동사 + thế nào?

12 지금은 1시야. 28
  핵심 문법 시간 표현

13 너 오토바이 탈 줄 알아? 30
  핵심 문법 능력을 나타내는 표현: biết

14 우리 언제 갈까? 32
  핵심 문법 의문사 khi nào (문장 앞에 위치 - 미래)

15 너 언제 집에 갔어? 34
  핵심 문법 의문사 khi nào (문장 끝에 위치 - 과거)

16 60,000동이면 약간 비싸네요! 36
  핵심 문법 약간: hơi

17	너는 중국에 가 본 적이 있어?	38
	핵심 문법 과거 경험에 대한 질문: (đã) ~ bao giờ chưa?	

18	그래서 아무것도 못 먹었어요.	40
	핵심 문법 무엇도 ~하지 않다: không ~ gì cả	

19	방금 시장 다녀왔어요.	42
	핵심 문법 근접과거시제: vừa / mới / vừa mới	

20	저 쎄옴 기다리고 있어요.	44
	핵심 문법 현재진행시제: đang	

21	곧 설날이야.	46
	핵심 문법 미래완료시제: sắp ~ rồi	

22	오늘 저녁에 같이 놀러 가려고 해.	48
	핵심 문법 ~하려고 하다, ~할 예정이다: định	

23	어제 저녁부터 배가 아파요.	50
	핵심 문법 부정의 수동태: bị	

24	오늘이 어제보다 더 더워요.	52
	핵심 문법 비교급: hơn	

01

Mình (có) khỏe.
나는 잘 지내.

핵심 문법

형용사의 평서문은 형용사가 주어 바로 뒤에 위치하여 '주어는 어떠하다'라고 묘사할 때 씁니다. 이때, 'có'는 생략이 가능합니다.

예) Anh ấy (có) bận.   그는 바빠요.

단어 쓰기 ✎

lâu   오랜, 오랫동안

lâu

dạo này   요즘

dạo này

khỏe   건강한, 좋은

khỏe

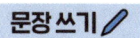

Chào, Tuấn! Lâu quá không gặp!
안녕, 뚜언! 오랜만이야!

Chào, Tuấn! Lâu quá không gặp!

Lâu quá không gặp!
오랜만이야!

Lâu quá không gặp!

Dạo này bạn (có) khỏe không?
요즘 너 잘 지내?

Dạo này bạn (có) khỏe không?

Mình (có) khỏe.
나는 잘 지내.

Mình (có) khỏe.

02

Bạn (có) uống cà phê không?
너 커피 마실래?

> **핵심 문법**
>
> 의문문 '주어 + (có) + 동사 + không'은 '동사해요?, 동사합니까'의 의미로 의문문을 표현합니다. 이때, 'có'는 의문문을 만드는 형식상 필요한 요소이므로 생략이 가능합니다.
>
> 예) Bạn (có) ăn cơm không?   당신은 밥 먹어요?

단어쓰기 ✏️

uống   마시다

uống

_____

cà phê   커피

cà phê

_____

gì   무엇, 무슨

gì

_____

8 베트남어 진짜학습지

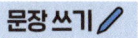

Bạn (có) uống cà phê không?
너 커피 마실래?

Bạn (có) uống cà phê không?

Mình không uống cà phê.
나는 커피 안 마셔.

Mình không uống cà phê.

Vậy, bạn uống gì?
그럼, 너 뭐 마실래?

Vậy, bạn uống gì?

Mình uống trà đá.
나 아이스녹차 마실래.

Mình uống trà đá.

03

Em tên là Lan.
제 이름은 란이에요.

> **핵심 문법**
>
> 초면이나 윗사람에게 이름을 답할 때에는 'tên + (của) + 인칭대명사 + là _____ ạ', '인칭대명사 + tên là _____ ạ.로 표현합니다.
>
> 예 Tên (của) em là Kim Min Ho ạ. 내 이름은 김민호야.
>   Em tên là Kim Min Ho ạ.

단어쓰기

tên 이름

tên

là ~이다

là

Hàn Quốc 한국

Hàn Quốc

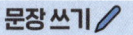 문장쓰기

Em tên là Lan.
제 이름은 란이에요.

Em tên là Lan.

Anh là người Hàn Quốc.
나는 한국인이야.

Anh là người Hàn Quốc.

Anh nói tiếng Việt giỏi quá!
베트남어 정말 잘하네요!

Anh nói tiếng Việt giỏi quá!

Anh cảm ơn Lan.
고마워 란아.

Anh cảm ơn Lan.

04

Bạn có tài khoản Zalo không?
너 잘로 계정 있어?

핵심 문법

'주어 + có + 명사 + không?'은 어떤 명사가 있는지 물어볼 때 사용합니다. 이때, 'có'는 '있다'라는 의미의 동사로서 생략할 수 없습니다.

예) Bạn có hẹn không? 너 약속 있어?

단어 쓰기

tài khoản   계정

tài khoản

kết bạn   친구 신청하다, 친구가 되다

kết bạn

số   번호

số

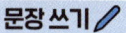

Bạn có tài khoản Zalo không?
너 잘로 계정 있어?

Bạn có tài khoản Zalo không?

Mình có Zalo!
나 잘로 있지!

Mình có Zalo!

Vậy, chúng ta kết bạn nhé!
그럼, 우리 친구 추가하자!

Vậy, chúng ta kết bạn nhé!

Mình sẽ them số (của) bạn.
내가 너 번호 추가할게.

Mình sẽ them số (của) bạn.

05

Bạn đi đâu?
너 어디 가?

핵심 문법

의문사 'đâu'는 '어디'라는 뜻으로 장소를 물을 때 사용하며, 보통 đi(가다) / đến(오다) / về(돌아오다, 돌아가다)와 결합하여 사용합니다.

예) Anh ấy đến đâu?   그는 어디로 도착해요?

단어 쓰기

đi   가다

đi

đâu   어디

đâu

ở   ~에(서), ~에 있다

ở

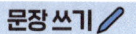

Bạn đi đâu?
너 어디 가?

Bạn đi đâu?

Mình đi ngân hàng ABC.
나 ABC 은행 가.

Mình đi ngân hàng ABC.

Gần trường có ngân hàng ABC không?
학교 근처에 ABC 은행이 있어?

Gần trường có ngân hàng ABC không?

Ngân hàng ABC ở trung tâm thành phố.
ABC 은행은 시내 중심에 있어.

Ngân hàng ABC ở trung tâm thành phố.

06

Bạn sẽ ăn ở đâu?
너 어디에서 먹을 거야?

핵심 문법

의문사 'đâu'는 '어디' 라는 뜻으로 장소를 물을 때 사용하며 보통 ăn(먹다), uống(마시다), học(공부하다), làm việc(일하다) 등과 같은 동사와 결합하여 사용합니다.

예) Bạn học tiếng Việt ở đâu?   너 어디에서 베트남어 공부를 해?

단어 쓰기

sáng   아침

sáng

(đã) ~ chưa?   ~했어요?

(đã) ~ chưa?

địa chỉ   주소

địa chỉ

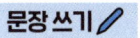

Bạn (đã) ăn sáng chưa?
너 아침 먹었어?

Bạn (đã) ăn sáng chưa?

Mình sẽ đi ăn phở.
나 쌀국수 먹으러 갈거야.

Mình sẽ đi ăn phở.

Bạn sẽ ăn ở đâu?
너 어디에서 먹을 거야?

Bạn sẽ ăn ở đâu?

Chúng ta đi quán ở địa chỉ số 10 đường Lý Quốc Sư nhé!
우리 리 꾸옥 쓰 길 10번지로 가자!

Chúng ta đi quán ở địa chỉ số 10 đường Lý Quốc Sư nhé!

07
Bạn (có) thích ăn bún chả không?
너 분짜 먹는 것 좋아해?

핵심 문법

'주어 + (có) + thích + 동사 + không?'은 '동사하는 것을 좋아해요?'라는 의미로 상대방에게 의사나 취향을 묻는 의문을 나타냅니다.

예) Bạn (có) thích nghe nhạc không? 너 음악 듣는 것을 좋아해?

단어쓰기

rất   정말

rất

thèm   (음식이) 당기다

thèm

ngày mai   내일

ngày mai

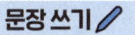

Bạn (có) thích ăn bún chả không?
너 분짜 먹는 것 좋아해?

Bạn (có) thích ăn bún chả không?

Mình rất thích.
나 정말 좋아해.

Mình rất thích.

Ngày mai chúng mình đi ăn cùng nhau không?
내일 우리 같이 먹을까?

Ngày mai chúng mình đi ăn cùng nhau không?

Chắc chắn đồng ý!
확실히 동의해!(좋아!)

Chắc chắn đồng ý!

08

Em có phải là học sinh không?
너는 학생이야?

핵심 문법

'주어 + có phải là + 명사 + không?'은 '주어는 명사예요?, 주어는 명사입니까?'라는 의미로 상대방에게 명사가 맞는지 확인할 때 쓰는 의문문입니다.

예) Chị ấy có phải là người Mỹ không?   그녀는 미국 사람이야?

단어쓰기

có phải là ~ không?   ~예요?

có phải là ~ không?

học sinh   학생

học sinh

năm nay   올해

năm nay

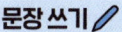

Em có phải là học sinh không?
너는 학생이야?

Em có phải là học sinh không?

Em ra trường rồi.
저는 졸업했어요.

Em ra trường rồi.

Năm nay em bao nhiêu tuổi rồi?
올해 너는 몇 살이야?

Năm nay em bao nhiêu tuổi rồi?

Năm nay em 25 tuổi rồi.
올해 저는 스물다섯 살이에요.

Năm nay em 25 tuổi rồi.

09

Em thấy quán gà rán 123 (như) thế nào?
네 생각에 123 치킨집 어때?

핵심 문법

'주어 + thấy + 명사 + (như) thế nào?'는 '주어가 느끼기에 ~이(가) 어때요?'라고 상대방의 주관적인 생각이나 느낌, 의견 등을 물어볼 때 사용합니다.

예 Chị thấy áo này (như) thế nào?   당신 생각에 이 옷은 어때요?

단어쓰기

đói   배고픈

đói

gọi   시키다, 주문하다

gọi

gà rán   치킨

gà rán

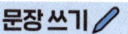

Chúng ta gọi đồ ăn giao đến nhé!
우리 배달시키자!

Chúng ta gọi đồ ăn giao đến nhé!

Tớ muốn ăn gà rán quá!
나 치킨이 너무 먹고 싶어!

Tớ muốn ăn gà rán quá!

Cậu thấy quán gà rán 123 (như) thế nào?
네 생각에 123 치킨집 어때?

Cậu thấy quán gà rán 123 (như) thế nào?

Cậu gọi đi.
네가 시켜.

Cậu gọi đi.

10

Chúng ta đi tắc xi hay (là) xe máy?

우리 택시 탈까, 아니면 오토바이 탈까?

핵심 문법

선택 의문문인 'A hay (là) B'는 'A 아니면 B입니까?'라는 뜻으로 두 가지 선택 사항 중 한 가지를 선택할 때 쓰는 표현입니다. 이때, A와 B가 같은 동사이면 뒤에 나오는 동사를 생략하여 쓸 수 있습니다.

예 Em uống cà phê hay (là) (uống) trà sữa?
　 너 커피 마실래, 아니면 밀크티 마실래?

단어 쓰기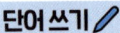

trung tâm mua sắm　　쇼핑센터

trung tâm mua sắm

hay (là)　　아니면

hay (là)

xe máy　　오토바이

xe máy

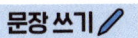

Chúng ta đi trung tâm mua sắm đi!
우리 쇼핑센터 가자!

Chúng ta đi trung tâm mua sắm đi!

Chúng ta đi tắc xi hay (là) xe máy?
우리 택시 탈까, 아니면 오토바이 탈까?

Chúng ta đi tắc xi hay (là) xe máy?

Thứ bảy đông xe lắm.
토요일에는 차가 정말 많아.

Thứ bảy đông xe lắm.

Vậy, ngày mai gặp nhé!
그럼, 내일 만나!

Vậy, ngày mai gặp nhé!

11

Bánh xèo ăn thế nào?
반쌔오는 어떻게 먹어?

핵심 문법

'동사 + thế nào?'는 '어떻게 동사해요?'라는 의미로 상대방에게 동작 또는 행동을 어떻게 해야 하는지 묻는 의문을 나타냅니다.

예) Chỗ này đi thế nào? 이곳은 어떻게 가?

단어 쓰기

món   음식

món

chấm   (소스에) 찍다

chấm

ngon   맛있는

ngon

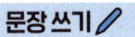

Món này là bánh xèo.
이 음식은 반쌔오예요.

Món này là bánh xèo.

Bánh xèo ăn thế nào?
반쌔오는 어떻게 먹어?

Bánh xèo ăn thế nào?

Anh lấy bánh tráng cuốn với một miếng bánh xèo.
라이스페이퍼를 반쌔오 한 조각과 말아요.

Anh lấy bánh tráng cuốn với một miếng bánh xèo.

Nhìn ngon quá!
너무 맛있어 보여!

Nhìn ngon quá!

12

Bây giờ là một giờ.
지금은 1시야.

핵심 문법

'giờ'는 '시'라는 의미로, 숫자 뒤에 붙여 시간을 나타내는 표현입니다. 베트남의 시간 표현도 우리나라와 마찬가지로 '시-분-초'의 순서로 나타냅니다.

예) Bây giờ là hai giờ rưỡi (rồi).   지금은 2시 반이야.

단어 쓰기

bây giờ   지금

bây giờ

giờ   시

giờ

đợi   기다리다

đợi

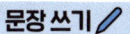

Em (có) bận không?
너 바빠?

Em (có) bận không?

Bây giờ là mấy giờ rồi ạ?
지금 몇 시예요?

Bây giờ là mấy giờ rồi ạ?

Bây giờ là một giờ.
지금은 1시야.

Bây giờ là một giờ.

Anh đợi chút nhé.
조금만 기다려 주세요.

Anh đợi chút nhé.

13

Em (có) biết đi xe máy không?
너 오토바이 탈 줄 알아?

핵심 문법

'주어 + (có) + biết + 동사 + không?'은 '~할 줄 알아요?'라는 의미로 주어의 능력에 대해 묻는 표현입니다.

예) Chị (có) biết bơi không? 당신은 수영할 줄 알아요?

단어 쓰기

hay   자주

hay

nơi   장소, 곳

nơi

siêu thị   마트, 슈퍼마켓

siêu thị

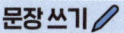

Em (có) biết đi xe máy không?
너 오토바이 탈 줄 알아?

Em (có) biết đi xe máy không?

_____

Em (có) biết.
탈 줄 알아요.

Em (có) biết.

_____

Em thường đi xe máy đi đâu?
너 보통 어디 갈 때 오토바이 타는데?

Em thường đi xe máy đi đâu?

_____

Em đi nhiều nơi lắm.
매우 많은 장소에 가요.

Em đi nhiều nơi lắm.

_____

14

Khi nào chúng ta đi?
우리 언제 갈까?

핵심 문법

'khi nào'는 '언제'라는 뜻의 의문사입니다. 'khi nào'가 문장 맨 앞에 위치하면 미래의 의미를 뜻하며 같은 의미의 단어로는 'bao giờ'가 있습니다.

예 **Khi nào em đi du lịch?** 너는 언제 여행 가?

단어쓰기

nổi tiếng 유명한

nổi tiếng

rẻ 저렴한

rẻ

khi nào 언제

khi nào

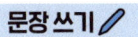

Đây là nhà hàng nổi tiếng ở trên mạng.
여기 인터넷에서 유명한 맛집이야.

Đây là nhà hàng nổi tiếng ở trên mạng.

Chúng ta đi ăn thử đi.
우리도 가서 한번 먹어 보자.

Chúng ta đi ăn thử đi.

Khi nào chúng ta đi?
우리 언제 갈까?

Khi nào chúng ta đi?

Thứ bảy tuần sau mình (có) rảnh.
다음주 토요일에 나 한가해.

Thứ bảy tuần sau mình (có) rảnh.

15

Em về nhà khi nào?
너 언제 집에 갔어?

핵심 문법

'khi nào'는 '언제'라는 뜻의 의문사입니다. 'khi nào'가 문장 끝에 위치하면 과거의 의미를 뜻하며 같은 의미의 단어로는 'bao giờ'가 있습니다.

예 Em ăn cơm bao giờ? 너 언제 밥 먹었어?

단어쓰기

về   돌아오다, 돌아가다

về

lúc nãy   이제 막, 방금

lúc nãy

việc   일, 업무

việc

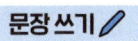

Em về nhà khi nào?
너 언제 집에 갔어?

Em về nhà khi nào?

Em (đã) về lúc nãy rồi ạ.
저 방금 왔어요.

Em (đã) về lúc nãy rồi ạ.

Em có chuyện gì không?
무슨 일 있어?

Em có chuyện gì không?

Em về sớm chỉ có việc cá nhân thôi ạ.
단지 개인적인 일이 있어서 일찍 왔어요.

Em về sớm chỉ có việc cá nhân thôi ạ.

16

Sáu mươi nghìn thì hơi đắt!

60,000동이면 약간 비싸네요!

핵심 문법

'hơi'는 '약간 ~하다'라는 의미로, 형용사 앞에 위치합니다.

예) Cà phê này hơi đắng.   이 커피는 약간 써.

단어쓰기

đồng   동(베트남 화폐 단위)

đồng

hơi   약간

hơi

giá   가격

giá

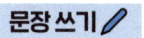

Táo này bao nhiêu một cân ạ?
이 사과 1kg에 얼마예요?

Táo này bao nhiêu một cân ạ?

Một cân là sáu mươi nghìn đồng.
1kg에 60,000동이에요.

Một cân là sáu mươi nghìn đồng.

Sáu mươi nghìn thì hơi đắt!
60,000동이면 약간 비싸네요!

Sáu mươi nghìn thì hơi đắt!

Không đắt đâu.
전혀 비싸지 않아요.

Không đắt đâu.

17

Em (đã) đến Trung Quốc bao giờ chưa?
너는 중국에 가 본 적이 있어?

핵심 문법

'(đã) ~ bao giờ chưa?'는 '~한 적이 있어?'라는 의미로 과거에 경험했던 것에 대한 질문을 할 때 사용합니다.

예) Bạn (đã) ăn món ăn Việt Nam bao giờ chưa?
너 베트남 음식 먹어 본 적이 있어?

단어쓰기

(đã) ~ bao giờ chưa? ~한 적이 있어요?

(đã) ~ bao giờ chưa?

đến 가다, 오다, 도착하다

đến

Trung Quốc 중국

Trung Quốc

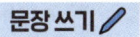

Em (đã) đến Trung Quốc bao giờ chưa?
너는 중국에 가 본 적이 있어?

Em (đã) đến Trung Quốc bao giờ chưa?

Em đã đi Shanghai một lần (rồi).
상해에 한 번 가봤어요.

Em đã đi Shanghai một lần (rồi).

Em đã đi Shanghai với ai?
상해에 누구랑 갔었어?

Em đã đi Shanghai với ai?

Em đã đi với gia đình.
가족들이랑 갔었어요.

Em đã đi với gia đình.

18

Nên em không ăn gì cả.
그래서 아무것도 못 먹었어요.

핵심 문법

'무엇도 ~하지 않다'라는 의미로 'không'과 'gì cả' 사이에는 동사 또는 형용사가 올 수 있습니다.

예) Tớ không hiểu gì cả.   나는 하나도 이해를 못 하겠어.

단어 쓰기

nên   그래서

nên

không ~ gì cả   무엇도 ~하지 않다

không ~ gì cả

để   ~하도록 두다

để

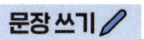

Anh (đã) ăn trưa chưa?
점심 먹었어요?

Anh (đã) ăn trưa chưa?

Anh (đã) ăn trưa rồi. Còn em?
나는 점심 먹었어. 그런데 너는?

Anh (đã) ăn trưa rồi. Còn em?

Sáng nay vội quá. Nên em không ăn gì cả.
오늘 아침에 너무 바빴어요. 그래서 아무것도 못 먹었어요.

Sáng nay vội quá. Nên em không ăn gì cả.

Để anh mua súp cua.
내가 게살수프 사도록 해줘(= 내가 게살수프 사줄게).

Để anh mua súp cua.

19

Em vừa đi chợ về.
방금 시장 다녀왔어요.

핵심 문법

'vừa / mới / vừa mới'는 근접 과거 시제를 나타내는 단어로 동사 앞에 위치하여 '방금 ~했다, 막 ~했다'라는 의미입니다. 'vừa' 또는 'mới' 하나만 사용해도 되고, 'vừa mới' 모두 사용해도 됩니다.

예) Em vừa mới thức dậy.   저는 방금 일어났어요.

단어쓰기

vừa   방금, 막

vừa

tươi   신선한, 싱싱한

tươi

đạ dang   다양한

đạ dang

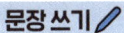
문장 쓰기

Em đi đâu về đấy?
너 어디 다녀오는 거야?

Em đi đâu về đấy?

Em vừa đi chợ về.
저 방금 시장 다녀왔어요.

Em vừa đi chợ về.

Em mua gì?
너 뭐 샀어?

Em mua gì?

Em mua xôi, cá biển, rau, thịt lợn.
저는 찹쌀밥, 바다 생선, 채소, 돼지 고기를 샀어요.

Em mua xôi, cá biển, rau, thịt lợn.

20

Em đang đợi xe ôm.
저 쎄옴 기다리고 있어요.

핵심 문법

'đang'은 현재진행시제를 나타내는 표현으로 동사 앞에 위치하여 '~하고 있다, ~하는 중이다'라는 의미입니다.

예) Em đang ăn cơm ở nhà hàng.   저 식당에서 밥 먹고 있어요.

단어 쓰기

để   ~하기 위해서

để

tham dự   참가하다, 참여하다

tham dự

tiệc   파티, 잔치

tiệc

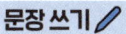 **문장쓰기**

Em đang là gì đấy?
너 뭐하고 있어?

Em đang là gì đấy?

Em đang đợi xe ôm.
저 쎄옴 기다리고 있어요.

Em đang đợi xe ôm.

Em đi đâu?
너 어디 가는데?

Em đi đâu?

Em đi hồ Hoàn Kiếm để tham dự tiệc sinh nhật của bạn.
저는 친구 생일 파티에 참석하기 위해서 호안끼엠 호수에 가요.

Em đi hồ Hoàn Kiếm để tham dự tiệc sinh nhật của bạn.

21

Sắp đến Tết rồi.
곧 설날이야.

핵심 문법

'sắp ~ rồi'는 근접미래를 나타내는 'sắp'과 완료를 나타내는 'rồi'가 결합하여, 가까운 미래에 곧 완료되는 것에 대해 말할 때 사용하는 미래완료시제입니다.

예) Mình sắp đến rồi.   나는 곧 도착해.

단어 쓰기

sắp ~ rồi   곧 ~하다

sắp ~ rồi

Tết   설날

Tết

quê   고향

quê

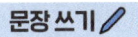 문장 쓰기

Sắp đến Tết rồi. Em có kế hoạch gì không?
곧 설날이야. 무슨 계획이 있어?

Sắp đến Tết rồi. Em có kế hoạch gì không?

_____

Tết này tranh thủ về quê.
이번 설에 시간 내서 고향에 다녀오려고 해요.

Tết này tranh thủ về quê.

_____

Khi nào em về?
언제 가?

Khi nào em về?

_____

Tuần sau em sẽ về.
저 다음주에 갈 거예요.

Tuần sau em sẽ về.

_____

22

Tối nay tớ định đi chơi với em ấy.
오늘 저녁에 같이 놀러 가려고 해.

핵심 문법

'định + 동사'는 '~하려고 하다, ~할 예정이다'라는 의미로 미래의 계획에 대해 말할 때 사용합니다.

예) Em định đi bơi.   저는 수영 가려고 해요.

단어쓰기

vui vẻ   즐거운, 기쁜

vui vẻ

tối nay   오늘 저녁

tối nay

định   ~하려고 하다, ~할 예정이다

định

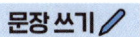

Nhìn có gì mới mới, vui vẻ. Có gì không?
뭔가 새로운 게 있는 것 같고, 즐거워 보여. 뭐 있지?

Nhìn có gì mới mới, vui vẻ. Có gì không?

Tớ mới có bạn gái.
나 최근에 여자친구 생겼어.

Tớ mới có bạn gái.

Tối nay hai người định đi đâu?
오늘 저녁에 둘이 어디 가려고?

Tối nay hai người định đi đâu?

Chúng tớ sẽ đi ăn tối, đi xem phim, đi dạo ở phố cổ.
우리는 저녁 먹고, 영화 보고, 구시가지(호안끼엠)에서 산책 할거야.

Chúng tớ sẽ đi ăn tối, đi xem phim, đi dạo ở phố cổ.

23

Em bị đau bụng từ tối hôm qua.
어제 저녁부터 배가 아파요.

핵심 문법

'bị + 동사'는 부정의 의미를 나타내는 수동태로 '(재난, 사고를) 당하다 / 겪다'라는 의미로 사용합니다.

예) Hôm qua anh ấy bị tai nạn giao thông.
어제 그는 교통사고를 당했어.

단어쓰기

bị   당하다 (부정의 수동태)

bị

đau   아프다

đau

khám   진료하다, 진찰하다

khám

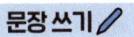

Em bị sao đấy?
너 왜 그래?

Em bị đau bụng từ tối hôm qua.
어제 저녁부터 배가 아파요.

Em uống thuốc hay đi khám chưa?
너 약 먹거나 병원은 가 봤어?

Tí nữa làm việc xong, em sẽ đi khám bác sĩ ngay.
조금 이따가 일 끝나고, 저는 바로 진찰받으러 갈 거예요.

24

Hôm nay nóng hơn hôm qua.
오늘이 어제보다 더 더워요.

핵심 문법

'hơn'은 '~보다, 더 ~한' 이라는 의미로 비교급을 나타내는 표현입니다.

예) Áo này đẹp hơn áo đó.   이 옷이 그 옷보다 더 예뻐요.

단어쓰기

nóng   더운, 뜨거운

nóng

hơn   ~보다, 더 ~한

hơn

khát   목마른, 갈증나는

khát

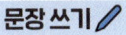

Nóng quá! Hôm nay là 38 độ rồi!
엄청 덥다! 오늘 38도래!

Nóng quá! Hôm nay là 38 độ rồi!

Đúng rồi. Hôm nay nóng hơn hôm qua.
맞아요. 오늘이 어제보다 더 더워요.

Đúng rồi. Hôm nay nóng hơn hôm qua.

Em muốn đi uống nước mía không?
사탕수수주스 마시러 갈래?

Em muốn đi uống nước mía không?

Nghe nói quán ABC vừa ngon vừa rẻ.
ABC 가게가 저렴하기도 하고 맛있다고 들었어요.

Nghe nói quán ABC vừa ngon vừa rẻ.

MEMO

MEMO

진짜학습지